本书由上海市教育委员会和上海市教育发展基金会“曙光计划”资助出版

刑法解释边界研究

赵运锋 著

中国政法大学出版社
2019・北京

校庆筹备工作领导小组

组　长：夏小和　刘晓红

副组长：潘牧天　刘　刚　关保英　胡继灵　姚建龙

成　员：高志刚　韩同兰　石其宝　张　军　郭玉生
欧阳美和　王晓宇　周　毅　赵运锋　王明华
赵　俊　叶　玮　祝耀明　蒋存耀

总序 GENERAL PREFACE

三十五年的峥嵘岁月，三十五载的春华秋实，转眼间，上海政法学院已经走过三十五个年头。三十五载年华，寒来暑往，风雨阳光。三十五年征程，不忘初心，砥砺前行。三十五年中，上海政法学院坚持“立足政法、服务上海、面向全国、放眼世界”，秉承“刻苦求实、开拓创新”的校训精神，走“以需育特、以特促强”的创新发展之路，努力培养德法兼修、全面发展，具有宽厚基础、实践能力、创新思维和全球视野的高素质复合型应用型人才，在中国特色社会主义法治建设征程中留下了浓墨重彩的一笔。

学校主动对接国家和社会发展重大需求，积极服务国家战略。2013 年 9 月 13 日，习近平主席在上海合作组织比什凯克峰会上宣布，中方将在上海政法学院设立“中国-上海合作组织国际司法交流合作培训基地”，愿意利用这一平台为其他成员国培养司法人才。此后，2014 年、2015 年和 2018 年，习主席又分别在上合组织杜尚别峰会、乌法峰会、青岛峰会上强调了中方要依托中国-上合基地，为成员国培训司法人才。2017 年，中国-上合基地被上海市人民政府列入《上海服务国家“一带一路”建设、发挥桥头堡作用行动方案》。五年来，学校充分发挥中国-上合基地的培训、智库和论坛三大功能，取得了一系列成果。

入选校庆系列丛书的三十五部作品印证了上海政法学院三十五周年的发展历程，也是中国-上海合作组织国际司法交流合作培训基地五周年的内涵提升。儒家经典《大学》开篇即倡导：“大学之道，在明明德，在亲民，在止于至善。”三十五年的刻苦，在有良田美池桑竹之属的野马浜，学校历经上海法律高等专科学校、上海政法管理干部学院、上海大学法学院和上海政法学院等办学阶段。三十五年的求实，上政人孜孜不倦地奋斗在中国法治建设的道路上，为推动中国的法治文明、政治进步、经济发展、文化繁荣与社会和谐而不懈努力。三十五年的开拓，上海政法学院学科门类经历了从单一性向多元性发展的过程，形成了以法学为主干，多学科协调发展的学科体系，学科布局日臻合理，学科交叉日趋完善。三十五年的创新，在我国社会主义法治建设进程中，上海政法学院学科建设与时俱进，为国家发展、社会进步、人民福祉献上累累硕果和片片赤诚之心！

所谓大学者，非谓有大楼之谓也，有大师之谓也。三十五部作品，是上海政法学院学术实力的一次整体亮相，是对上海政法学院学术成就的一次重要盘点，是上政方家指点江山、激扬文字的历史见证，也是上海政法学院学科发展的厚重回声和历史积淀。上海政法学院教师展示学术风采、呈现学术思想，如一川清流、一缕阳光，为我国法治事业发展注入新时代的理想与精神。三十五部校庆系列丛书，藏诸名山，传之其人，体现了上海政法学院教师学术思想的精粹、气魄和境界。

红日初升，其道大光。迎着佘山日出的朝阳，莘莘学子承载着上政的学术灵魂和创新精神，走向社会、扎根司法、面向政法、服务社会国家。在佘山脚下这座美丽的花园学府，他们一起看情人坡上夕阳抹上夜色，一起欣赏天鹅一家漫步在上合基地河畔，一起奋斗在落日余晖下的图书馆。这里记录着他们拼搏的青春，放飞着他们心中的梦想。

《礼记·大学》曰："古之欲明明德于天下者，先治其国。"怀着修身、齐家、治国、平天下理想的上政师生，对国家和社会始终怀着强烈的责任心和使命感。他们积极践行，敢为人先，坚持奔走在法治实践第一线；他们秉持正义，传播法义，为社会进步摇旗呐喊。上政人有着同一份情怀，那就是校国情怀。无论岁月流逝，无论天南海北，他们情系母校，矢志不渝、和衷共济、奋力拼搏。"刻苦、求实、开拓、创新"的校训，既是办学理念的集中体现，也是学术精神的象征。

路漫漫其修远兮，吾将上下而求索。回顾三十五年的建校历程，我们有过成功，也经历过挫折；我们积累了宝贵的办学经验，也总结了深刻的教训。展望未来，学校在新的发展阶段，如何把握机会，实现新的跨越，将上海政法学院建设成一流的法学强校，是我们应当思考的问题，也是我们努力的方向。不断推进中国的法治建设，为国家的繁荣富强做出贡献，是上政人的光荣使命。我们有经世济民、福泽万邦的志向与情怀，未来我们依旧任重而道远。

天行健，君子以自强不息。著书立说，为往圣继绝学，推动学术传统的发展，是上政群英在学术发展上谱写的华丽篇章。

上海政法学院党委书记 夏小和 教授

上海政法学院校长 刘晓红 教授

2019 年 7 月 23 日

引言 INTRODUCTION

刑法文本是立法主体的精神和思想在规范中的反映，刑法文本也是连接司法实践与社会现实的纽带，由此，刑法文本在社会治理中的作用显著，其在为社会民众提供行为规范的同时，也为司法主体提供着裁判规范。刑法文本的司法适用过程是立法者、司法者与社会民众三个主体之间利益分配过程，在一定程度上，也是社会风险、权利冲突及价值平衡的法律依托。

刑法文本的适用过程是规范诠释过程，规范诠释如何确保规范文义不失真，是考验司法主体规范解读能力的重要指标。从国内外的法律解释研究状况看，对法律解释尤其是刑法解释的限度问题，学界一般不愿意过多研究和阐释，也即，关于刑法解释边界的理论成果并不多见。之所以如此，与刑法文本的自身特征不无关联，刑法文本是刑法规范语言的载体，体现的是立法主体的思想内涵。所以，刑法文本是立法主体的语言表述，也是社会利益的语言诠释。在这个意义上，刑法文本就反映出切实的语言学属性，语义、语形、语词等内容会在刑法文本诠释中发挥一定作用，并在一定程度上影响和制约规范解读的结果。鉴于此，刑法文本与语言学的关系相当密切，并对文本解读主体揭示文本含义具有重要作用，同时，语言的内在特征也会内化于文义解读当中，但是词不达意、意在言外、言外之意、弦外之音等问题随之而来。除此之外，语言的时代性、空间性、社会性等属性也会影响法律文本的解读，致使规范文本解释会随着社会发展而发展，在不同社会阶段释放不同内涵。鉴于刑法文本的文义变动不居，因此，如何在变动不居中明确和辨析文本解释的限度，最大程度保障刑法文本解读的合理性与合法性，是司法主体应该认真面对的问题，也是理论界应该深入探讨的话题。

近段时间，我国的社会转型一直在深度和广度两个维度持续扩展，法律法规呈现代际更替现象，结构性的社会矛盾逐渐显现，于是社会层面上的风险要素开始通过多个渠道暴露出来，并在通信媒体极其发达的情况下，各种风险要素往往被持续和无限放大。一时间，社会各领域似乎都成为风险高发地，社会民众在高发的社会风险情势下显得情绪焦虑和躁动，但又缺乏应对社会风险的有效措施，这种情况在法律层面的反映相对明显和集中。基于此，与传统社会相比，在风险社会高发的形势下，对权利、自由的重视逐渐让位于秩序、安全。基于寻求解决社会风险有力措施的诉求，国内理论界开始从国外的成熟理论入手，探讨应对风险高发的解决办法，于是在西方社会引起一定关注的风险社会理论很快成为学界关注的对象，并迅速将其作为应对风险的理论基础，构建相应规则体系的框架。随着风险社会概念的流行，风险刑法、安全刑法开始成为刑法上理论新的生长点，并在一定程度上引起理论界广泛关注与争议。基于特定的社会背景、哲学基础与分析路径，风险刑法对传统刑法理论做了深度剖析，对刑法结构和体系进行彻底反思，于是我们能看到，源于大陆刑法中的预防性刑法理论逐渐成为流行的话语，随之，规范违法说、行为无价值，甚至敌人刑法等概念开始被部分学者主张和倡导，源于德、日刑法三阶层犯罪论体系的客观归责、答责、积极的预防主义等内容也逐渐成为理论界关注的话题。

刑法规范不是封闭的结构，而是开放的形态，唯此，刑法规范才能不断随着社会的变化而发生变化，并保持刑法文本确定性与流动性的统一。实证主义法学家哈特，从语言哲学的角度，将法律规范文义分为三个维度，分别为核心区域、边缘区域与中间地带。居于规范文义的核心区域层面与中间地带层面的认识和阐释往往容易，但在法律规范的边缘层面，总会为法律规范诠释带来难度。根据以往的经验分析，在法律规范与社会现实衔接时，95%的案件都处于规范文义的核心区域与中间地带，不到5%的案件处于法律规范的边缘文义部分，前者我们通常称之为简单案件，后者往往被归入疑难案件。质言之，正是法律规范的边缘文义决定着刑法文本的边界走向，如果不能在边缘文义部分做好判断和把握，就会在文本解释上突破文义边界，而这不是现代法治精神的内涵，是对公民权利的侵犯。基于此，理论界在刑法规范解释的限度上投入了一定精力，并通过构建文义射程说、国民预测可能性说、犯罪定型说、规范本质说、逻辑涵摄说等法律理论，为辨析刑法规范提供标准和参考。不过，不论是文义射程还是逻辑涵摄，都是从某个角度探讨规范边界的解释问题，或者是词语结构，或者是民众感受，或者是词义本身，并且从实践效果看，上述理论的实践价值并不明显。纵使有学者将前述三种标准综合考量，鉴于每种标准的不足，也达不到1+1>2的效果，未能从刑法理论角度为分清刑法文本的边界提供切实可行的标准。

随着风险刑法观的盛行，积极的刑罚预防开始成为新的政策精神，并成为主导刑事立法与刑事司法的发展导向。我们能明显的看出，在刑事立法上，《刑法修正案（八）》与《刑法修正案（九）》的诸多立法条款都折射出风险刑法观的意蕴，刑法工具主义色彩日渐浓厚。从刑法修正案中的条文修订情况看，主要表现为以下几个方面：行为犯增多、抽象危险犯增加、帮助行为正犯化、预备行为实行化等、构成要件减少、犯罪构成门槛降低，以及法益的批判功能、辨析价值相应弱化。在这种情况下，司法主体如何解读和适用刑法条文具有重要意义，尤其是在风险刑法观理念下，司法主体如何保持司法克制，如何从解释论层面确保刑法条文内涵揭示的合法性、如何确保刑法适用在刑法基本原则下运行等就显得非常重要。

就刑法文本的解释限度而言，国内外刑法理论界的研究一直没有中断，尤其是在风险刑法观盛行下，妥当诠释刑法条文含义就需给予认真且重点的关注。但是，鉴于刑法文本的模糊性和语言属性，从刑法理论上构建解释边界的努力并未达到理想的效果。日本学者木村龟二曾断言，类推解释与扩张解释的区别是毫厘之差，其区别的标准也就是想法的不同，因而应当在一定限度上允许类推解释。德国学者罗克信则认为，类推解释是类推性推论的方法，一遇到实践性问题，就很难区分类推解释与扩大解释。基于此，从理论层面构建类推解释与扩大解释的边界标准，确实存在一定困难。质言之，刑法文本解释的边界没有一个明确的标准或限度，但是，可以为刑法文本解释提供借鉴的标准，最大程度做到刑法解释的合法性与合理性。

从刑法解释论上看，学界在探讨规范解释边界时往往聚焦于规范文义本身，希望通过规范文义解读获知刑法文本的内涵。尽管通过文义揭示和论证，能获得规范边界的一定认知，但从理论研究效果看，往往缺乏研究结论的合理性与可行性。之所以如此，更多是由于学者在规范边界的认识上总是局限于文义本身，而缺乏更为广阔和深邃的视角。但是，规范文义只是刑法文本解释活动的基础和开始，决定刑法文本内容解读正确性的，除了语词本身之外，还有语词之外的因素，诸如，解释立场、解释理念、解释方法、社会政策、价值判断、利益衡量，以及诠释学、语言学、法哲学等各个方面。由此，在探讨符合研究刑法文本的解释边界过程中，将研究视角扩展至规范语词之外——符合刑法文本解释边界的研究规律和问题本质。

目 录 CONTENTS

CHAPTER1 第一章

刑法解释的法理基础

第一节　现实主义

随着我国社会主义特色法律体系的建成，法治建设重点需从立法厘定转向法律解释，对刑法文本的解释也成为刑事法治的重点。同时，国内刑法学界对国外的司法哲学与解释学的认识也日渐深刻，并有意识引入我国的法学理论与司法实践中。基于此，国内的刑法解释学近年来得以迅速发展，各种解释理论层出不穷，在刑法解释立场、刑法解释理念及刑法解释方法上不断有学者展开论战，期间不断有学者加入论辩阵营，大有形成各派别鼎立之势。对此，需认清形势，对我国传统的法律至上与西方的现实主义法学有理性的认识，并对我国刑法解释与适用的现状和前景做深刻的剖析和论证。

一、现实主义法学

自从产生以来，现实主义法学就逐渐成为一种强有力的法哲学理论，并逐渐突破美国的学术屏障而蔓延至其他国家，对国际范围内的法学理论与司法实践产生了持久且深远的影响。若要对该法学观有全面、清晰的认识，并对其价值蕴含进行分析，就需先对其概念进行界定，对其发展过程进行梳理。

（一）现实主义法学阐述

在美国，现实主义法学与社会法学有着共同的思想渊源，它们源于实用主义法学，受实用主义哲学和进步主义思想影响，它们都把霍姆斯（Holmes）作为自己学派的先驱鼻祖，都汲取了实用主义法学的理论精髓。他们都倡导把法律放入社会中去研究，用社会科学的方法去研究法律问题。霍姆斯把法律定义为“一种法院对事实将作出什么判断的预测”，认为法律的生命不是逻辑，而是经验。“对时代需要的感知，流行的道德和政治理论，对公共政策的直觉，公开宣称的或无意识的，甚至法官和他们的同胞所共享的偏见对决定哪些人应该遵守规则所起的作用都远远大于三段论。”[1]卢埃林（Llewellyn）也曾提出，法学研究的重点应是观察司法人员的实际行为，特别是法官的行为。他对法律规则能指引法官判决的传统观点表示怀疑。[2]因此，以卢埃林为代表的美国现实主义法学有时被称为“规则怀疑论者”。另一个现实主义法学代表人物是弗兰克（Frank），他注重研究初审法院的实情调查过程。他对初审法院能否准确地确定事实表示怀疑。他甚至认为：“法律在很大程度上曾经是，现在是，而且将永远是含混和有变化的。”[3]

《美国法律辞典》把现实主义法学定义为：一个强调行为的和政治的因素对作出司法判决至关重要的法学流派。法律现实主义极为轻视抽象的法律规范和原则对判决具体案件的影响。法律现实主义不承认判例中形成的规范，因为法律既没有那么确定又没有那么明晰。相反，判决是以法官运用“正确的”规范和提出的书面判决理由为基础的。从理论上来说，判决理由是建立在经验主义的基础之上的。从上述定义中，我们可以看到，美国理论界是将现实主义法学看成一个流派来对待的。还可以看出，现实主义法学并不否定“法律规范”的价值，也不否定三段论司法逻辑在司法裁判中的作用，只是轻视“抽象的法律规范和原则对判决具体案件的影响”，并反对法律概念的封闭性与司法三段论的僵化性。之所以会这样，是因为“法律既没有那么确定又没有那么明晰”。在判决中发生作用的主要因素是法官运用“正确的”规范和提出的局域经验基础上的书面判决理由。“法律上要求，法官的内心活动和良知要排除，他要想方设法把案件置于书本法所提供的文本的范围之内。可实际上，血肉之躯没有屈从于这样的理论，法律的脸面虽然被丰富的习惯给挽

[1] Oliver Wendell Holmes Jr., *The Common Law*, M. D. Hower ed., Little Brown, Boston, 1963.

[2] Brian Leiter, “American Legal Realism”, in *The Blackwell Guide to Philosophy of Law and Legal Theory*, W. E dmundson & M. Golding eds., Oxford: Blacdwell, 2005, p. 54.

[3] [美] E. 博登海默：《法理学：法律哲学与法律方法》，邓正来译，中国政法大学出版社1999年版，第166页。

救了，但实际上是人在控制司法，而不是规则。”[1]现实主义法学并不是一概否认法律规范和法律原则，它只是强调法官行为和政治因素在判决中所发挥的重要作用。法律现实主义者认真地致力于研究法律制度和法律程序以及其运作的环境，他们力图解释在法律程序中发挥作用的行为，将注意力集中在行为的政治、社会和心理方面。庞德曾言：“如今，社会法学家提出的主要问题就在制定、解释、适用法律时更多地更明智地考虑社会现实，其是法律赖以适用和发展的基础。”[2]

（二）现实主义法学发展历程

现实主义法学是西方法学领域的一种重要的法学思想，它同形式主义法学、实证主义法学、后现代法学等共同构成20世纪西方法学的主要流派。这一法学流派，在西方持续时间久远，从诞生后一直延续到现在，发展势头依然不减。它不仅表现为20世纪初期的反法律形式主义活动，而且形成了声势浩大的现实主义法律运动。不仅在美国有突出的表现，在欧洲大陆和北欧也有广泛的影响和传播。

现实主义法学是从反对概念法学的过程中产生的，该法学流派发端于德国的自由法运动，在美国和北欧迅速发展壮大，逐渐形成了自己独特的理论体系。在美国，现实主义法学是从霍姆斯的实用主义法学发展而来的，由卢埃林、弗兰克等现实主义法学家创立，并相继有其他著名学者加入该学派的阵营。20世纪20年代，在美国形成规模宏大的现实主义法律运动，并将现实主义法学推向高潮，这场运动一直持续到20世纪60年代，在美国法律思想界、法律实务界和法学教育界都产生了深远的影响。到20世纪70年代以后，现实主义法学的思想、观点和传统被行为法学、经济分析法学、批判主义法学等继承。甚至到20世纪90年代，在美国的司法理念当中依然闪烁着现实主义思想的光芒。

在欧洲大陆，现实主义法学表现为反法律形式主义的运动，从1900年开

---

〔1〕 Roscoe Pound, “Law in Book and Law in Action”, *The American Law Review*, Vol. 44 (1910). *Transferring American legal realism*, edited by William W. Fisher III, Morton J. Horwitz, Thomas A. Reed, Oxford University Press, 1993, p. 41.

〔2〕 Rwscoe Pound, “The Scope and Purpose of Sociological Jurisprudence”, *Harvard Law Review*, 25 (1912), p. 140.

始一直持续到1950年左右。“反法律形式主义”的自由法运动对欧洲甚至整个世界都产生了重大影响，在这一过程中涌现出来的自由法学派、利益法学派、社会法学派、社会心理法学派等，都纷纷强调“现实中的法”，主张关注法官的司法行为。它们呈现出现实主义法学的特点，理论主张明显具有现实主义法学的倾向。其中，在北欧的斯堪的纳维亚半岛，现实主义法学相当盛行，成为影响世界法学思想较大的一支流派。现实主义法学以其独特的法学研究方法和丰硕的研究成果，在西方漫长的法律思想发展进程中发挥了举足轻重的作用。美国著名法学家弗里德曼（Friedman）曾言，现实主义法律思想在战后深入到每一个法学流派之中。〔1〕

在我国，由于对现实主义法学研究深度不够，加上受到现实主义法学反对派的影响，人们对现实主义法学的理解不够系统、全面，甚至存在误解。对此，需要全面梳理现实主义法学的内容、发展和影响，廓清现实主义法学之真实面貌，以达到为我国理论发展与司法实践提供一定效用之目的。

二、现实主义法学对我国的影响

近年来，现实主义法学凭借其强大的影响力渐次渗透到我国的相关领域，比如，司法政策、刑法理论、司法实践等。对现实主义法学的影响，需有清晰且深刻的认识，才能对其社会功能做全面、合理的判断，并针对其潜在的不利因素构建科学的应对法律机制，以弱化其可能滋生的消极影响。

（一）现实主义法学在司法政策上的影响

近年来，为了缓解转型社会下出现的多元化矛盾，实现构建和谐社会的目标，中央有针对性提出的司法创新、司法能动主义及法律效果与社会效果统一等系列司法政策。司法能动主义是针对司法主体而言的，主张法官从传统、被动的姿态向积极、主动的姿态转变，尤其是在思维领域，应具有创新意识，而非拘泥于传统司法观念的束缚。就统一论而言，其是针对判决自身而言的，强调判决过程与司法结果应体现社会因素，从坚持形式正义向个案正义转变。不过，这些司法政策有一个共同特征，就是鼓励司法主体在个案

〔1〕［美］弗里德曼：《选择的共和国：法律、权威与文化》，高鸿钧等译，清华大学出版社2005年版，第56页。

裁判中突破传统司法意识的束缚，倡导创新思想与司法民主，从社会效果层面考量司法判决的合法性与合理性。构建法治社会是我国长期坚持的策略，经过多年努力，在整个社会层面上已形成稳定的法律意识与认同感，在司法逻辑上也熟悉了三段论形式逻辑，换言之，严格法治主义与法律至上逐渐为国民接受，并在稳步推进我国的法治社会建设。然而，近期中央颁发的司法政策中传达的信息却有偏离传统法治轨道的迹象。

司法能动与司法克制相对，从其发生原因看，是由于西方的形式主义法学过于僵化，不能适应后现代社会下多元化价值需求，因此，需对形式主义法学进行修正，鼓励司法主体创新思维，充分利用规范外因素实现个案正义，达到维护秩序稳定的目的。我国法治建设时间较短，还处于法治建设的初期阶段，能否像西方社会那样强调改造形式主义法学还有待商榷。“在我看来，我国现在正处在法治建设的初级阶段，还缺乏严格法治思维的陶冶，还没有严格法制方法的文化根基。……在中国搞法治建设，首先要解决法官等法律人对法律的忠诚问题。”〔1〕“但我们在今天，为什么还要倡导反对解释原则呢？这主要就是我们今天处于法治建设的初期，法律规则的权威还没有树立起来，明确的规则还没有得到贯彻。”〔2〕对严格法治主义造成冲击的还有法律效果与社会效果统一论。根据效果统一论，司法主体在裁决案件时，不但需要考虑法律规范，还需从社会层面纳入影响司法判决的因素。换言之，在统一论那里，司法主体裁决案件不但需要考虑法律规范，还需考虑社会影响。至于法律效果与社会效果应如何衡平，则在考验着法官的智慧与悟性。鉴于统一论把原本属于一些枝节问题的法外因素上升到与一般规范并列的位置，这实际上是从认识论的角度削弱了法律权威的绝对性，可能对法治建设产生腐蚀作用，这不得不让我们警惕。正如有的学者指出的：“法律如何在统一论中，不被社会效果等因素统一掉，从而保持法律的权威地位。”〔3〕

〔1〕 陈金钊：《法治为什么反对解释？》，载《河南省政法管理干部学院学报》2007 年第 1 期，第 29 页。

〔2〕 陈金钊：《对“法治反对解释”命题的诠释——答范进学教授的质疑》，载《法制与社会发展》2008 年第 1 期，第 138 页。

〔3〕 陈金钊：《为什么法律的魅力挡不住社会效果的诱惑？——对法律效果与社会效果统一论的反思》，载《杭州师范大学学报（社会科学版）》2012 年第 2 期。

（二）现实主义法学在刑法理论上的影响

西方的法学理论在不断影响着我国学者的思维方式，司法政策也在不断推动着法学理论的转变。基于此，在理论界不断有学者提出一些新的刑法理论，以迎合法学理论上与司法政策上的需求，寻求从技术层面完成对司法三段论的突破，比如，刑法解释上的实质解释论、刑法推理上的实质推理论、罪刑关系上的刑罚反制等。

所谓的实质解释，便是要求“在刑法有明文规定的情况下，必须使构成要件说明犯罪本质、使犯罪构成整体说明行为的社会危害性达到了应当追究刑事责任的程度”〔1〕。就实质解释论而言，其指向刑法典中的法律概念，因为刑法解释对象涉及法律规范中的术语、概念或者词语，所以实质解释是对刑法个罪中犯罪构成的解读，是对规范中法律概念的细化与明确。刑法实质推理则是就推理过程而言的，是指司法主体在裁判案件时，应考虑规范外因素及社会效果，详言之，司法主体在选择刑法规范前，应先考虑判决所导致的、达到的结果，这与从前提到结果的三段论逻辑相抵触。正像有的学者所言，辩证法律推理是对实质正义或实质合理性的追求，不受传统形式逻辑规则的约束。〔2〕其实，不论是实质解释还是实质推理，都是对传统刑法方法的反思，是囿于传统方法论的不足而提出的，也是为了契合当下的社会现状、化解社会矛盾、实现个案正义的需要。形式逻辑作用发挥需基于大前提的明确无误，但模糊性却是刑法规范的特征，刑事法治的建立需依托形式正义，但个案正义也是法治社会的固有内涵，基于此，对法律规范的分析不应是概念的、封闭的，而应是类型的、开放的。正如有的学者指出的，概念思维会造成刑法规范与生活现实的断裂，带来刑法安定性与妥当性、一般正义与具体正义的紧张。类型思维则缓和了刑法立法上明确性与模糊性之间的矛盾，调适了刑法适用上安定性与灵活性之间的紧张关系。〔3〕无独有偶，分析类型思维可知，其沿用的路径与实质解释、实质推理相似，都主张在刑法规范选择前，先考虑刑罚结果的适当性。

考察上述两种刑法方法，有一个共同的特征，就是司法主体在解读法律

〔1〕张明楷：《法益初论》（2003年修订版），中国政法大学出版社2003年版，第262页。

〔2〕沈琪：《刑法推理方法研究》，浙江大学出版社2008年版，第115页。

〔3〕参见齐文远、苏彩霞：《刑法中的类型思维之提倡》，载《法律科学》2010年第1期。

概念或选择裁判结果时，不再坚持形式主义法学的三段论，而是在特定情况下尝试从刑罚到犯罪构成的路径，以达到更加合理认定犯罪构成的目的，这种司法逻辑与传统的从犯罪到刑罚的模式完全相反。从表象看，实质推理或实质解释违背三段论的逻辑规律，解释结论似乎是司法主体个人先见的产物。实则不然，三段论的倒置并不违反罪刑法定原则，而是一种正常的、自然的心理现象。〔1〕就此而言，关键不在于解释者是否存在先前理解，而在于这样的先前理解能否在事后通过教义分析予以正当化。正如考夫曼（Kauffmann）所言，相对于裁判的字义，法官在案件中有着先前判断与先前理解。法官有这些判断或理解，并不必对其责难，因为所有的理解都是从一个先前理解开始，只是我们必须把它——这是法官们所未作的——开放、反思带进论证中，而且随时准备作修正。〔2〕

（三）现实主义法学在司法实践上的影响

从司法实践看，近年来，实用主义法学对我国司法实践的影响是潜移默化、有目共睹的，具体来看，主要表现为以下几个方面：首先，对传统的三段论司法逻辑不再墨守成规，而是有意识地尝试新的司法思维路径，比如先对案件进行定性评估，然后在刑法文本当中寻找适当的规范，即结果导向性司法。尽管刑法理论上对该种司法模式多有指责，但实践上已广泛存在却是不争的事实。其次，在刑事个案裁量中，价值考量及利益衡量多有出现，并极大的影响着案件的走势与发展。在传统的形式主义法治当中，司法主体无需过多考虑价值判断和利益衡量，只需领悟规范精神并据此作出裁判即可。在现实主义法学的影响下，规范外因素正日益受到司法主体的重视，并开始影响甚至左右司法裁判的结果。“如果法律不是合乎情理的明确，乃至可以指导法官适用它，并为监督司法是否符合法律提供一个基础，法官就会被迫在某些非法条主义的基础上决定案件。”〔3〕再次，在司法实践中，由传统的法律本位向法官本位转变。换言之，在我国传统的司法模式中，应严格遵循规范至上的精神，法官需将所有的精力投入到对规范文义的解读及运用当中，随着现实主义的影响日盛，法官在司法领域中的作用得以彰显，并形成对规范

---

〔1〕张明楷：《实质解释论的再提倡》，载《中国法学》2010年第4期。

〔2〕［德］亚图·考夫曼：《法律哲学》，刘幸义等译，五南图书出版有限公司2000年版，第58页。

〔3〕［美］理查德·波斯纳：《法官如何思考》，苏力译，北京大学出版社2009年版，第324页。

作用的挤压效应。最后，从关注法律效果到关注社会效果。在司法实践上，近年来，不断有地方司法部门的司法创新之举，比如刑事和解、量刑辩论及轻刑不起诉等司法行为，都是对传统司法实践的改变和创新。从上述创新型司法行为看，都暗含了现实主义法学的理念，即司法行为的灵活性与司法主体的能动性。

从上述司法实践中几个方向的变化可知，现实主义法学在法官的思维路径、社会价值要素及刑法规范地位等几个方面产生了显著影响，对我国传统的严格法制主义具有一定程度的颠覆性改变。考察现实主义法学可知，其正是在司法逻辑、价值判断及司法能动性几个方面与形式主义法学相区分，换言之，这几点是现实主义法学的典型特征。由此，可以得出这样的判断，在我国当前的司法实践中，现实主义法学正受到广泛的关注，虽然这种关注可能是悄悄进行的，但它却一直在力图改变我国实际的司法进程。

三、现实主义法学理论评析

从当下理论界对现实主义法学的诠释进行分析可知，对现实主义法学的理解还存在一定偏差，没有全面、客观、合理地认识现实主义法学的内涵、精神和价值，以至于影响到我国法学理论与司法实践对该司法哲学的判断和接受。下文将分别从几个维度诠释和分析现实主义法学在我国遭遇的误解。

（一）认为现实主义法学惟结果导向主义

不管是英美法系的现实主义法学，还是斯堪的纳维亚半岛的现实主义法学，都对形式主义三段论司法逻辑予以指责，并积极倡导从结果到规范的思维逻辑，这在诸多认同现实主义法学的学者那里都给出了明确的论断。当然，现实主义法学之所以反对传统的三段论逻辑，是源于三段论自身不足的属性。根据三段论思维逻辑，如果大小前提是正确的，则推出的结论也是正确的。但是，如果形式逻辑的大小前提存在疑问，那么据此推出的结论的正当性也会存在疑问。由此，三段论可以保证推理形式的正确，却不能保证推理结果的正确。正如波斯纳所言："法律的自足性和客观性是通过仅仅在形式层面分析法律来保证的，而当法律结果取决于与现实世界有关的事实之际，法律的自主性和客观性就受到了威胁。"[1]基于此，现实主义法学主张突破传统的三段论模式，即先根据案情选择适当的结果，再根据结果判断应选择的法律规范。美国现实主义法学奠基人霍姆斯关于"法律是经验，而不是逻辑"的言论正是上述结果导向主义的精确注解。

国内理论界对现实主义法学多持反对意见或保留态度，认为在我国现阶段应坚持严格法制主义，以巩固来之不易的成果。更有甚者不加区分地拒斥现实主义法学中的结果导向主义，坚持三段论的思维逻辑。我们认为，对现实主义法学倡导的结果导向主义应有科学认识，在分清利弊后做合理的权衡和鉴别。

首先，就现实主义法学而言，它只反对三段论逻辑在司法过程的统治地位和绝对价值，而非将三段论逐出司法过程。所以在一定程度上，结果导向的司法逻辑与三段论的思维逻辑并不冲突，而是相互补充的关系，详言之，两者只是适用领域存在不同，适用的目的则基本趋同。对此，现实主义法学代表人物霍姆斯曾做过精辟的论断："律师受到的训练就是逻辑上的训练。类推、区分和演绎的诸过程正是律师们最为熟悉的。司法判决所使用的语言主要是逻辑语言。"[2]格雷（Gray）也曾经评价霍姆斯，认为霍姆斯并不是简单地反对三段论思维逻辑，相反地，他对法律概念与法律原则也非常重视。"不是说他不认为一般性的法律原则没有意义或者不重要；事实上，他是他那个时代的最伟大的法律概念化的提倡者。"[3]其次，现实主义法学倡导的结果导向主义是基于法律概念的滞后性、法官视野的封闭性及法律与社会的脱逸性，目的是推动司法主体的能动性、创新性及法律的渐进性。基于此，理论界对现实主义法学的结果导向主义不能以偏概全，而应对其有充分、合理、科学的认识，并为现实主义法学构建科学的适用流程与监督机制。"问题的关键不是釜底抽薪地否定法官的实用主义推理方式，而是对其实用主义推理设定必要的外部界限，并用这种后果导向的裁判理论弥补立法过程的民意表达的不足，以使其不至超出立法原意太过遥远。"[4]最后，在对形式主义法学批

---

〔1〕［美］理查德·A. 波斯纳：《法理学问题》，苏力译，中国政法大学出版社 2002 年版，第 51 页。

〔2〕 Oliver Wendell Holmes, "The Path of The Law", *Harvard Law Review*, Boston, 1997, p. 19.

〔3〕［美］斯蒂文·J. 伯顿主编：《法律的道路及其影响——小奥利弗·温德尔·霍姆斯的遗产》，张芝梅、陈绪刚译，北京大学出版社 2005 年版，第 179 页。

〔4〕 陈虎：《实用主义审判：一种结果导向的判决理论——读麦考密克〈法律推理与法律理论〉》，载《山东大学法律评论》2007 年第 00 期，第 230 页。

判的热潮中，也应当看到某些法学家依然对涵摄三段论的肯定立场。如德国法学家科赫（Koch）和吕斯曼（Russmann）就回头转向——已经被一些人宣告死刑的——“古典的”方法论。帕夫洛夫斯基（Pawlowski）也认为，在说明裁判理由时，不能弃置涵摄模式。尽管对作出正确的裁判一事，其帮助不大。荷兰法学家哈格（Hage）认为其提出的用于法律推理的“基于理性的逻辑”（RBL）是传统“初级断言式逻辑”（FOPL）的一种延伸，所有演绎性论辩皆可同样适用于基于理性的逻辑。[1]

（二）认为现实主义法学推崇法官经验而放弃规范文本

从形式主义到实用主义的转变，一个显著特征就是由规范本位转换为法官本位。现实主义法学主张，法官应对判例或规范持怀疑态度，对判例蕴含的法律精神或者规范的内涵进行反思，并在符合社会需要的情景下，对判例法或规范文本进行扩张或创新。鉴于现实主义在不同程度上质疑书本上的法律是否真对法官裁判有很大影响。对此，我们习惯称之为规则怀疑论。“无论谁享有解释任何书面或口头法律的绝对权威，实际上他即真正的法律创制者，而非那些最先表述这些法律的人。”[2]在形式主义法学中，法律规范是确定的，规范内涵是闭合性的，规范文本内含解决所有社会问题的意义，所以在形式主义法学看来，法官适用规范即可，无需进行文本创新或规范扩张。然而，规范文本的滞后性、稳定性与确定性永远不能忽略社会现实的时代性、流动性与空间性，否则将会导致教条主义。基于此，现实主义法学将实践的重点从文本转向法官，主张用法官的经验替代僵化的概念。同时代的欧洲大陆哲学解释学也开始从作者中心主义与文本中心主义向读者中心主义转化，将读者在规范解读中的地位提高到极致，主张凸显司法主体在规范适用中的地位，这在伽达默尔的哲学诠释学中有明显体现。在伽达默尔看来，问答逻辑、解释学辩证法、效果历史原则及解释学循环都和规范解读主体密切相关。在这里，论者对读者在规范解读中的作用和地位做了详实的描述，并极力在法官主观意识中保持法律规范解释的客观性，防止文本解释流入相对主义和主观主义。“伽达默尔并非主张理解的主观性、随意性，他还尚未坠入后现代主义解释学所秉持的那样极端的观点：没有意义，只有解释，存在即被理解。

---

〔1〕 Dordrecht, Hage, *Reasoning with rule*, Kluwer academic publishers, 1995, p. 158.

〔2〕 John Chipman Gray, *The Nature and Sources of the Law* , New York , 1921, p. 125.

相反，他既反对客观主义也反对相对主义，既反独断论，又反怀疑论，这恰恰就是辩证法所要坚持的，也是现象学所要坚持的。”〔1〕

比较现实主义法学与哲学诠释学可知，二者虽然路径不同，但结果相仿，都主张在规范文本的解读中重视规范外因素，并用政策意图、社会伦理及公众观念等因素修正规范内涵或文本精神。大陆法系与英美法系在解释学的发展上如此相似并非偶然，而是社会发展的趋势和需求。不过，国内学者却对现实主义法学与哲学诠释学下的法官经验主义持相反态度，并认为，根据哲学诠释学，有规范就有理解，有理解就有不同，其会导致解释的随意性，从而对法律规范的确定性及稳定性造成严重冲击，对法治社会的建构极为不利。“受哲学家的启发，现代法理学都在叙说：在法律问题上只有不同答案，没有正确答案，尤其是没有唯一正确答案。其实这是放弃了把法律和逻辑规则当成判断对错的标准。”〔2〕更有甚者，在对现实主义下的法官经验主义缺乏基本了解的情况下，就断然否定现实主义法学的作用和价值。对此，我们认为，论者仅领会到哲学诠释学与现实主义法学主张法官经验的一面，却忽视了其关注规范内涵稳定的一面。比如，现实主义法学主张，法官改变既定规范内涵或创设新的规范时，需符合相关条件才能进行：首先，在主体上需适格，必须是州高院或联邦法院的法官才可以进行规范内涵扩张。其次，法官对创设规范或规范扩张后，需对其不断试错以达到规范正确性之目的。“很多法官在司法中都会运用自己的直觉来做关键判断，但是这个直觉的过程不是什么人都可以熟练运用的。所以，在判断过程中就需要不断试错，运用法律一般范畴来检验、修正自己的直觉判断，这对每一个法官来说都是必不可少的。”〔3〕在哲学诠释学那里，法官根据法外因素解读规范文本，必须在解释学循环当中，在规范文本的个体与整体当中，完成对规范内涵的准确理解。然后，法官的解读还需接受实践的检验，在历史层面上保证解释结果的客观、合理、科学。最后，不是所有秉持现实主义哲学的法官都不会以自己的判断代替社会的判断，但以此批评法律现实主义并不充分。任何一种理论都可能存在瑕

〔1〕 何卫平：《解释学之维——问题与研究》，人民出版社 2009 年版，第 148 页。

〔2〕 陈金钊：《解释对法治造成的创伤及其弥合——没有逻辑基础的法治信念》，载《山东社会科学》2011 年第 3 期，第 10~11 页。

〔3〕 Martin Stone, “Formalism”, in *Oxford Handbook of Jurisprudence and Philosophy of Law* 2002, at www. Lexisnexis. com, April 15, 2006.

疵，我们无法指望一种法律哲学可以引领我们走向完美的法律帝国，这就需要我们以同情的心态来看待理论，而不是以后现代解构性的态度来看待它。〔1〕

（三）认为现实主义法学理念普遍适用于司法实践

现实主义法学主张，在司法实践中，法官应突破形式主义法学的禁锢，解读规范文本时将更多的精力置于规范外的要素上，以达到完善规范不足之目的。所以，在现实主义法学那里，结果导向与法官经验常被提及，并多被适用于实践当中。不过，就结果导向与法官经验而言，现实主义法学更多是在疑难案件当中被提到。在简单案件中，现实主义法学也认为，无需适用结果导向或法外因素，根据三段论形式逻辑即可达到准确的判断。“即使是这些规则的实质性内容并不怎么样，但法官适时地使用制定法总比允许他们恣意地使用特权好，尤其是当他们受幻想的支配，认为自己是遵照逻辑规则要求的中立原则行事时更是如此。”〔2〕霍姆斯也曾言：“逻辑的方法与形式迎合了人们渴望确定性和存在于每一个人心灵中的恬静感受。然而，确定性一般来说是一个幻觉，而心灵的恬静并非人之天命。”〔3〕

至此，现实主义法学是对形式主义法学的补充，而非形式主义法学的替代，在实践中，两者相互促进、互为制约。对此，国内有些学者似乎没有完全领悟，总是戴着有色眼镜看待现实主义法学，并对其持批评且排斥的态度。虽然也有学者指出：“在我看来，三段论仍然是司法常用的方法，只是这种方法不宜于解决疑难案件，而只能解决简单案件或者说典型案件。”〔4〕但是，问题并没有解决，一个重要原因就是没有指明疑难案件与简单案件的边界，于是，就会给那些形式主义者或现实主义者带来无穷遐想，也是导致现实主义法学被误解的重要原因。就私法领域而言，一般不存在侵害公民人身权利之

〔1〕郭春镇、王云清：《作为法律实用主义的“权利话语”——以一起“难办”案件的“能动司法”为切入点》，载《法制与社会发展》2012年第4期，第109页。

〔2〕［美］斯蒂文·J.伯顿主编：《法律的道路及其影响——小奥利弗·温德尔·霍姆斯的遗产》，张芝梅、陈绪刚译，北京大学出版社2005年版，143页。

〔3〕Martin Stone, “Formalism”, in *Oxford Handbook of Jurisprudence and Philosophy of Law* 2002, at www.Lexisnexis.com, April 15, 2006.

〔4〕陈金钊：《对“法治反对解释”命题的诠释——答范进学教授的质疑》，载《法制与社会发展》2008年第1期，第138页。

情形，即使有往往也比较轻微，更不会有公权力与私权利对立之情形，所以一般不排斥现实主义法学的介入。但是，在公法领域，尤其是刑法领域，政府公权力与公民私权利往往呈现出一种博弈态势，继而造成一定的紧张与裂隙，并会突破刑法基本原则而侵害公民的合法权利，所以，若在刑法领域引入现实主义司法哲学，则必须对疑难案件进行分析和梳理，防止因为现实主义法学的进入而为司法主体所滥用。就如布林科（Blink）给出的警告："我们最好是将法律现实主义的不确定性论视为针对疑难案件的主张，而非关于法律和司法的普遍性理论。"〔1〕至于刑事司法里面的疑难案件，我们认为，主要有以下几种：刑法规范滞后、刑法规范缺位、刑法规范牵连、刑法规范模糊等几种情况，鉴于笔者对刑法规范的疑难问题在其他地方〔2〕已做过详细论述，这里不再赘言。司法实践上如果遇到上述规范疑难情形，需借助于现实主义法学进行思考和裁判。

四、现实主义法学在刑法解释中的功能

在价值多元化的社会当中，若要实现司法公正与实质正义，以满足多元化的权利需求，就需将此目的实现托付于司法程序的完善。"在多元化的格局中，只有程序正义才有可能成为公认的正义，只有首先建立程序性共识才有可能建立实体性共识。"〔3〕据此，在现实主义哲学影响日盛的年代，对程序正义的追求会推动实质正义的实现，并有利于公民权利的保障。

首先，强化司法主体与刑法文本的沟通。在现实主义法学中，法官的经验被强化，反三段论的结果导向主义被倡导，从而能动性成为现实主义视野下司法主体的特有属性。凭借着司法能动性，司法主体开始对传统的法律规范进行解构，并不断建构新的法律规范，在持续的解构和建构过程中，法律规范得以成长，规范和社会之间的张力得以缓解。基于此，我们往往会欣赏并陶醉于现实主义法学带给我们的清新和美好。不过与此同时，还需保持克

〔1〕［英］布赖恩·莱特编：《法律和道德领域的客观性》，高中等译，中国政法大学出版社2007年版，第21页。

〔2〕请参见拙文：《论刑罚反制的价值思考与模式构建》，载《法学论坛》2009年第6期；《以刑制罪：罪刑关系的反思与展开》，载《政治与法律》2010年第7期。

〔3〕季卫东：《法律体系的多元与整合——与德沃金教授商榷解释方法论问题》，载《清华法学》2002年第00期，第73页。

制和冷静，一个必须面对的问题是，如何能使刑法文本在法官司法能动和创新下保证客观和确定，这个问题从现实主义法学产生那天就被提出，直到今天，它依然是个悬而未决的问题。对此，德国的建构法学曾做过努力，但并没有找到令人满意的方案。季卫东曾如是评价建构法学的努力："在这里，建构法学其实包含着一种内在的矛盾心理：一方面要把法官从规范文本中解放出来，另一方面又要能把法官随时收回到规范文本的魔瓶之中。至于能不能通过论据序列的概念让有权创制规范的法官们'随心所欲不逾矩'，还有待实验和推敲。"〔1〕不过，这个问题没有在产生现实主义法学的英美法系那里得到解决，而是在大陆法系的诠释学理论那里得以解答，其钥匙就是哈贝马斯的沟通行为理性。实质上，哈贝马斯提出法律商谈理论是为了缓解因伽达默尔本体诠释学而带来的读者主观性与规范客观性之间的紧张关系，却在不经意间也为现实主义法学留下的类似问题提供了解决之道。

"自从《真理与方法》发表以来，解释学和解释理论无论是在欧陆法学还是英美法学中都被拓进到非常广阔的领域。"〔2〕现实主义法学与伽达默尔的本体论诠释学都关注文本读者的作用，也即主张充分释放司法主体的能量，达到对法律规范最大化的理解和阐释，以此完成对社会现实生活的适应和规制。在这里，呈现给我们的是这样一幅图景，即主客体之间的互动、消化和吸收，换言之，是法律规范与规范解读者之间的交互往动，最后达致的理解和交融。不过，从这个过程中，我们能看到这样一种忧虑，即规范解读者的专制与独裁，只有解读者个人对规范的理解和解释，其间融合了其个人感情、经验、情绪等诸种主观因素，解读结果的客观性、合理性则难以保证。为了促进规范解释的客观性、合理性，则必须在规范解读方式上有所转变，即从主客体间性向主体间性转变。"总的来说，法的范式性前理解要能够消除受理论影响的判决的不确定性，并确保足够程度的法律确定性，它就必须是被所有公民主体间共享的，必须表达构成法律共同体之认同的那种自我理解。……单个的法官原则上必须把他的建构性诠释看作是一项以公民间公共较为支撑的共同事

〔1〕 季卫东：《法治构图》，法律出版社2012年版，第266页。

〔2〕 Berkeley, Fred Dallmayr, "Hermeneutics and the rule of law", in Gregory Leyh ed., *Legal Hermenutic*, University of California Press, 1992, p. 15.

业。”[1]在哈贝马斯的理论中，刑法规范的解读不依赖于解读者个人，而是在解读者与职业共同体之间、解读者与社会公众之间、解读者与当事人之间都要形成共识，而非解读者的个人理解和判断。于是，在哈贝马斯的沟通行为理论这里，法官与规范之间的主客体间性转化为法官与其他主体之间的主体间性，法官的独裁性解释变成了合意性解释，由独白变为合唱。至此，虽然将刑法文本置于司法主体的主观能动之下，但刑法解读的客观性得到了强化，规范文本解读的合理性得到了实现。

其次，规范司法文书说理。近年来，司法文书说理不足一直为理论界诟病，不断有学者从各个层面论证文书说理的重要性。司法文书说理阙如与我国传统的形式主义法学有一定关系。在形式主义法学那里，坚持概念的闭合性与司法三段论，并拒绝法外因素对规范的渗透，所以司法裁判过程相对简单，无需对裁判过程和裁判结果做过多的修辞。不过，这种模式在社会关系相对简单的年代里还可以应付，随着社会转型的深入，各种社会矛盾的凸显和激化，权利要求呈现多元化，当初那种简单的裁判过程和刑法规范都不敷沿用，于是，不论是司法逻辑进程或者是规范内涵空间都需做相应变动，在英美法系现实主义法系的影响下，这种现实需要显得更加迫切。另外，还有一个问题也值得关注，即“形式主义论者经常会把一些带有意识形态或者政治色彩的裁判以逻辑伪装成客观的、不偏不倚的绝对正确的结论”[2]。既然刑事案件的裁判过程由单一的三段论向多元化的逻辑进程转换，刑法概念有传统的封闭性向开放性转变，法外因素也不时影响规范的解读，那么，作为判决书的重要组成部分，判决书说理就不能再停滞不前，而依然停留在简单化的层面。基于此，对于判决书说理，应借着现实主义法学的影响而予以重视，并要求司法主体从实践层面身体力行。法律与事实之间的关系，有很多是逻辑规则覆盖不到的地方。很多法学家感受到，司法不仅仅是逻辑推理的思维过程，更主要的它是一个讲法说理的过程。就判决书说理而言，我们认为，应立足于以下几个方面：其一，案件事实的法律解读，也即，对客观事实赋予何种法律意义，应在判决书中予以明确。比如，就一个伤害行为，到

---

〔1〕［德］哈贝马斯：《在事实与规范之间——关于法律和民主法治国的商谈理论》，童世骏译，生活·读书·新知三联书店 2011 年版，第 223~224 页。

〔2〕马聪：《霍姆斯现实主义法学思想研究》，人民出版社 2009 年版，第 74 页。

底是故意伤害还是故意杀人，应从法律层面进行界定，这个过程就是客观事实法律化的过程。其二，对案件的思维逻辑进行阐述。司法主体的思维逻辑是三段论式的还是结果导向的，应在判决书予以明确。不同逻辑思维的选择是司法主体对案件与规范进行不同判断的结果，必须在判决书中进行阐明。其三，对案件分析中纳入的何种法外因素给予表述。在案件裁量中，如果司法主体利用法外因素修正刑法规范，则必须在裁判书中进行说明。对此，亚里士多德曾指出，在无法达到精确推理的区域里，修辞是一种合理的、并且实际上是一种绕不过去的说服方法。〔1〕

在建构法治社会的过程中，裁判书说理无疑具有重要作用。一是可以提高司法主体对刑法文本的理解。对判决书说理不但需要法官掌握相应的法律技术，还需要具有一定的理论修养及对刑法文本的准确理解，惟此，才能在判决书中给予充分合理的说理、论证。二是判决书说理保障刑法文本不被突破。判决书如果不说理，司法主体则可以利用裁量权对刑事案件故意定性不当或量刑不当，鉴于判决书说理阙如，不能对司法主体的思维过程进行判断，即使其故意为之，也无应对之策。三是加强判决书说理可以达到监督和教育的作用。前者是指就法官而言的，由于在判决书中进行说理，法官的思维逻辑是否正确，概念分析是否科学，判决结果是否合理，完全呈现在大众视野之下，对其可以进行全方位的监督。另外，强化判决书说理还可以让社会大众对刑法文本的内涵及司法主体的思维过程进行全面了解，一定程度上起到法治宣传和教育作用。

多年来，现实主义法学一直是理论界热议的话题，也是部门法学研究的热点问题。以现实主义法学为视角对刑法文本与刑法解释进行研究，是立足于现实主义法学对部门法进行的探讨。从发展趋向上看，现实主义法学对我国的影响还将随着社会转型的深入而强化，因此，积极面对现实主义法学在我国遇到的问题与应对办法，会具有一定的现实意义与理论价值，但从长远来看，对现实主义法学与刑法文本、刑法解释的理论研究还需持续和恒久。

---

〔1〕［美］理查德·A. 波斯纳：《法律、实用主义与民主》，凌斌、李国庆译，中国政法大学出版社 2005 年版，第 100 页。

第二节　威权主义

随着社会转型的深化，规范失位与行为失范现象严重，违法犯罪行为频频出现。由此，社会秩序混乱与挤压公民权利空间是形势所迫，也是规律使然，刑法再次被推进到社会治理的前沿阵地。不管理论界学者如何评价刑法的属性，在决策者那里，刑法的规范作用和威慑作用都举足轻重。于是我们看到，各社会领域中都充斥着刑法忙碌的身影，并不断被置于社会变革的前沿阵地，为经济发展、社会民生及秩序稳定保驾护航。不过，我们还应知道，作为最严厉的行为规范，刑法还有谦抑性和保障性的本质属性，它不应该仅是社会治理的工具，还应该具有自身的目的和价值。

一般意义上，“权威”又称“政治权威”，指政治领导人或政治集团以其功绩、才干及其他特有的影响，使其属下愿意接受其所制定的规章制度、颁布的命令和要求，服从自己的权力。这种接受和服从虽然没有成文法律的强制，但对服从者来说，却被视为正当、合法的，而且是出于自愿。古往今来，权威对领导者、领导机关或集团来说，具有十分重要的作用，它是实施统治的必备条件。“权威主义”即“权威政治”，也称之为“威权主义”，这一概念是由西方学者沃格林（Voegelin）于20世纪30年代提出的，它早先存在于19世纪后半期以后，19世纪60年代出现了研究现代化及威权主义的理论，并于19世纪后期和20世纪中期出现两次研究的高潮。不过，在论及世界现代化进程中的这种政治形态时则相应地称之为“威权政治”。这一译法近年来逐渐为包括罗荣渠、陈峰君等在内的越来越多的学者所接受。[1]“威权主义”并不是一个界定很清楚的概念，学者们赋予它的含义不完全相同，人们的理解也多有不同。人们往往把权威主义与极权主义混为一谈，实际上，在西方社会里，人们习惯于把政治制度分成三块：民主政体、权威主义和极权主义。[2]关于“权威主义”的概念，中外学者曾给予了不同的阐释，比如，美国学者珀尔马特（Perlmutter）称之为“现代权威主义”，阿根廷学者奥唐纳尔

〔1〕 任一雄：《东亚模式中的威权政治——泰国个案研究》，北京大学出版社2002年版，第56页。

〔2〕［美］亨廷顿：《谈权威主义》，载《世界经济导报》1989年3月27日。

(O'Connor) 称之为“官僚权威主义”，中国有学者称是“精英威权主义”，有的称之为“过渡性权威主义”，还有的称之为“新权威主义”。对“威权主义”的自身属性，有学者将其概括为以下几个主要方面：主要的社会基础是上层市民阶级；取消大众部门政治活动的同时实行经济的规范化，以维持社会秩序；对活跃于政治舞台的大众部门进行排斥；压制公民权利，取缔政治民主机构；通过制度作用，用中立和客观的技术理性尽量使社会问题非政治化。[1]

一、威权主义的特征分析

中国学界对威权主义并不陌生，早在20世纪90年代，国内就曾兴起一阵讨论权威主义的热潮。有的学者用权威主义来强调政治稳定、经济增长和社会秩序的重要性。虽然有学者也对威权主义的观念提出质疑：“中国坚持走中国特色社会主义道路，实行中国特色社会主义民主政治，而不是什么‘威权主义’。说中国是实行‘威权主义’的国家或把‘威权主义’作为中国政治改革的方向，是一种牵强附会的误解。”[2]不过，鉴于该政治模式与我国的政治架构具有诸多相似性，且诸多学者支持威权主义适用于我国政治形态。并且，包括阿尔蒙德（Almond）在内的众多西方学者都将社会主义国家的政体也划入威权主义之中。由此，对其进行认真分析显然有利于我国政治模式的发展和构建。为了更好地理解这一定义，需根据其他学者对该概念内涵的描述及属性的梳理，对威权主义的基本特征做进一步的探讨，并为我国刑法解释呈现的特性提供分析范式。当下来看，结合威权主义的发生过程及历史轨迹，威权主义的特征主要可从以下几个方面进行诠释：

第一，强控制性。诺思（Norhth）认为，但凡国家都有“暴力潜能”，它显示着国家强制性的控制能力。无论是传统国家还是现代国家均离不开一定的强制性手段作为维护权力和权威的后盾。不过，现代国家多采用法律和行政管理等制度化手段来规范社会，而传统社会则突出强制性军事力量和警察力量的作用，也就是通过释放国家的“暴力潜能”，维护政府的权威和对社会

[1] [阿] 奥唐奈尔：《官僚威权主义国家的张力和民主之问题》，载 [美] 戴维·科利尔：《拉丁美洲的新威权主义》，普林斯顿大学出版社1980年版，第286~302页。

[2] 吴兴唐：《“威权主义”评析》，载《红旗文稿》2012年第4期。

实行强制性控制。[1]在威权政治之下，国家（地区）的经济领域和社会领域都处于政府的严密控制之下，威权政府维护社会秩序的主要手段就是通过对社会实行包括暴力在内的强控制。威权政府维护社会秩序的主要手段就是通过对社会实行包括暴力在内的强控制。政府通过采取镇压、控制、排斥、合作等种种手段，将尖锐的政治、社会矛盾限定在国家秩序允许的合法范围之内，从而使社会政治局面呈现出相对稳定的状态。"为展现其统治权，国家惯于直接以法律或通过法律授权行政机关以命令、禁止等高权性手段课予规范对象作为、不作为或容忍之义务，并以制裁规定作为贯彻上之后盾，以践行所欲达成之任务与管制目的。单方高权性管制手段因具有明确、吓阻、可强制执行等优点，始终为各国家发展时期之立法者在贯彻国家任务与目的时之'最爱'。"[2]虽然这种强控制有严重的弊端，而且所取得的成效也可能只是表面的、暂时的，但仍然不失为威权政府维护统治、保障社会稳定与发展的简单、快捷而有效的手段。

第二，权力扩张性。国家权力的扩张进一步增强了国家的自主性。所谓国家自主性是指国家对各种社会力量的超越性。其根本形式表现为国家权力的统一与权力结构的完善，决定因素在于国家权力所代表的利益与社会上各种单个或集体形式特殊利益相脱离，即公共利益的独立性。国家自主性的动态过程表现为公共政策的制定过程，即在这一过程中，国家权力免受个别势力干预以及制定的公共政策与国家代表的公共利益相一致的程度，其直接结果表现为国家政策的贯彻能力。威权政治一般属于典型的"强国家—弱社会"的关系模式，在这种模式下，国家的力量极强，社会的力量极弱，实际上已经没有一个相对自主的社会的存在，相反国家的自主性却得到极大彰显。因此，国家制定自己的政策目标的时候，几乎不会遇到来自社会的强有力的干预和压力，而严密的科层制的威权主义体制又保证了国家意志的贯彻执行。对此，伯尔曼（Berman）也曾指出：福利国家及权力扩张，使各种各样的司法管辖权和法律体系淹没在一个中央的立法和行政规章的方案之中。[3]

---

〔1〕 杨贵言：《当代东亚问题研究简论》，人民出版社 2004 年版，第 172 页。

〔2〕 詹镇荣：《德国法中"社会自我管制"机制初探》，载《政大法学评论》第 78 期（2004 年 4 月），第 78 页。

〔3〕［美］哈罗德·J. 伯尔曼：《法律与革命：西方法律传统的形成》，贺卫方等译，法律出版社 2008 年版，第 45 页。

第三，追求秩序性。按照亨廷顿（Huntington）的分析，对于大多数发展中国家而言，“首要问题不是自由，而是建立合法的公共秩序，人类可以无自由而有秩序，但不能无秩序而有自由”[1]。稳定从何而来呢？只能是在一种覆盖了社会各个区域、行业、阶层、人群的和谐的秩序中才能求得，而且只有在秩序的框架内，统治者才能有效地遏制反对势力，维护自己的特权地位。另外，现代化本身客观上也会带来汹涌澎湃的社会动荡，对原有的秩序造成巨大的冲击，威胁到统治者的统治。“尤其是后发型国家的一个显著特征是实现现代化的赶超，这就要求具有强有力的政治权威来发挥其导向和组织功能，而且面对社会转型过程中大量的社会矛盾和利益冲突，也需要通过强有力的政治权威来予以协调，以保持社会的稳定和秩序。”[2]所以，威权意识形态在发展至上原则指导下自然将所谓“秩序”作为追求的最重要政治目标。同时，它认为秩序的建立和维护最需要的是权威，包括权威的政府和权威的领导人。在威权意识形态中，社会秩序和政治稳定被放在了个人权利之上，认为集体、社会和国家的利益要远高于个人利益，因而特别强调集体主义而忽视个人及个人价值。在此意义上，威权主义是一个空间概念，其一般是指社会经济基础还不强大的国家走向发达的一种政治上的过渡形态，即通过强制性的政治整合维持秩序和稳定，以达到发展经济、促进社会进步的目的。

根据威权主义的内涵及特征可知，其强调秩序控制，轻自由保障，重权力扩张，轻权利保障，重政府干预，轻社会自治。在威权社会下，决策者对刑法规范的期望值大大提高，更愿意延展刑法调整领域的范围，对使用刑法文本规范社会主体的行为较感兴趣，对非刑法规范的规范和调整功能相对漠视。在这种社会模式下，刑法规范往往被视为维护社会稳定最好的工具，由此，我们经常能看到刑法文本可能被扩张适用范围的迹象，这种迹象可以通过刑法适用解释当中的一些具体问题进行推知。

二、威权主义对刑法解释的影响

与民主社会抑或集权社会不同，威权社会重视集权，但不会施以极权，威

[1] [美] 塞缪尔·亨廷顿：《变革社会中的政治秩序》，李盛平等译，华夏出版社 1988 年版，第 95 页。

[2] [美] 西里尔·E. 布莱克编：《比较现代化》，杨豫、陈祖洲译，上海译文出版社 1996 年版，第 23 页。

权社会提供民主，但不会崇尚民主，威权社会给予自治，但不会放弃权威。这种社会属性在政治领域、经济领域、社会领域体现得非常明显，自然也会延伸到法律领域，在刑法司法解释当中，经常可以见到威权主义的存在和影响。

首先，刑法解释的独白性。严格遵从政府权威是威权社会的特点，权力主体常运用压制维持和执行社会控制，也即依靠各种行政手段或者法令甚至暴力等手段控制社会运转。正如有学者所言："为展现其统治权，国家惯于直接以法律或通过法律授权行政机关以命令、禁止等高权性手段，课予规范对象作为、不作为或容忍之义务，并以制裁规定作为贯彻上之后盾，以践行所欲达成之任务与管制目的。"[1]基于此等社会结构，解释主体常常基于政策需求或现实诉求阐释刑法文本，为了在解释过程中迎合或回应政策诉求，而排斥其他社会主体参与解释进程，易言之，解释主体总是寻求将社会民众置于自己的解释话语权之下，并不顾及获取共识，最终致使解释过程呈现出独断性的一面。换言之，刑法文本阐释往往是在没有兼顾或考量其他社会主体利益诉求的基础上进行的，导致解释文本仅成为既得利益群体的代言人，而忽略了其他社会群体的利益主张，这往往会加剧社会层面的利益纠葛与矛盾冲突。

从解释主体看，我国法律规定，最高人民法院和最高人民检察院是有权解释主体，在实践当中，诸多司法解释都是由最高人民法院、最高人民检察院（以下简称"两高"）的研究室做出。在做出司法解释之前及解释过程中，解释主体往往并不顾及社会民众对法律文本的看法，没有进行充分的商谈和沟通，就径直对刑法文本进行意义阐释。虽然2007年3月最高人民法院发布的《最高人民法院关于司法解释工作的规定》中明确规定，对涉及人民群众切身利益或者重大疑难问题的司法解释，向社会公开征求意见。但在实践上，却鲜少见到该项规范的启动和运行。鉴于此，独白性解释具有较高的时效性，但合理性与合法性往往需要斟酌。由于没有在解释中形成充分的沟通协商机制，致使诸多社会利益没有体现在解释文本中，这也是一些司法解释出台后得不到认可，甚至广受指责的原因。比如，最高人民法院在《关于行为人不明知是不满十四周岁的幼女，双方自愿发生性关系是否构成强奸罪问题的批复》（现已失效），该解释虽然在刑法理论界取得一致意见，但却引

[1] 詹镇荣：《德国法中"社会自我管制"机制初探》，载《政大法学评论》第78期（2004年第4月），第78页。

起法理学界一些知名学者的质疑，以至于双方在该司法解释的合宪上展开了激烈论辩。再如，最高人民法院《关于审理交通肇事刑事案件具体应用法律若干问题的解释》，一经发布立刻在理论界与实务界引起轩然大波，诸多学者都对该司法解释的合法性问题做了较为深度的检讨和批驳。还如，2009 年最高人民法院《关于醉酒驾车犯罪法律适用问题的意见》也引起很多学者的质疑。近年来，有权解释主体发布的司法解释备受质疑的还有很多，之所以如此，一个主要原因就在于，解释主体在解释刑法文本过程中没有形成沟通、参与意识，当然，联系上述威权主义内涵，独白性解释的出现不是偶然，而是威权主义在司法解释领域的反映，并与威权主义共进退。

其次，刑法解释的有效性。在威权社会的属性中，强控制性是其重要方面，即通过诉诸暴力等方式控制社会，将社会风险控制在一定限度内，以达到实现社会稳定的目的。在极权主义下，当权者可以通过赤裸裸的暴力完成自己的目标预期。不过，鉴于威权主义往往和法治紧密联系，决策者在追求社会效果时必须借助法律路径以保障其行为的合法性和规范性。正如有的学者指出的：威权主义是“专家治国论”的实践者，强调国家管理的法律化和决策的科学化。虽然威权领袖的地位十分突出，但整个国家的管理却不是“人治”，而是严格甚至有些刻板的“法治”。[1]于是，我们经常可以看到，有权解释主体为了贯彻某种政策方针，或引入某种政治判断、民意诉求，其会通过解释刑法文本来完成政策的法律化，并在法律解释当中完成效果考量，也即解释者往往通过规范解释达到实现某种社会效果的心理预期。比如，在公共交通安全当中，为了减少醉酒驾车或者飙车行为导致的重大交通安全事故，解释者改变了长期以来对交通事故罪的认定和判断，通过对行为人罪过的处理，悄然完成了罪名之间的转换，即从一般的过失犯罪转变为故意犯罪。再如，在食品安全领域，为了抑制愈加严重的重大食品安全事故，解释主体通过廓清模糊条款、加重刑罚幅度、厘定资格刑罚等路径完成对食品安全犯罪行为的处理。还如，在环境保护领域，为了解决长久以来的污染环境问题，司法解释积极回应政策意图，在关于环境犯罪的条款当中，解释主体做了进一步的解释和厘清，通过降低犯罪门槛、扩大处罚范围及强化刑事责任等角度加大对环境犯罪的处罚力度。

---

〔1〕 尹保云：《威权主义的历史意义》，载《炎黄春秋》2012 年第 5 期。

分析上述公共安全、食品安全、环境保护等刑法司法解释可知，都是决策主体努力控制社会风险的反映，并在规范层面积极推行“暴力”要素，将社会领域表现出来的矛盾控制在一定限度之内，最大限度实现社会的稳定性。在这个过程中，决策者追求社会效果的意图一览无余，当然，与极权主义不同，决策者没有直接诉诸暴力完成社会风险控制，而是在法治框架下，通过赋予刑法规范效果意识实现社会控制的目的。由此，从威权主义的内涵可知，在刑法司法解释当中，有效性的一面不可或缺，甚或具有优先性。换言之，有效性考量不但经常出现在立法过程中，在司法解释当中也总是存在。“虽然法律主张是同对实行强制的授权相连的，但它在任何时候也必须能够由于其规范性的有效性主张而被人遵守。”〔1〕

最后，刑法解释的严厉性。在威权主义的意识形态里，追求权力扩张与秩序维护，且不惜用强力与暴力达到上述目的。在转型社会中，随着社会多元化权利意识增长，各种结构性矛盾加剧，社会发展过程中滋生的风险因素与危机形态趋于严重，基于此导致的社会阶层分化与失衡也随之加大。对此，决策者会有自己的价值分析，据此获致相应的政治判断，在此基础上，设计社会需要的制度体系与政策模式，并在社会各领域当中推行，之于司法解释，亦不例外。作为维护社会稳定的最后一道防线，刑法的作用和价值举足轻重。近年来，随着西方社会权利意识的浸染和熏陶，决策者对社会自治与民众权利愈加重视，不过，这并不能改变威权主义意识形态下权力与权利实质关系的对比。尤其是在应对社会危机时，威权主义的惯性会尽力摧毁横亘在其面前的阻力，并极力推行自己的价值观。具体表现就是，强化刑法的工具性，而忽略刑法的目的性；强调刑法的功能，而忽视非刑法规范的作用。就这样，刑法文本被肆意推到了维护社会秩序的最前沿，而对本应处于刑法前面的其他社会规范重视不够。

从整个法律体系看，作为其他法律的保障法，刑法惟在最后时刻才应发挥作用。换言之，在刑法适用之前，应有其他社会规范应对越轨行为，而不是径直将刑法暴露在违法犯罪行为面前，藉此，可以最大限度避免刑法成本投入。所有部门法所保护和调整的社会关系，都同时借助刑法的保护与调整。刑法是其他部门法的保障法，也是其他部门法的后盾。如果把其他部门法比作

〔1〕 I. kant, *Einleitung in die rechtslehre*, werke (weischedel) Bd. IV. 338f.

第一道防线，刑法则是第二道防线。[1]但在威权主义模式下，在社会治理当中，决策者对刑法文本的喜爱往往超越其他社会规范，结果往往将本是最后法的刑法置于前沿阵地，以求最大限度发挥刑法的惩治功能与威慑效应。但是，由于失去了其他社会规范的缓冲作用，故对刑法功能的要求会被人为提高，对此，除了强化刑法的严厉性与扩大犯罪的处罚范围之外，别无他策。所以我们看到，有权解释主体发布的司法解释充满了严刑苛罚的意蕴，在事关交通安全、食品卫生、环境保护、经济发展等诸领域都可以得到印证。于是，降低犯罪门槛、扩大犯罪范围及加大刑事处罚逐渐成为解释主体习惯性的手法和路径。不过，严刑苛罚想达到的效果预期并不是总能令人乐观。就像菲利（Phili）所言："社会在与犯罪的残暴之间的斗争中失去效力时便会恶性循环。"[2]

三、威权主义与刑法解释路径分析

威权主义因其自身特点决定了其本身具有诸多局限性，并且无法自我克服。这些局限性在中国现实的政治运行过程中应想办法予以抑制。在威权主义意识形态支配下，司法解释往往体现出独白性、有效性及严厉性的特性，对此，有其合理性的一面，但更应看到其危及法治根基的一面。在威权主义中，也有民主性与自治性的成分，对此，不能置之不顾，而是应该充分挖掘，并以此为基础，认真反思与构建当下司法解释当中应然的理念与模式。

首先，变独白为沟通。在威权政治模式下，政府权力总是试图将控制与管理延伸至社会每个领域的角落，以达到推行政治目的与秩序保护之终极目的。不过，与极权主义不同，在威权主义下的权力行使与扩张还会基于既定的法治框架，而非肆意延展和突破。"由于有基本的宪政框架存在，威权主义体制下民主的发展并没有停顿。"[3]现代化是人类的革命性历史大转变，它要使原有的社会结构和价值体系解体而进行新的社会整合。只有在宪政民主制度的框架下，这一社会整合才能获得实质性的进展。威权主义的政治发展意

---

〔1〕 高铭暄、马克昌主编：《刑法学》（第5版），北京大学出版社、高等教育出版社2011年版，第8页。

〔2〕［意］恩里科·菲利：《犯罪社会学》，郭建安译，中国人民公安大学出版社2004年版，第55页。

〔3〕 尹保云：《威权主义的历史意义》，载《炎黄春秋》2012年第5期。

义首先在于维持一个基本的宪政框架，从而使政治组织、精英和民众在一个有约束的环境下不断地得到民主的训练与改造。另外，在威权主义模式中，其对社会自治群体采取了更为开放与宽容的态度，并为了特定的政治目的而会主动在一些领域进行收缩，以保障社会群体的权利行使。具体来看，威权政治具有意识形态软化和政党权力收缩的特征，具体可以划分为两个阶段：即权力退出阶段和权力受制阶段。“退出”阶段的核心特征是政府权力主动地退出一些领域，不断扩大自主的社会空间，并塑造社会自治机制。“受制”阶段的核心特征是日益成熟的自治社会对政府权力施加压力，政府权力受到结构性制约，社会对政府的主流态度是一种有限的政治参与。〔1〕据此，威权主义暗含民主与自治的因子，在合适的土壤下，这种自治因子会成长、壮大，并最终成为新生事物发展的基础性力量。

结合当下我国的刑法司法解释，在对刑法文本文义进行梳理、界定或探寻时，不应该仅限于有权解释主体，反之，根据社会自治模式，应积极倡导更多的社会主体参与到解释过程当中。当然，参与不是说可以肆意扩展司法解释权主体的范围，只是强调在解释过程中，应该让社会主体的更多参与，应该让更多的利益诉求体现在解释结果当中。由此，司法解释应该仿照刑法修正案的做法，在进行刑法文本修订前，广泛征集、听取社会各领域主体的建议、意见，以保证规范文本在利益衡量上具有开放性、协商性与多元性。唯此，形成的解释文本才能为社会主体接受、认可和遵守。换言之，在刑法解释当中，亦应发挥社会土壤中的积极因素，调动社会主体参与的积极性，为刑法解释献言献策，变独白性解释为沟通性解释，在协商性司法解释下，完成对刑法文本的有效阐释，最终达到政治参与及权力制约之目的。“这意味着，我们要把对法律理论的理想要求扎根于一个宪法诠释者所组成的开放社会的政治理想之中，而不是扎根于一个因为其德性和专业知识而与众不同的法官的理想人格之中。”〔2〕对此，有的学者也许会质疑，当下司法解释主体是多元化的而非单一的，诸如司法解释当中的很多文本都是由行政主体或者社会团体与司法主体联合发布的，对此，需有清醒的认识，我们所言的社会共

〔1〕 储建国：《市场经济、市民社会和民主政治》，载《武汉大学学报（哲学社会科学版）》1999年第1期。

〔2〕［德］哈贝马斯：《在事实与规范之间——关于法律和民主法治国的商谈理论》，童世骏译，生活·读书·新知三联书店2003年版，第223页。

同体参与司法解释，并不是借助违法路径使其上升为解释主体，而是有权解释主体在规范文本阐释过程中，其他社会主体需有意识、有目的地参与进去，通过合法渠道影响司法解释的进程与结果。

其次，有效与合法并重。司法解释的合法性是指，司法主体在阐释规范文本时，需保证解释是在罪刑法定之下进行的，这是司法解释需坚持的标准，也是解释主体应遵循的底线。在大陆法系中，对文本解释合法性的追求一直是矢志不渝的目标，即使在英美法系中，合法性也是一个非常重要且不容肆意背离的属性。从法治的系统性考察，刑法阐释符合宪法精神与文义脉络是法治社会立法民主性的诉求，也与解释主体的权力界限相关。由此，在司法解释当中，在规范文本语义下进行目的探寻是解释主体不能逾越的红线。不过，文本阐释的有效性从来都是方法论学者不能忽视的问题，也是司法主体非常关注的问题。若司法解释不能产生实际效果，就会与司法解释的初衷、目的发生背离，也会引起司法解释必要性与合理性的质疑。所以解释主体在强调文本阐释合法性的同时，不能忘记文本阐释的有效性。但是，我们需永远铭记，有效性是在合法前提下的有效性，唯有立足于合法性的解释，有效性考量才具有价值和意义，这是法治社会的应有之义。“作为总体上合法的法律秩序的一部分，这些规则同时是带着这样的规范性、有效性的主张而出现的，这种有效性主张指向一种合理地推动的承认。”〔1〕

“在现代社会中，法律治理与社会政策的考量必须完全兼容，即社会政策的考量必须完全融入法律治理的视野，法律治理必须充分考虑社会政策的旨趣。”〔2〕不过，在实践当中，有权主体为了迎合政策需求，或者是为了满足政治判断，或者是为了回应民意诉求，而罔顾刑法规范的固有内涵，超出规范文义进行阐释刑法文本，结果是司法解释考虑了社会固有现实，而违背了刑法基本原则，虽然具有个案性与暂时性效果，但缺乏长期性与系统性关注。这从近年来我国发布的司法解释可寻得端倪，比如，为了抑制醉酒驾车而改变犯罪性质认定的司法解释，为了惩治食品犯罪行为而扩大犯罪主体范围的司法解释，为了治理交通肇事而认可过失犯罪可构成共同犯罪的司法解释等，

〔1〕［德］哈贝马斯：《在事实与规范之间——关于法律和民主法治国的商谈理论》，童世骏译，生活·读书·新知三联书店2003年版，第38页。

〔2〕郑少华：《简论社会自我管制》，载《政治与法律》2008年第3期。

无不都是追求有效性而抛弃、忽略、忽视合法性的事例。其实，之所以在规范解释上产生上述分歧，与社会意识形态息息相关。根据威权主义与民主主义的界分可知，前者往往追求刑法解释的有效性，而后者往往重视解释的合法性，这是两种政治模式的内在规律使然。质言之，在威权主义模式下，决策者会为了短期利益而牺牲长期利益，在民主主义模式下，决策者会为了长期利益而牺牲短期利益，这是二者重要的不同之处。

最后，严厉与宽缓共存。根据威权主义内涵与特征可知，其会将维持社会秩序与扩张权力作为久远目标，于是，包括暴力在内的所有治理手段都会成为其选项，基于此，在犯罪治理的政策选择中，严刑峻罚常常不可或缺。这从近年来我国刑事政策的发展规律可以获知，从惩办与宽大相结合到严打，从严打到宽严相济，再到各个阶段中的专项斗争，我们一直可以看到严打在犯罪应对中的作用，这既与我国社会发展的阶段性有关，也与当下我国政治模式下的威权主义要素密不可分。所以，基于威权主义模式来分析我国的刑事政策发展轨迹，就不会再对我国一直以来坚持的严打政策感到疑惑。我们看到，近年来，我国的司法解释一直朝着两个维度发展，一个是犯罪圈的扩大，一个是刑罚量的加大，而相反的一面，即通过司法解释展现宽缓精神却很少被提及。行文至此，我们认为，司法解释过度向严厉性倾斜而对宽缓政策惜字如金的做法存在不妥。其一，在威权主义这里，不全是权力的扩张与暴力的倡导，也存在权力受制与退出的一面，由此，这些方面反映在司法解释当中不应该是严刑苛罚，而应该是宽和轻缓。所以即使在威权主义意识形态下，也不能肆意挤压公民权利与社会自治的空间，否则，就会破坏政府公权力与公民私权利之间的平衡，会危及法治社会得以存在的根本和底线。其二，从 2006 年宽严相济刑事政策施行以来，作为基本的刑事司法政策，它的作用不应该仅体现在个案法官的司法裁判与自由裁量中，在刑法文本的司法解释当中也应该有所体现，才能真正将宽严相继落到实处。但从近年来发布的一系列司法解释来看，体现的还不够。比如，有权解释主体就公共交通安全、食品卫生及环境保护等领域发布的司法解释仍存在严刑重罚，而宽缓、宽松、宽和的精神在这些司法解释当中很少体现。我们需要拷问，在这些司法解释涉及的个案实践当中真的没有需要宽缓对待的情形吗？还是只需要个案法官根据实际情况进行酌定考虑即可？对此，我们的答案是否定的，不是不需要在司法解释中体现宽缓这一层面，只是有权解释主体对严厉性的过度关注掩盖了对宽缓的关注，从而在解释结果当中不能得以合理体现。

在我国的刑法解释上，解释主体采纳的理念与立场和多种因素有关，既有社会层面的也有政策层面的，既有传统层面的也有现代层面的，既有个案层面的也有系统层面的，所以不能仅仅立足于某一个角度探讨有权解释主体的解释理念，但是，每一个角度都可以为我们分析问题提供有利的视角，对我们深入认识问题并解决问题具有积极的作用。本文在阐释刑法解释观时，就是将威权主义作为一个视角，对一些司法解释进行了梳理和评析，并根据威权主义的内涵和属性作为分析模型，对我国刑法司法解释当中存在的问题进行了较为详细的探讨，并为解决司法解释中的不足做了适当的努力。

第三节　风险社会

风险社会是近年来一个比较热的话题，在社会学、哲学等领域产生了较大影响，并持续将影响渗入法律领域，而作为社会最后防线的刑法层面，也不断受到来自风险概念的浸入，并最终对刑法理论、刑事立法、刑事司法及刑法解释造成一定影响。虽然在学界不断有学者指出，对风险社会概念应该持谨慎态度，对风险刑法更应该保持警惕，不能对以风险刑法为幌子而肆意扩大刑法的秩序保护机能置之不理。虽然西方风险社会理论发展迅速，但我国社会形态如何看待还需认真研究；虽然风险刑法在西方具有一定市场，但我国刑法是否进入到风险刑法阶段还需审慎考量。

一、风险社会理论阐述

自 20 世纪德国社会学家贝克（Beck）提出风险社会概念以来，该概念迅速扩展至世界范围，并在国际范围内获致认可，于是，风险社会开始成为现代社会发展的新阶段，并成为西方社会制定社会政策、厘定法律规定的社会基础。风险社会概念在我国也有一定市场，不断有学者主张引入风险社会概念以替代我国传统的社会形态，并主张以风险社会为分析模型，对我国面临的风险态势、风险评估、风险分担、风险治理等内容进行深度分析和研究。

我国社会形态及发展背景与西方社会背景不同，在西方社会流行风险社会的当下，我国社会形态到底是否能归于风险社会范畴，还需从以下标准进行判断，而不能进行肆意界定：

首先，我国社会形态与西方社会形态是否一致。风险社会是后现代社会特征，也被称为反思性现代化，其是与前现代社会、现代社会等概念相对应而言的。也即，从西方社会的风险社会概念看，其是立足于后现代社会提出来的，属于后现代社会体现出来的社会属性。通过分析我国的社会发展现状，我国社会应属于较复杂的社会形态结构。质言之，我国当下社会处于转型期，不但具有农业社会的特性，还具有工业社会的属性，因此，既有前现代社会的因素，也有现代社会的特点，风险社会的特性也体现在我国的社会当中，对此，西方有学者将我国社会形态定义为压缩性的社会形态，之所以界定为压缩性社会是与我国在一定时期内涵盖了西方不同社会形态的特征有关。〔1〕对此，我们认为，所谓的压缩性社会并没有客观、真实的表述出我国社会形态的特征，我国的社会形态属于多种社会形态并存态势，因此，称之为复合型社会形态更为合理与科学。〔2〕根据我国社会形态的属性看，其具有不同社会形态的特征是由于我国居于社会转型阶段，在后发基础上赶超西方社会，所以，既有前现代社会和现代社会下特征，也有后现代社会的属性。〔3〕由此，我国与西方风险社会的后现代社会背景存在区别，社会形态结构的复杂性也远甚于西方社会，所以将西方社会中的风险社会直接移植到我国并不合适。

其次，我国面临的风险与西方面临的风险是否一致。从西方社会提出风险社会的概念来看，其主要是指向不确定的、不能预测的、破坏性巨大的社会风险，具体分为技术风险与制度风险。“风险概念表明人们创造了一种文明，以便使自己的决定将会造成的不可预见的后果具备可预见性，从而控制住不可控制的事情，通过有意采取的预防性措施以及相应的制度化措施战胜种种（发展带来的）副作用。”〔4〕至于出现风险社会形态，与西方社会进入工业社会以来的技术理性有关，当其将技术作为改造社会的终极工具，并且是存在主义概念在工业领域的反映，不过，当人类把自己视为自然的主宰，并

〔1〕 薛晓源、刘国良：《全球风险世界：现在与未来——德国著名社会学家、风险社会理论创始人乌尔里希·贝克教授访谈录》，载《马克思主义与现实》2005年第1期，第53页。

〔2〕 王伯承：《西方风险社会理论困境与中国本土化启示》，载《内蒙古社会科学（汉文版）》2015年第6期，第29页。

〔3〕 夏玉珍、吴娅丹：《中国正进入风险社会时代》，载《甘肃社会科学》2007年第1期，第20页。

〔4〕［德］乌尔里希·贝克、约翰内斯·威尔姆斯：《自由与资本主义——与著名社会学家乌尔里希·贝克对话》，路国林译，浙江人民出版社2001年版，第119页。

将技术视为改造自然的工具时，技术本身蕴含的风险也就悄然生长，并在合适的时机予以爆发，诸如核危机、生化危机、食品危机、交通危机等。相反，来自于现代社会与前现代社会的危机，如贫困危机、污染危机、疾病危机等都不再是社会面临的主要问题。反观我国当下的社会形态，并未经历过西方社会技术理性的熏陶，也未深受存在主义哲学的影响，因此，在对待技术的功能与人的主体性上并不如西方社会那么强烈和偏执。由此可知，西方风险社会提出的社会背景中，两大关键要素技术理性与人的主体性都未在我国形成主流趋势。另外，从我国当下面对的风险类型看，虽然也有西方社会提到的技术风险与制度风险，但主要还是前现代社会下的传统风险。“在工业化尚未完成的中国，早期工业化过程中的风险和自然风险给人们带来的影响更大且人们的感知更为深刻，跨时空的现代社会风险仍处于一种被遮盖的状态。”〔1〕据此，将产生于西方社会的风险社会直接引入我国且作为分析问题的理论模型，显得并不是非常合适。

根据前述分析，我国当前社会还是处于转型期的社会，与西方后现代社会有明显不同，因此，不能将体现西方后现代社会特性的风险社会直接纳入我国的社会学理论当中，并作为分析我国社会问题的理论基础。但是，作为一种复合型的社会形态，其既涵盖了前现代社会下的传统风险，也包括了后现代社会的技术风险与制度风险，因此，虽不能将之定义成风险社会，但是其符合风险高发型社会的特征。

二、风险刑法分析与检视

近年来，风险社会逐渐成为社会学、哲学、管理学等学科中的重磅概念，虽然来自于西方社会，但对我国社会科学的影响是显而易见的，这种影响逐渐渗透进法律领域。鉴于风险社会是一种社会现象，作为社会治理的工具的法律显然不能置之不理，法律学者立足于法律学科探讨风险问题无可指责，不过，从当下理论发展趋势看，风险社会在法律领域的影响之广、浸入之深是需要我们关注的。易言之，如何看待风险社会与刑法规范之间的关系，需要给出客观、真实、科学的回答。

---

〔1〕王伯承：《西方风险社会理论困境与中国本土化启示》，载《内蒙古社会科学（汉文版）》2015年第6期，第29页。

风险社会对刑法领域的影响是巨大的，2008 年劳东燕教授首次发表文章探讨风险社会与刑法的关系以来，每年都有大量的相关作品产生，学者们投入大量精力探讨风险社会与刑法理论的关系，不但在宏观上构建风险社会对刑法的理论基础，且在微观上诠释对犯罪论、刑罚论、责任论等内容的影响，总的看来形成三种观点：第一种观点认为，风险社会正在形塑和改造我国传统的刑法理论，开始由自由刑法向风险刑法转变。〔1〕持这种观点的学者以学界中的中青年群体为主，因其具备更为广泛的国际视野，学术思想更为开放，对外来理论更为敏感，接受其他学科或领域的理论态度积极。第二种观点认为，我国的社会形态与西方社会中的风险社会有质的区别，不能在未经认真分析的基础上全盘接受风险社会理论。〔2〕基于此，该种理论坚决反对用风险社会理论改造刑法理论，坚持自由刑法理论，对风险刑法理论持反对态度。持该种观点的学者以学界中的领军人物为主，对传统刑法的态度相对保守，质言之，其更为关注刑法中的权利价值，对风险刑法中的秩序价值指向不能认同。第三种观点属于折中说，明确主张不应该忽视流行于社科领域的风险社会观，但对其与刑法理论之间的关系持谨慎态度，也即，主张风险社会有限度的影响刑法理论，不是改变传统的自由刑法观，而是在自由刑法观的基础上进行修修补补。〔3〕同时，该种观点指出，鉴于刑法理论中渗入风险因素，更应该推动对权利价值的关注。不应该忽视流行于社科领域的风险社会观，但对其与刑法理论之间的关系持谨慎态度，主张风险社会有限度的影响刑法理论，也即，风险社会不是改变传统的自由刑法观，而是在自由刑法观的基础上进行适度调整，是对传统刑法理论的补充而非替代。〔4〕

上述不同的刑法价值观，是学者们基于不同的理论基础做出的论证与结论，且与学科视野、理论偏好、利益取向及风险认同等方面因素有关，所以

---

〔1〕 劳东燕：《公共政策与风险社会的刑法》，载《中国社会科学》2007 年第 3 期；劳东燕：《风险社会与变动中的刑法理论》，载《中外法学》2014 年第 1 期；程岩：《风险规制的刑法理性重构 以风险社会理论为基础》，载《中外法学》2011 年第 1 期；陈晓明：《风险社会之刑法应对》，载《法学研究》2009 年第 6 期。

〔2〕 张明楷：《“风险社会”若干刑法理论问题反思》，载《法商研究》2011 年第 5 期；陈兴良：《风险刑法理论的法教义学批判》，载《中外法学》2014 年第 1 期。

〔3〕 刘艳红：《“风险刑法”理论不能动摇刑法谦抑主义》，载《法商研究》2011 年第 4 期。

〔4〕 孙万怀：《风险刑法的现实风险与控制》，载《法律科学》2013 年第 6 期；姜涛：《风险刑法的理论逻辑——兼及转型中国的路径选择》，载《当代法学》2014 年第 1 期。

不同的学者会持不同的立场。但是，刑法理论的发展会影响到刑法理念变化，并对刑事立法、刑事司法产生直接或间接的影响，最终会影响刑法中权利保证与秩序保护的机能之争，对此，我们不能故作不见，而是应该积极分析我国当下的社会形态，并对风险社会与刑法之间的关系进行认真考察，并得出切实、有效、可行的结论。对上述持不同刑法立场的论证过程进行分析可知，论者得出我国刑法应该坚持自由刑法还是风险刑法的论据相对简单，即我国社会当下是不是风险社会，在此基础上做出一种判断，或者是风险刑法，或者是自由刑法。对此，我们认为，论者的论证、论据及结论都是不完整、不科学的，也是不真实的。质言之，分析我国当下刑法的基本价值取向，不应该仅仅依托单一的标准，而是应使用多元化的标准，具体包括社会属性判断、风险性质分析及刑法理论比较等。

首先，风险属性判断。根据前文分析可知，我国当下的社会形态并非是风险社会，兼具前现代社会、现代社会及后现代社会混合型特征，我们称之为复合型社会形态。这种转型犹如贝克所形容的，是“压缩饼干”方式的转型，具有强烈的时空压缩性。社会转型中各种传统、现代、后现代、本土和全球化的影响因素错综复杂地交织在一起，使得我国当前的社会会孕育更多、更难以预料和难以应对的风险。[1]在复合型社会形态下，有前现代社会与现代社会的传统风险，也有后现代社会的现代风险。“人造风险无法精确计算，也谈不上对风险结果的预测，这就使人们陷入前所未有的风险困景之中。”[2]我国也存在与西方相似的现代社会风险，但两者在社会背景、风险比例、发生机理上都存在不同，所以我国发生的社会风险与西方社会中的风险存在质的区别，不可将二者简单等同。就社会背景而言，我国是复合型社会，西方是现代社会；就风险比例来看，所谓的现代社会风险在我国总的社会风险中的比例有限，不像在西方社会，现代社会的风险占据极大比例。“中国社会是局部风险社会而非全面风险社会，是现代社会但又留有前现代社会遗迹。”[3]

---

〔1〕 方世南、齐立广：《风险社会：政府公共管理面临的全新课题》，载《学习论坛》2009 年第 8 期，第 42 页。

〔2〕 ［英］安东尼·吉登斯、克里斯多弗·皮尔森：《现代性：吉登斯访谈录》，尹宏毅译，新华出版社 2001 年版，第 195 页。

〔3〕 焦旭鹏：《风险刑法的基本立场》，北京大学 2012 年博士学位论文，第 30 页。焦旭鹏：《风险刑法的基本立场》，法律出版社 2014 年版。

就发生机理考察，我国发生的现代社会风险，源于对科技技术管理不足、制度规章不够完善有关，相反，西方社会发生的风险则源于过度信任技术理性和制度理性，而忽略了技术、制度自身存在的潜在危机，过于相信人在自然面前的主体性，而忽视了人自身的客体性特征。综上，理论界不能将两种相差甚大的风险类型混为一谈，并作为构建和改造我国刑法结构的理论基础。

其次，风险性质分析。在不同的社会形态下，源于各种风险因素的存在，会发生各种各样的风险，不同的风险类型，决定了对刑法理论、刑法结构及刑事立法的影响。从类型上看，社会风险具体可以分为以下几种：财产损害风险、人身伤害风险、公共安全风险、环境损害风险、社会秩序风险、职务廉洁性风险、国家安全风险、市场秩序风险，等等。从西方社会对风险的论述看，其主要是指技术风险与制度风险。“风险社会关心的是‘技术—经济’发展本身产生的问题。”[1]制度风险主要包括经济制度、金融制度及网络管理制度等；技术风险主要是核安全技术、生化技术、食品药品技术等。从上述风险种类看，能与我国刑法上面临的社会风险相对应的主要有公共安全风险，比如，交通安全、食品安全、药品安全、金融安全、环境安全，这些领域风险因素与公共安全风险、环境损害风险、社会秩序风险、市场秩序风险有关，与财产损害风险、人身伤害风险、职务廉洁风险关系不大。基于此，在谈论社会风险对刑法理论、刑法结构及刑法价值影响时，不应该将刑法分则中的十种法益类型全部涵盖在内，而是应该有所区别，对与风险概念联系不密切的国家法益、财产法益、人身法益、职务廉洁法益排除在外，才更为合理。相应的，在刑事立法与刑事司法范畴，也应该尽量排除风险社会对前述法益领域的影响。当然，如果进一步细分，即使在公共安全领域、市场安全领域、社会秩序领域，也有诸多个罪法益与后现代风险关系不大，比如，恐怖犯罪是前现代社会存在的问题，投放危险物质罪也是传统刑法中的罪名，食品犯罪、药品犯罪也不是后现代社会才开始出现的风险因素，等等。质言之，在整个刑法分则涵盖的罪名当中，能适用西方风险社会进行解析的罪名其实非常有限，且不具有普遍性。从这个角度来看，将我国刑法称之为风险刑法或安全刑法，并不贴切。

最后，从刑法理论比较分析。风险刑法是来源于德日刑法的概念，随着

---

〔1〕［德］乌尔里希·贝克：《风险社会》，何博闻译，译林出版社 2004 年版，第 16 页。

德日刑法理论的传入和发展，我国刑法理论上也开始对风险刑法概念青睐有加，不断有学者加入风险社会论阵营，并从不角度为风险刑法提供理论基础，构建运行机制。不过，我们不能对风险刑法否定论者与怀疑论者选择性遗忘，越是在理论争议强烈之时，越是应该关注理性的声音。从我国理论界看，风险刑法论者无论是阐释我国社会与风险社会的关系，还是分析风险刑法与自由刑法的关系，在概念探讨、关系梳理及理论构建上都让人有粗糙和牵强之感，得出的结论也自然不能为人信服。其实，被奉为国内风险刑法研究第一人的劳东燕教授，也开始抛弃风险刑法概念，并转而用安全刑法替代。“具体来说，是试图客观描述与勾勒风险社会的背景之下刑法理论所经历的变迁，以及支持或驱动这种变迁的社会原因。”〔1〕更让人关注的是，国内以张明楷、陈兴良为代表的主流刑法理论对风险刑法理论依然持排斥态度，这也让风头正劲的风险刑法理论显得人气不足。更有甚者，一些学者针对社会风险高发的态势，没有用风险刑法理论进行犯罪构成改造，为处罚前置立法造势，反而更为冷静地指出，在风险刑法势头正旺的当下，更应该将关注度投向公民权利，更应该规范司法主体的解释权限。“刑法的风险改革是为了适应社会对于风险规制的需要，而风险规制的目的不是为了破坏人类已有的生存秩序，而是为了更好地实现人权。”〔2〕我们相信，这些理论在刑法理论呈现浮躁和浮华之时更值得我们尊重和关注。从德国刑法理论看，对风险刑法理论也不是呈一边倒的趋势，虽然有的德国刑法学家［金德豪伊泽尔（Kindhäuser）、雅各布斯（Jacobs）、洛克辛（Roxin）］对风险刑法青睐有加，不过，这些学者所关心的是在当前标准下如何进一步提升刑法创造安全的能力，而并非直接将控制风险作为未来刑法改革的方向。〔3〕我们也能看到，德国的其他刑法学家［诸如希尔根多夫（Hilgendorf）、哈斯默尔（Hassmer）］公然质疑风险刑法的合理性与必要性。“刑法应当仅限于核心刑法领域，仅针对个人进行刑法保护的核心刑法才是刑法规范的合理范围；反之，通常被视为风险刑法中的风险犯典型类型的经济犯、交通犯、环境犯等应以干预法的立法方式解决，

〔1〕劳东燕：《风险社会与变动中的刑法理论》，载《中外法学》2014年第1期。

〔2〕崔磊：《风险社会视野下刑法扩张的宪法态度》，载《中国刑事法杂志》2016年第6期，第44页。

〔3〕胡彦涛：《风险刑法的理论错位》，载《环球法律评论》2016年第5期，第74页。

而非使用刑罚。”[1]“风险刑法的特征在于对法教义学的基本结构进行在自由法治国视角看来极其可疑的灵活和处理”。[2]

总的来看，不管是从我国的社会属性分析，还是考察风险在刑法分则中的影响及国内在理论界对风险刑法的态度，都不能擅自将我国当下刑法定位成风险刑法，这不但不符合我国宏观的社会背景，也未能真正反映其在刑法条文中的分布状况，更没有认真对待刑法学界中对风险刑法持不同立场主体的意见。

三、刑事立法条文梳理

虽然我国社会形态与风险社会有本质区别，也没有真正进入风险刑法模式，但这并不表明可以忽视当下风险高发态势，也不能无视刑事立法主体对社会风险因素的关注，并通过刑事立法以使刑法规范承担更大的社会管理角色和功能，对此，需要进行认真且详尽的梳理。对刑事修正案中的刑事立法进行整理，主要从有利于强化社会控制的维度考察刑法规范修正，具体包括增加新的条款、具体危险犯向抽象危险犯转化、共犯行为正犯化、预备行为实行化、过失危险犯立法增加等。

第一，《刑法修正案（九）》法条梳理。新增或修改的罪名包括：准备实施恐怖活动罪，宣扬恐怖主义、极端主义、煽动实施恐怖活动罪，利用极端主义破坏法律实施罪，强制穿戴宣扬恐怖主义、极端主义服饰、标志罪，非法持有宣扬恐怖主义、极端主义物品罪，虐待被监护、看护人罪，使用虚假身份证件、盗用身份证件罪，代替考试罪，拒不履行信息网络安全管理义务罪，帮助信息网络犯罪活动罪，盗窃、侮辱、故意毁坏尸体、尸骨、骨灰罪等23个罪名。其中，准备实施恐怖活动罪与使用虚假身份证件、盗用身份证件罪属于预备行为实行化；非法持有宣扬恐怖主义、极端主义物品罪属于持有型犯罪；帮助信息网络犯罪活动罪属于帮助行为正犯化；代替考试罪未经行政法调整直接进入刑法领域。除此，其他都是根据法益保障需要，将原本属于行政法调整的行为纳入到刑事罪名当中，属于正常刑事立法行为。

---

〔1〕［德］埃里克·希尔根多夫：《德国刑法学：从传统到现代》，江溯、黄笑岩等译，北京大学出版社2015年版，第241页。

〔2〕Vgl. Hassemer, *Kennzeichnen und Krisen des Modern Strafrechts*, Zrp, 1992, S. 383.

第二，《刑法修正案（八）》法条梳理。新增和修改的罪名有叛逃罪，危险驾驶罪，生产、销售有毒、有害食品罪，生产、销售假药罪，生产、销售不符合安全标准的食品罪，走私武器、弹药罪，走私核材料罪，走私假币罪，走私文物罪，走私贵重金属罪，走私珍贵动物、珍贵动物制品罪，走私国家禁止进出口的货物、物品罪，盗窃罪，对外国公职人员、国际公共组织官员行贿罪，虚开发票罪，持有伪造的发票罪，组织出卖人体器官罪，强迫劳动罪，污染环境罪，传授犯罪方法罪，食品监管渎职罪等26个罪名。其中，危险驾驶罪属于增加的抽象危险犯，污染环境罪属于门槛降低的过失犯罪、食品监管渎职罪属于过失犯罪立法，其他都属于根据法益保护需要进行的刑事立法活动。也即，在《刑法修正案（八）》的各罪名中，唯有危险驾驶罪、污染环境罪与食品监管渎职罪符合风险刑法的特征。

第三，其他刑法修正案法条梳理。《刑法修正案（十）》在第299条增加一款，罪名为侮辱国旗、国徽罪；《刑法修正案（七）》修改或增加的罪名为利用未公开信息交易罪，组织、领导传销活动罪，出售、非法提供公民个人信息罪，非法获取公民个人信息罪，非法获取计算机信息系统数据罪、利用影响力受贿罪等10个罪名；《刑法修正案（六）》包括重大责任事故罪，强令违章冒险作业罪，违规披露、不披露重要信息罪，大型群众性活动重大安全事故罪，背信运用受托财产罪，虚假破产罪，组织残疾人、儿童乞讨罪，骗取贷款、票据承兑、金融票证罪等17个罪名；《刑法修正案（五）》包括妨害信用卡管理罪，信用卡诈骗罪等3个罪名。上述罪名中，符合风险刑法刑事处罚早期化、法益保护提前化的条款有妨害信用卡管理罪，其他罪名都是正常的刑事立法体现；《刑法修正案（四）》包括生产、销售不符合标准的医用器材罪，走私罪，雇用童工从事危重劳动罪，非法采伐、毁坏国家重点保护植物罪和非法收购、运输盗伐、滥伐的林木罪，徇私枉法罪等7个罪名。其中，生产、销售不符合标准的医用器材罪被修改为危险犯；《刑法修正案（三）》包括放火罪，决水罪，爆炸罪，投放危险物质罪，以危险方法危害公共安全罪，组织、领导、参加恐怖组织罪，资助恐怖活动罪（资助恐怖活动组织或者实施恐怖活动的个人），非法制造、买卖、运输、储存危险物质罪，盗窃、抢夺枪支、弹药、爆炸物、危险物质罪，抢劫枪支、弹药、爆炸物、危险物质罪，洗钱罪，投放虚假危险物质罪，编造、故意传播虚假恐怖信息罪等14个罪名；《刑法修正案（二）》仅修改非法占用农用地罪一个罪名；《刑法修正案（一）》具体有隐匿、故意销毁会计凭证、会计账簿、财务会计报告罪，滥用职权罪，玩忽职守罪，擅自设立金融机构罪，内幕交易、泄露内幕信息罪，编造并传播证券、期货交易虚假信息罪，操纵证券、期货交易价格罪，挪用资金罪等10个罪名。这些修正案中的罪名基本属于传统刑法的增加，与风险刑法关系不大。

根据上述分析可知，风险刑法理论具有两个重要特征，刑事处罚提前化与法益保护早期化，具体表现为共犯行为正犯化、预备行为实行化、过失危险犯立法、抽象危险犯增加等情况。分析修正案关于条文修改情况可知，与风险刑法强调的处罚早期化、法益保护提前化两个特征直接相关的条款非常有限，基本都属于社会发展当中给予法益保护需要的正常立法常态。但同时还要看到，源于社会风险因素影响，致使立法主体积极推进刑事立法修改，将更多的传统非刑事领域纳入到刑法规范当中，这表明了一种立法态势，并会间接影响司法主体在诠释规范条文时应遵循的立场和态度。

四、刑事立法评析

第一，刑法条文修订分析。《刑法修正案（九）》涉及的新增或修改罪名有23个，其中，组织、领导、参加恐怖组织罪，危险驾驶罪，代替考试罪，帮助信息网络犯罪活动罪4个罪名符合风险刑法处罚早期化的特征；《刑法修正案（八）》涉及的新增或修改罪名有26个，危险驾驶罪，污染环境罪，食品监管渎职罪，生产、销售假药罪4个罪名符合法益保护提前化的特征；《刑法修正案（五）》至《刑法修正案（七）》涉及的新增或修改罪名有30个，符合风险刑法处罚早期化特征的条款有妨害信用卡管理罪，非法获取计算机信息系统数据罪，信用卡诈骗罪，骗取贷款、票据承兑、金融票证罪，提供侵入、非法控制计算机信息系统程序、工具罪等6个罪名；《刑法修正案（一）》至《刑法修正案（四）》修改或增加的罪名有25个，其中以下罪名与风险刑法精神一致，生产、销售不符合标准的医用器材罪，资助恐怖活动组织或者实施恐怖活动的个人罪（帮助恐怖活动罪），投放危险物质罪，投放虚假危险物质罪，编造、故意传播虚假恐怖信息罪，盗窃、抢夺枪支、弹药、爆炸物、危险物质罪。根据前文分析可知，从《刑法修正案（一）》到《刑法修正案（十）》，涉及的刑法修订条款共有105个左右，其中，与风险刑法观符合的立法条款有20个左右。

第二，80%的刑法修正条款属于正常立法。根据风险刑法理论，风险刑法具有两个重要特征，即刑事处罚提前化与法益保护早期化，具体表现为共犯行为正犯化、预备行为实行化、过失危险犯立法、抽象危险犯增加等。根据上文对历年刑法修正案的梳理，10个刑法修正案共涉及105个左右的修订条款，不过，与风险刑法强调的刑事处罚早期化、法益保护提前化直接相关的条款比较有限，为修订条款总数的五分之一左右，易言之，五分之四的刑法条款修订都属于正常立法活动。由此，从刑事立法发展及立法特征分析，并不能得出我国刑法步入风险刑法的结论。“我国近年来刑法修改增加了抽象危险犯，但从刑法修正案内容来看，刑法修正案增加的实害犯明显多于危险犯，在刑法修订中，增加危险犯是补充和例外。”还有学者通过比较分析得出相似的结论，“19世纪的《德国刑法典》《法国刑法典》都规定了抽象危险犯，1907年制定的《日本刑法典》也规定了不少抽象危险犯。此外，即使当今各国刑法不断扩大处罚范围，但其所增加的犯罪也不乏实害犯，如我国8个刑法修正案所增加的犯罪大多是实害犯。”不过，同时还要看到，源于社会风险因素的影响，为了应对社会风险问题，立法主体积极推进刑事立法修改，将更多的传统非刑事领域纳入刑法规范当中，这表明了一种积极的立法态势，并会间接影响司法主体在诠释规范条文时应遵循的立场和态度。

第三，法益处罚提前不是风险刑法的产物。在《刑法修正案（一）》至《刑法修正案（七）》当中，有的条款修改已经表明了法益保护提前化的特征，具体表现为预备行为实行化、帮助行为正犯化、抽象危险犯增加等，比如，资助恐怖活动组织或者实施恐怖活动的个人罪（帮助恐怖活动罪），提供侵入、非法控制计算机信息系统的程序、工具罪，出售、非法提供公民个人信息罪，上述几个罪名属于帮助行为正犯化情形；非法获取公民个人信息罪，妨害信用卡管理罪，编造、故意传播虚假恐怖信息罪这几个罪名则属于预备行为实行化范畴；生产、销售不符合标准的医用器材罪则是具体危险犯转化为抽象危险犯。从风险社会与风险刑法研究发展历程看，应该是2009年以后开始在刑法理论界盛行，也即，从2009年开始，理论界开始广泛关注风险刑法问题，并不断用刑事立法修改论证风险刑法理论的合理性与客观性。不过，刑事处罚早期化问题并不是风险刑法的产物，也即，在我国风险刑法观念盛行之前，根据社会需要与政策诉求，在立法层面上已经开始出现法益处罚提前化的现象。据此，从逻辑上看，预备行为实行化、帮助行为正犯化及抽象危险犯立法不是风险社会与风险刑法的产物，换言之，两者之间没有必然的逻辑关系，因此，学者不应该用预备行为实行化、帮助行为正犯化及抽象危险犯等立法条例论证风险社会和风险刑法的合理性与合法性。

五、刑法解释姿态判断

随着社会转型的加快，结构型社会矛盾逐渐凸显，行为失序情势加重，基于社会控制与秩序维护的需要，立法主体不断出台新的条文，不断推动着利用法律控制社会的法治社会发展模式。作为社会治理的重要工具，刑法规范的修改相对频繁，涉及修改的刑法条文不断增多。对此，司法主体应如何面对，对于扩展到刑法规范与积极的刑事立法，刑法解释是应该积极顺应立法态势，继续在解释层面上扩大刑法文本的规范范围，还是坚持谦抑态度，从解释层面上缓和因频繁立法带来的秩序维护与权利保障的紧张，根据现代法治内涵及刑法的内在精神，显然应该采取后者，在法律解释上采取守势。

首先，刑法解释态度应该保持克制。随着风险社会概念的盛行，风险控制成为解释主体规范诠释中重要的参考标准，由此，功能主义刑法解释、刑罚积极主义立场下的刑法适用解释等解释观相继出现。论者基于治理社会风险的需要，主张最大程度发挥刑法规范的规制机能，利用刑法规范积极介入社会矛盾和冲突。诚然，论者或多或少也提高，在积极诠释刑法规范的同时，防范因文本含义解释不当导致进入类推解释范畴，但从论者的立场看，对规范诠释可能突破文本界限的情况并未给予充分合理的评估，也未采取有效可行的对策。刑法的保障机能与保护机能是刑法的两面，两者是相对的、博弈的，当刑法的天平侧重于一方时，另一方就会削弱，如果过于侧重一方，则会打破两者的平衡，造成刑法机能之间不和谐，并最终对公民权利或者社会秩序造成损害。刑法机能在不同的社会形态当中，会根据社会风险要素情形、社会矛盾紧张程度及公众价值诉求进行调整，以确保刑法机能的平衡。基于此，在社会风险高发态势下，刑事立法主体首先对紧张的行为失序做出反应，采取了积极的刑事立法措施，刑事处罚前提化与法益保护早期化成为当下立法特征，具体表现为新罪名增加、犯罪门槛降低、犯罪标准前移、刑事处罚加重、犯罪构成变化等情形。结合当下的社会结构和态势，通过刑事立法加强刑法对社会干预的广度和深度，符合刑法发展的客观规律，也为社会主体所认可，一定程度上强化了对社会秩序机能的维护。根据刑法机能的辩证关系，当秩序机能强化时，权利保障就会弱化，对此，应该有清醒的认识，而非视而不见，否则，就会加速破坏两者之间的平衡，并最终对社会治理造成伤害。基于此，在刑法适用与诠释当中，解释主体就应该坚持克制和守势，防止刑法规范在诠释中继续滑向秩序维护一端，造成对公民权利空间的过度挤压。“无论刑法在风险社会中对于安全价值的强调有多迫切，其仍然被限制在了公正价值和自由价值的要求之下，否则刑法的存在就脱离了宪法的约束，变成了没有价值归宿的空泛理论。”〔1〕所以应该对理论界的功能主义解释论、积极主义解释论等各种刑法解释观进行深度和彻底的反思，当刑事立法在强化社会秩序控制时，刑事司法则需从反面缓解刑事立法带来的压力，在刑法的秩序维护机能与权利保障机能之间保持平衡，不会过于倾斜于一端，导致破坏了本来保持平衡的社会关系。“就许多风险或说危险而言，采取其他措施预防可能比单纯的法律禁止更为有效，因而提倡刑法提早介入社会秩序的维护过程，防卫界限前置这一刑法保护早期化的观点，是不可取的。因为它轻视了刑法自由保障机能，必然导致刑罚过重。”〔2〕

其次，刑法解释应该重视规范精神。刑法解释边界是指，规范文本文义所能规范到的领域，也指解释权的最大延伸幅度。界定刑法解释边界，不仅仅是规范词语文义能决定的，还需从立法目的、预防政策及利益衡量等维度进行综合考量。刑法规范文义范围是规范文义所指程度，但如何在在文义范围内完成文义诠释，还需依托刑法规范之外的非法因素。从刑法个罪看，诸多罪名都是行为犯和抽象危险犯，比如，生产、销售有毒、有害食品罪，危险驾驶罪，伪造身份证件罪，等等。就上述罪名而言，如果只考虑犯罪构成，那么符合构成要件就构成犯罪，并且是在规范词语文义之内做出的判断，不管是从犯罪构成角度还是从规范文义角度都不存在问题。但事实并非如此，

〔1〕 崔磊：《风险社会视野下刑法扩张的宪法态度》，载《中国刑事法杂志》2016 年第 6 期，第 40 页。

〔2〕 贾元：《风险社会背景下刑事政策变化和刑法机能的发展研究》，载《宁夏社会科学》2016 年第 6 期，第 78 页。

危害行为符合犯罪构成但是否构成犯罪还需认真考量。比如，根据法律规定，危险驾驶罪属于抽象危险犯，车辆驾驶人员血液中的酒精含量大于或者等于80mg/100ml 的属于醉酒驾驶，质言之，只要行为人血液中的酒精含量达到一定标准就构成犯罪。并且，从实践上看，各地法院在处理醉驾案件时基本都是按照上述标准进行定罪量刑的。从犯罪构成与入罪标准看，实践中对危险驾驶的处理是没有问题的，但从立法目的看则存在疑问。危险驾驶罪控制的是因醉酒驾驶带来的危害社会安全的危险，这种危险虽然是抽象的但也是存在的，也即，如果醉酒驾驶无论如何不会导致公共安全危险的，则就不需要用刑法进行处理。比如，行为人坐在驾驶位子上发动车子但并没有开动、行为人在小区门口将车子开进小区、行为人在废弃的公路上行驶、行为人凌晨行人稀少的公路上行驶。酒驾者将车行驶到了高速公路上，或者行驶到闹市区，即使未发生危害结果，但也有必要给予刑罚处罚；但如果在荒无人烟的沙漠里醉驾或飙车也构成犯罪，不免扩大了打击面。[1]对上述情况就需具体问题具体分析，行为是否会造成公共安全危险，小区道路是否属于道路，发动车子是否属于驾驶，等等，如果不做具体分析一律将上述情况纳入危险驾驶罪范畴，就会出现以下两种情况：或者没有实质意义上的抽象危险，或者从看似符合犯罪构成但实质上存在区别。在刑法分则条文中，诸多行为犯、危险犯的司法处理都存在类似问题，基本表现就是只考虑形式违法而不考量实质危害，但这与犯罪的本质属性明显背离，具有严重的社会危害性是犯罪的本质属性，不具备该属性即使符合犯罪构成，依然不能认定构成犯罪。

最后，刑法解释应该重视沟通协商。从司法实践看，刑法解释与适用往往体现了司法主体的观点和态度，对当事人意见、辩护人态度及社会民众的看法则关注不够。在典型的简单刑事案件中，鉴于案件简单、事实清楚，刑法规范与事实对接不存在困难，司法主体凭一家之言就可以对案件做到准确且合法处理。但是，在非典型的疑难案件中，对案件就会产生更多的意见和看法，对此，司法主体就不能坚持独唱，而是应该兼顾其他司法参与主体的态度，并需认真思考社会民众的看法，才能做到公正、公平的司法活动。“以交流互动为核心的交流行为理论取代了以认识和行为的主体—客体模式为核心的早期意识哲学，它并不是建立在主体性的、私人的意识之上，而是建立

〔1〕 杨国志：《风险刑法的调控功能与司法限度》，载《人民司法》2015 年第 3 期，第 63 页。

在主体间的交流之上。”〔1〕从近年来的热点案例可以看出，司法主体在规范诠释当中关注其他主体意见的重要性。比如，天津老太非法持枪案、山东于欢防卫过当案、广州许霆盗窃金融机构案及云南李昌奎杀人案等，在上述案件处理过程中，司法主体在一审中由于缺乏对当事人意见、社会公众态度的考量与关注，致使一审判决结果与公众预判差别过大，引起社会的广泛质疑，并通过不同渠道对一审判决结果表示异议。二审主体在广泛吸收社会不同主体的意见后，通过对刑法规范更为审慎的分析和诠释，继而对案件作出较为更正、客观的认定，并得到社会各个层面的认可与理解。总的来看，二审结果之所以获致包括当事人在内社会主体的承认，关键因素就是，司法主体在规范诠释过程中充分考量司法参与人、社会民众的意见，做到各方主体之间充分的沟通与协调，最终形成对规范适用相对客观合理的解释。由此，在疑难案件司法认定过程中，解释主体需要结合不同主体对刑法规范的看法，并在此基础上做到对规范诠释、事实认定及规范适用的公正处理，达到规范适用过程中合法、合理、合情的统一，即能实现案件处理的社会效果，也能实现案件处理的法律效果。

第四节　功能主义

近年来，社会转型与风险社会概念成为建构刑法理论或者质疑传统观念的宏观背景，基于此，刑法知识转型成为刑法理论界的热点话题。随之，风险刑法观、功能责任论、刑法教义学与刑事政策学融合论、积极的一般预防论等新型犯罪论不断推出，遂成为新型刑法理论知识并为理论界聚焦。劳东燕教授曾指出，在一个目的理性的刑法体系之内，刑事政策通过影响其间的价值判断或利益衡量而对刑法规范的适用与解释产生影响。这样的刑法解释论由于是以实用性与功能性作为自身的价值追求，不妨称为功能主义的刑法解释论。〔2〕对上述论者的观点应该给予客观理性分析，以辨析功能主义解释论的理论属性、可能蕴含的价值面向及须面对的理论质疑。

---

〔1〕 殷杰、郭贵春：《论哈贝马斯“语用学转向”的实质》，载《自然辩证法研究》2002年第3期，第11页。

〔2〕 劳东燕：《能动司法与功能主义的刑法解释论》，载《法学家》2016年第6期，第14页。

一、功能主义解释理论

功能主义刑法解释观的出现不是偶然的，是社会风险治理的外在诉求，符合安全刑法观的价值导向，与大陆法系机能主义刑法观传入密切相关。质言之，功能主义刑法解释观期望从解释论层面缓解刑法确定性与社会变动性之间的张力，是安全刑法观在解释论上的反映，也是风险社会刑背景下刑法知识转型的表征。

自19世纪末，社会学的理论与方法逐渐在法学领域中产生影响，为长期执著于在法律结构内部探讨问题，而无视这一视角之危害的传统法学研究提供了新的理解法律的视角，功能主义作为社会学中重要的理论流派便是其中一例，特别是布朗（Brown）和马林诺夫斯基（Malinowski）的著作，也可视为功能主义起源的一部分。[1]根据功能主义理论，社会学理论在制度、规则、系统、组织的发生和发展中具有重要意义，由此，当对制度、规则、法律等社会规范进行诠释时，需密切关注来自社会层面的影响。质言之，功能主义主动借鉴社会学的方法，努力寻找功能观察点，不断完善功能比较方法的步骤。在这个过程中，功能主义进路不再是从泛泛的角度而是从特定的角度来界定“功能”这一问题。[2]基于此，功能主义价值观在规则诠释上开辟了新的道路，即从不通顺分析转向规则探讨的社会面向，规则解读从封闭走向开放、从逻辑走向经验、从事实走向价值、从形式走向实质。尤其是结构功能主义观的出现，主张从社会系统论出发，根据系统论阐述规范内涵与社会治理之间的关系。质言之，结构功能主义十分注重研究社会运行和社会发展的平衡、协调机制，是一种维护型的社会学理论，它强调的往往是秩序稳定。社会系统反映着一个互动制度化逐渐稳定的过程，其中渗透了人格，并为文化所限制。制度化的规范要求、角色行动者的决策、文化价值取向的轮廓都可以被那些反映每一行动组成部分变量特色的概念（即模式变量）类型化。[3]莱

---

〔1〕［英］艾伦·斯温杰伍德：《社会学思想简史》，陈玮、冯克利译，社会科学文献出版社1988年版，第231页。

〔2〕 Anne Peters & Heiner Schwenke, “Comparative Law Beyond Post-Modernism”, 49 *International and Comparative Law Quarterly* 808 (2000).

〔3〕［美］乔纳森·H. 特纳：《社会学理论的结构》（上），邱泽奇等译，华夏出版社2001年版，第30~36页。

因斯坦（Rheinstein）也认为，从法律科学的角度来看，“法律是社会控制和组织的工具”这一命题要求人们探究具体法律规则和法律制度的社会功能。[1]

从心理学层面看，功能主义是从结构功能角度探讨社会主体态度形成和发展的过程，该过程的发生与个人的心理态度形成密切相关。默顿（Merton）认为，在功能分析上，应该注意社会文化事项对个人、社会群体造成的客观后果。[2]按照默顿的方法进行分析，态度变化的方向或强度都会对个体认知与行为产生不同影响。换言之，学者之所以倡导功能主义刑法观，源于学者对刑法规范的内在态度，及其对刑法规范在社会治理中的心理诉求。根据美国学者丹尼尔·卡兹（Daniel Katz）的态度功能主义理论，态度功能细化为四种属性：工具性、防御性、价值表现性和认知性，据此，可以明确四种态度功能与态度形成和发展的关系。质言之，从功能主义解释论来看，论者坚持从社会角度诠释规范，从社会当中寻找规范发展的动力，这与态度功能主义的工具性、防御性等属性要素密切相关。由此，论者之所以倡导功能主义解释论，与社会治理和规范功能的诉求态度密切相关，是内在心理需求在刑法解释观上的切实反映。

功能主义刑法解释积极迎合社会需求，主张改变传统解释理念与思维模式，坚持在刑法解释当中引入社会要素，倡导规范解释的工具性与价值性，主张推动解释主体的能动性与创造性。至此可以得出结论，功能主义刑法解释是功能主义刑法观在解释论上的表征。功能主义法学观是一种“外部”的视角，它使法学家们的视线从法律内部转移出来，将研究重心投入法律与外部世界的关系、法律在社会中所发挥的功能等一系列问题上。[3]于是，刑法解释的工具性、目的性及防御性等价值要素被置于重要位置，其独立性、民主性等内涵则被削弱，刑法解释由原来的规范内涵揭示转向社会治理工具。总的来看，功能主义理论从两个层面为功能主义刑法解释观提供了理论铺垫：首先，在社会学的角度，弱化规范诠释的封闭性、逻辑性、实证性，将开放

〔1〕 Max Rheinstein, "Teaching Comparative Law", 5 *University of Chicago Law Review* 615, 618 (1938).

〔2〕［美］罗伯特·K. 默顿：《社会理论和社会结构》，唐少杰、齐心等译，译林出版社2008年版，第58页。

〔3〕 马姝：《论功能主义思想之于西方法社会学发展的影响》，载《北方法学》2008年第2期，第36页。

性、功利性、实用性价值纳入规范解读当中；其次，在心理学的角度，功能主义解释观的形成是基于功能主义认知论，并基于功能主义态度衍生出规范诠释的工具性、预防性、价值性及认知性等内容。由此，社会学从宏观层面为功能主义刑法解释观的出现奠定了外部基础，心理学则从微观角度为功能主义刑法解释观的产生提供了内部支撑，两者互为补充，相互借重。

根据学者观点，功能主义刑法解释观呈现出四个面向，分别为实质性、目的性、回应性与后果性，并对四个方面做了深度介绍和论证。[1]经过分析可知，功能主义刑法解释的四个面向应该是实质解释内容的具体化，换言之，功能主义刑法解释是实质解释理论的进一步发展。首先，实质性是实质解释的特征。实质解释追求实质正义，强调规范解释的实用性，在逻辑思维上采取结果导向主义。所以，功能主义刑法解释也强调实质性，主张立足于个别正义理解与诠释构成要件，这与实质解释中的实质在本质属性上并无质的区别。其次，目的性是实质解释的方法。实质解释习惯于突破形式束缚，基于目的性指引，将利益衡平、政策判断、价值诉求及大众认同等法外要素融入规范解释。这里的目的是指法治目的，也即，法治社会形态下的规范法益及立法精神，具体为刑法目的、法律目的及法治目的等几个维度，规范解读主体正是借助目的解释，将法外因素带入规范内部，使解释结果体现实质化色彩。再次，回应性是实质解释的属性。实质解释将回应社会诉求与刑法诠释联系起来，从而推动刑法规范的生长和完善，达到追求社会秩序稳定之目的。不过，追求秩序的努力是一场明确性反对含混性的、语义精确性反对矛盾性的、透明性反对晦暗性的、明晰性反对模糊性的斗争。……“秩序的他者”这个比喻就是：不可界定性、不一致性、混淆、无法决定性和矛盾态度。[2]最后，结果性是实质解释的诉求。从实质解释的思维逻辑看，其强调结果考量对构成要件的制约。由此，基本可以得出如下判断，形式解释注重形式逻辑，实质解释青睐适用结果。总的来看，实质性、目的性、回应性及结果性是实质解释的要素，也是功能主义刑法解释观的四个面向。从规范术语属性看，功能主义刑法解释与刑法实质解释在特征上无本质区别，不过，两者在解释导向上却存在不同。实质解释是为了克服形式解释带来的僵化和滞后，

---

〔1〕 劳东燕：《能动司法与功能主义的刑法解释论》，载《法学家》2016年第6期，第19页。

〔2〕 Zygmunt Bauman, *Modernity and Ambivalence*, Oxford: Polity, 1991, pp. 6-7.

但不否认形式逻辑的重要性，并强调形式解释在规范诠释中的主导作用。但是在功能主义解释观这里，其已经超出刑法实质解释的诉求，将形式逻辑视为价值判断的补充，主张全面对接社会需求，充分体现规范解读的功利性与实用性。诚如有的学者所言："功能主义的刑法解释论不是要弃形式逻辑于不顾，而是强调形式逻辑应受价值判断的支配，服务于合理解释结论的得出。"〔1〕

二、功能主义解释与法治形态

功能主义刑法解释观是论者为应对转型社会下风险高发、矛盾凸显而提出来的社会治理策略，对于控制社会风险、维护社会安全具有重要作用。功能主义刑法解释对于推动司法主体的能动性具有重要意义，并有利于刑法规范漏洞的补充。不过，功能主义刑法解释需认真面对一个问题，即法治发展的初级形态问题。

从西方社会的法治发展历程看，其经历了从古典形式法治到现代法治发展的过程。19世纪末期，规范诠释内涵的思维逻辑是三段论，质言之，古典形式法治强调文本是解释基础，主张从规范内部阐释文义内涵，解读主体是规范文义的传声筒，对法官解释充满怀疑与排斥。法律的精神需要探询，再没有比这更危险的公理了。采纳这一公理，等于放弃了堤坝，让位给汹涌的歧视。〔2〕古典法治形态与其社会发展阶段适应，对于维护公民权利、制约国家权力具有重要价值。经过百余年的发展，形式法治成为司法主体坚守的正义标准，是维护公民权利的坚实保障，对限制公权力扩张具有积极意义。不过，来到20世纪，随着社会工业的发展，社会结构开始发生变化，社会风险呈增长趋势，公民自由在法律价值中的比重开始下降，社会安全成为规范适用中的重要考量要素。基于此，法律稳定性与社会流变性呈现紧张趋势，形式法治逐渐成为社会多元化诉求及社会创新发展的阻力，尝试通过赋予解释主体能动性成为缓和形式法治与发展张力的重要策略。于是，利益法学、目的法学、法社会学、现实主义法学及后现代法学等各种流派基于法治观改变而依次出现，在一定阶段内深刻影响着西方社会法治进程，并在一定程度上

〔1〕 劳东燕：《能动司法与功能主义的刑法解释论》，载《法学家》2016年第6期，第15页。

〔2〕［意］贝卡里亚：《论犯罪与刑罚》，黄风译，中国大百科全书出版社1993年版，第57页。

缓解着形式法治的僵化与滞后，基于此，能动主义理念、结果导向主义及实质正义等价值趋向开始左右法律解释走向，功能主义刑法观也逐渐形成并得以发展。“功能主义的刑法解释论可谓能动司法概念的下位范畴，是能动司法在刑法领域的具体化的产物。”〔1〕质言之，西方社会盛行的能动主义司法理念是为了消解形式法治长期形成的僵化，是为了弱化形式法治滋生的负向价值，也是新社会形态下法治创新的表现形式。但是，即使是英美法系下的现实主义法学也不反对形式逻辑，只是主张对形式法治适当调和。“简单地说，霍姆斯的反逻辑其实是反对当时的形式主义的倾向。他反对的只是认为逻辑是法律发展的唯一动力的观点，而不是反对逻辑的作用。”〔2〕

当下，我国的法治建设还处在初级阶段，从社会层面看，还未形成普遍的形式法治观，在这种情况下，整个社会层面应该继续保障形式法治成果，持续巩固公民权利，限制公权力发挥作用的领域，而不是脱离社会发展阶段积极倡导实质法治观。正如有学者指出的：“我国现在正处在法治建设的初级阶段，还缺乏严格法治思维的陶冶，还没有严格法制方法的文化根基。我们是在整个社会没有树立起法制的权威、学界没有进行自觉反思的时候直接跟进了后现代法学。”〔3〕由此，司法克制、形式解释、文本主义依然是规范解释的指导理念与导向，而不是借重后现代主义法律理念，通过功能主义解释观消解形式法治成果，并放逐形式逻辑在刑法规范解释中的价值。“我们根本不知道西方法学对逻辑的批判，实际上是对逻辑规则绝对化的反思。我国的法治建设需要经过一个强化建立在逻辑基础上的法律方法论时代。我们现在批判法律逻辑超越了一个时代——重视逻辑与方法的严格法治时代。”〔4〕也即，即使面临社会矛盾多元化、社会认识复杂化及社会风险多样化等问题，也不宜匆忙倡导功能主义解释论，这不但不利于系统法治目标的追求，更不利于法治成果的巩固。由此，解释理论创新不能盲从于国外法律理论走向，应具有符合我国社会背景的问题意识与解释理念，不应匆忙构建超出社会发展阶

〔1〕劳东燕：《能动司法与功能主义的刑法解释论》，载《法学家》2016年第6期，第15页。

〔2〕马聪：《霍姆斯现实主义法学思想研究》，人民出版社2009年版，第69页。

〔3〕陈金钊：《法治为什么反对解释》，载《河南省政法管理干部学院学报》2007年第1期，第29页。

〔4〕陈金钊：《法治时代的法律位置——认真看待法律逻辑与正义修辞》，载《法学》2011年第2期，第8页。

段承受能力的刑法解释理论。实质上，任何超出我国社会发展阶段构建的法律理论，纵然在短期内符合意识形态需求，但从长期来看，都是具有消极意义的。正如有学者指出的："不按照中国的国情、问题、文化传统，照搬西方制度是愚蠢的做法。"[1]

从我国传统的法治内容看，追求实质理性与个案正义都是主流方向，因此，在我国传统社会中，形式合理性与形式逻辑从来都不是司法主体的终极目标。与此适应，在司法过程中，自然法精神常常主导司法主体的思维进路，于是，经常可以看到司法主体通过个案正义推动法治进程的例子，常常是司法主体的公正而非规则的完善成为法治发展的决定性因素。质言之，我国传统法治建设习惯于将实现法治理想寄托在司法主体身上，对规则完善与否的关注不够。但从历史发展经验看，将希望寄托于司法主体的伦理层面并不可靠，也不符合现代法治的精神和内涵。"历史经验证明，这种理想往往沦为幻想，即使获得短暂的成功，也严重依赖于偶然性因素。"[2]从功能主义刑法解释观看，论者是基于强化司法主体能动性展开的，对规范文义的确定性与稳定性关注不够。一定程度上，该理论还是沿袭了传统法制建设的理念，是西方功利主义法学观在规范解释学上的反映。再则，在我国的法治建设当中，存在行政干预司法现象，追求社会效果、道德认同的呼声一直存在，这些都需要从强调规范适用的形式逻辑上进行纠偏，而不是继续强化司法能动性、规范实用性及社会回应性等要素。正如有学者所指出的：中国人没有把法和伦理区分开来。[3]"只有的确存在一种摆脱执政者好恶而独立确定法律规则含义的方式，规则才能保证行政权力的非人格化。"[4]如果法与伦理不当结合，决定规范适用结果的往往是价值判断而非规范文义，但是不得不说，价值判断往往是虚幻且难以把握的内容。由此，当下及未来一段时期内，我国在刑事司法实践上，刑法规范诠释应尽可能坚持形式性与独立性，防止道德衡量、政治诉求等法外因素不当干扰规范诠释，而不是持续强化功利性、实用性在

---

[1] 孙笑侠、胡瓷红：《法治发展的差异与中国式进路》，载《浙江社会科学》2003 年第 4 期，第 10 页。

[2] 孙笑侠、胡瓷红：《法治发展的差异与中国式进路》，载《浙江社会科学》2003 年第 4 期，第 8 页。

[3] [日] 川岛武宜：《现代化与法》，申政武等译，中国政法大学出版社 1994 年版，第 21 页。

[4] R. Unger, *Law In Modern Soeiety*, New York: The Free Press, 1976, pp. 180-181.

规范解释中的价值比重。

总的来说，西方社会的变革趋势可能并不遵循近代的法治理论，我们不能按照当代（或称后现代）的西方路径进行法治建构。这就要求我们在具体的国情、阶段与语境下分析刑法解释问题。所以，不能依托西方的理论体系或者社会背景论述我国的刑法解释理论，而是需回到我国的具体语境下探讨刑法解释的具体进路。

三、功能主义解释与犯罪论

功能主义刑法解释论与德、日大陆法系的机能主义犯罪论有密切关系，更是与机能主义犯罪论体系中的积极一般预防理论有深度关联，至此，探讨功能主义刑法解释观时，首先需对西方社会犯罪论体系的历史演变进行认真分析，以考察功能主义刑法解释的合理性问题。

考察西方大陆法系的阶层式论犯罪体系，在一个多世纪的时间里经历了三阶层到两阶层的发展演变，从初期迈耶（Meyer）的客观违法、主观责任论，到威尔采尔（Welzel）的主观违法、规范责任论，再到罗克辛（Roxin）的客观归责、机能责任论，从李斯特（Liszt）的刑法教义学与刑事政策学二元分立，到罗克辛的刑法教义学与刑事政策学交相融合，从麦兹格（Mezger）消极的一般预防到雅各布斯（Jacobs）积极的一般预防，犯罪论体系内部与外部都发生了深刻变化。从内部看，是构成要素在不同阶段间的调整与增减；从外部看，是政策要素对教义体系的影响与融合。详言之，随着社会的发展，社会治理的外在诉求发生变化，自由保障与秩序保护之间的侧重也在发生转换，与此适应，犯罪论体系也在不断调整其内部结构与要件功能，尤其是责任论的发展更是体现了刑法发展的社会面向。随着犯罪论体系的完善，刑法解释的特征也在发生变化，古典犯罪论体系强调构成要素的客观性，主张故意责任论，在解释论上坚持规范内部诠释，反对规范外因素进入规范解释范畴。到了目的论犯罪论体系，犯罪构成的主观色彩增加，责任论中的规范要素明显。不过，目的论犯罪体系依然基于物本主义构建，对构成要件的价值要素关注不足，责任要件中的规范要素也不够，在解释论上依然未能充分展示开放性与功利性，规范解释主体依然受严格法治主义制约。当犯罪论体系发展到目的理性阶段，构成要件中的主观色彩与价值因素开始彰显，机能主义责任论更是直接对接积极的社会预防，体现出鲜明的功利主义与实用主义色彩。“根据社会情势而对规范和事实的能动解释，将引导刑事司法向实用主义靠拢。”〔1〕目的理性犯罪论体系认为，刑法体系建构不是与以本体性的先在事物（行为、因果关系、物本逻辑的结构以及类似东西）相联系，而必须定位在刑事政策的任务上，只允许从刑法的目标设定中推导出来。〔2〕基于目的理性犯罪论体系的政策维度与价值诉求，刑法解释实践开始发生显著变化，在解释理念上倡导能动主义，主张解释主体的创造性，积极推动法律规范漏洞的补充与完善，充分关注社会诉求在规范解释中的反映，等等。

通过上文分析，功能主义刑法解释是基于机能主义犯罪论体系提出来的，在本质属性、外在特征及功能属性等层面上，充分体现了目的理性犯罪论体系的价值诉求，比如，主张司法能动主义，强调刑法解释的实用性，关注刑法解释在社会治理中的作用，等等。正如有的学者指出的，功能主义的刑法解释论与能动司法之间存在诸多内在诉求上的一致性。〔3〕这种一致性主要表现在：把司法活动及过程的目的直接设定于对外部社会目标的追求之上；重视司法的社会决策功能，强调司法必须与社会发展变化保持同步并回应社会在发展变化中形成的需要。〔4〕不过，从我国理论界接触并介绍大陆法系阶层式犯罪论体系看，前后不过二十几年的时间，阶层式犯罪论体系既未完全替代传统四要件犯罪构成，也没有在理论界形成关于犯罪阶层划分、构成要件安排的一致意见。但是，前述学者显然未将解释理论构筑于犯罪论体系发展沿革上，而是直接根据机能主义犯罪论建构功能主义刑法解释论。换言之，大陆法系用100多年的时间发展出机能主义刑法论，我们用十余年时间就构建出功能主义解释观，这样的解释理论是否合理，建构的基础是否坚实，不但需要我们用刑法理论进行检视，还需要用司法实践去验证。

大陆法系的阶层式犯罪论体系逐渐发生演变，犯罪构成要素在各阶层之间流动，各阶层内容也在发生变动，犯罪构成的实用性色彩逐渐浓厚，这种

---

〔1〕吴丙新：《能动的刑法解释与实用主义刑法观——重温“梁丽案”》，载《山东大学学报（哲学社会科学版）》2013年第1期，第62页。

〔2〕Vgl. Roxin, Strafrecht Allgemeiner Teil, Band I, 4. Aufl., 2006. 7 Rn. 26.

〔3〕劳东燕：《能动司法与功能主义的刑法解释论》，载《法学家》2016年第6期，第15页。

〔4〕顾培东：《能动司法若干问题研究》，载《中国法学》2010年第4期，第10~13页。

犯罪构成理论发展取向与社会发展诉求相一致。相反，我国犯罪构成理论的发展则是外部推动的结果，从传统四要件犯罪构成演变到当下阶层式犯罪构成发展，基本都是如此。近年来，有学者一直对传统四要件犯罪构成进行检视和批评，引入德、日阶层式犯罪论体系的理论诉求强势发展，但传统犯罪构成理论并未全面退出理论视野，并持续影响着司法实践发展。“不能过于强调我国现行平面的犯罪构成体系（四要件的犯罪论体系）的缺陷与不足，对西方国家刑法的犯罪构成体系的优点大加赞赏，乃至于照搬大陆法系或者英美法系的层次性犯罪构成体系。”〔1〕从阶层式犯罪论看，学者在阶层组成、各阶段要素、构成要素价值取向及与政策之间的关系等存在不同观点。截至目前，国内理论界在阶层式犯罪论体系上还存在争议、阶层性犯罪构成与耦合式犯罪构成还在争夺理论高地、犯罪构成与刑事政策之间的关系还在探索。尤其值得关注的是，目的理性犯罪论体系是否适合我国国情，是否能够为理论主体与司法主体接受，这些还都是不明朗的形势。

基于上述理论分析和判断，国内学者应继续对目的理性犯罪构成的问题进行研究和消化，对其与传统犯罪构成理论之间的关系进行批判性分析，对功能主义责任论的合理性进行反思，而不是急于对目的理性犯罪构成的作用和地位进行肯定，并基于该理论体系来构建我国的犯罪构成理论与规范诠释理论。否则，论者就很难回答因机能主义犯罪构成体系引发的实用主义困惑、权利保障弱化、规范文义相对化、形式法治虚无化等现实问题。正如有学者指出的：“出于维持保障机能的考虑，在构成要件层面，遵守明确性原则已经就考虑了刑事政策的要求，机能性思考只能限于限制可罚性的方向。如果借机能性方案扩张可罚性，则违反了罪刑法定原则。”〔2〕据此，根据前述言论，机能主义犯罪论体系的机能性发挥的作用是限制可罚性，这与功能主义刑法解释观的扩展性处罚具有完全不同的价值取向。质言之，当理论界还未能对机能主义犯罪构成体系进行充分研读和理解的情况下，就匆忙将其引入，并将其作为规范诠释与适用的指导形象，显然有急功近利之嫌。

---

〔1〕 彭文华：《犯罪构成本原论及其本土化研究——立足于文化视角所展开的比较与诠释》，中国人民公安大学出版社 2010 年版，第 292 页。

〔2〕 蔡桂生：《构成要件论：罪刑法定与机能权衡》，载《中外法学》2013 年第 1 期。

四、功能主义解释与立法姿态

随着社会转型的深入，社会矛盾持续呈多元化发展，社会风险在各个领域显现，刑法理论上关于风险刑法、安全刑法的论断层出不穷，与此适应，刑事立法层面开始倡导积极的刑法立法观，希望通过刑法介入提前、严密刑事法网达到治理社会风险的目的。

从《刑法修正案（八）》到《刑法修正案（九）》，充分折射出立法主体的积极主义立法姿态，以应对社会矛盾多元与社会风险高发的态势。分析以往的刑法修正案，积极主义立法观主要是从以下几个维度展开：首先，将具体危险犯上升为抽象危险犯。在刑法中，生产、销售假药罪是指，生产者、销售者违反国家药品管理法规，生产、销售假药，足以危害人体健康的行为。《刑法修正案（八）》删除该罪状中的“足以严重危害人体健康”内容，将该罪从具体危险犯转变为抽象危险犯。其次，将悖德行为上升为犯罪行为。《刑法修正案（九）》增加代替考试罪。从法律规定看，替考行为不符合道德评价规范，《刑法修正案（九）》却直接纳入刑法规范，这不符合刑法二次性与保障性的谦抑属性。再次，将预备行为实行化。《刑法修正案（九）》增加准备实施恐怖活动罪。根据刑法理论与司法实践，准备行为通常属于犯罪预备范畴，但立法者直接将预备行为上升为实行行为，致使犯罪成立时间大大提前，还导致犯罪既遂与犯罪预备的竞合。复次，将帮助行为正犯化。《刑法修正案（九）》增加帮助信息网络犯罪活动罪。根据共犯理论与司法实践，帮助行为本来属于信息网络犯罪的帮助犯范畴，但立法者直接将帮助行为规定为实行行为，不但降低了犯罪成立门槛，还背离了共同犯罪理论。最后，将行政违法上升为刑事违法。《刑法修正案（八）》增加危险驾驶罪，危险驾驶原是行政违法行为，但在行政规制没有穷尽之际，就匆忙将危险驾驶引入刑事立法当中，存在有违刑法最后性的嫌疑。

对刑事立法表征出的积极主义姿态，周光权教授将其概括为积极主义立法观。这样的刑法立法观明显受社会政策影响，是功能主义、积极主义且与转型中国的社会现实相照应的。对这种刑法立法活跃的现象，论者进一步指出，欧陆国家称之为立法的“灵活化”，日本则称其为立法的“活性化”；其实二者说的都是相同的意思——刑法立法必须符合时代精神。我国刑法立法在当下正从消极立法观向积极立法观渐进式转向，恰好与此一致。[1]至此，论者将当下我国刑事立法的积极姿态概括为积极主义立法观，虽然国内也有学者持不同意见，认为当下的刑事立法取向并不符合积极刑事立法观的内涵[2]，但不可否认，刑事立法呈现出的积极性姿态是客观存在的。

积极的刑事立法观期望通过严密刑事法网达到规制社会风险、维持秩序稳定的目的，这与劳东燕教授倡导的风险刑法观有密切关系，也是风险刑法观在刑事立法中的切实反映。[3]不过，需要明白的是，随着积极刑事立法主义的展开，越来越多的社会领域会被纳入刑法规制范畴，公民权利空间将不断受到挤压，这在现代法治社会中应该引起理论界与实务界的密切关注，尤其是随之而来的刑法解释应该持什么立场显得颇为重要。总的来说，在立法层面与解释层面应该保持这样一种平衡：当立法主体比较积极的时候，解释主体应该坚持谨慎立场，采取相对谦抑的态度解释刑法条款；相反，当立法主体较为消极的时候，解释主体可根据需要采取积极的姿态解读规范内涵。惟此，公权力通过立法扩张的势头才能得以遏制，而不会一直保持进攻的态势，也可以抵消因不当立法带来的消极因素与负面影响。显然，上述观点没有沿着这个思路考虑问题，并未将刑事立法与刑法解释两个问题分开考察，而是在未对积极主义刑事立法做科学、客观评估的情况下，就径直推出功能主义刑法解释观。根据功能主义刑法解释观，其强调规范解释贯彻功利性与实用性，积极回应外在社会需求，坚持司法能动主义，实质性、回应性、结果性、目的性是功能主义解释的四个标准。由此，功能主义解释观会产生下列问题：其主张实质解释，但实质解释论对罪刑法定与规范文义往往不够尊重，总是期望通过突破规范文义完成规范补充，于是，总是能看到实质解释论的身影，总是可以利用出神入化的解释技能将刑法规范诠释的异常完美，但与此同时，因实质解释导致的规范越位或文义遗失的现象比比皆是。

根据功能主义刑法解释观，目的解释是最重要的解释方法，其把刑法目的解释置于解释方法中最重要的位置。目的解释与其他解释因素（按传统的

---

〔1〕 周光权：《积极刑法立法观在中国的确立》，载《法学研究》2016 年第 4 期，第 29 页。

〔2〕 梁根林：《传统犯罪网络化：归责障碍、刑法应对与教义限缩》，载《法学》2017 年第 2 期。

〔3〕 劳东燕：《风险社会与变动中的刑法理论》，载《中外法学》2014 年第 1 期；姜涛：《风险刑法的理论逻辑——兼及转型中国的路径选择》，载《当代法学》2014 年第 1 期。

说法是解释方法）之间便不是并列关系，它相对于后者而言完全处于支配的地位。[1]不过，在刑法解释学理论中，有一个共性问题是，刑法目的难以捉摸且歧见纷呈。功能主义解释论认为，刑法目的是刑法规范的保护法益，也即，刑法规范承载的是立法精神或法律宗旨，但规范目的往往成为解读主体贯彻其意图的借口，经常通过目的限缩或目的扩张改变规范文义，于是，不受限制的能动性与创造性成为刑法解释的常态。在这种思维模式下，目的解释和类推解释极易形成“联姻”之势，发展成一种以“保护法益一致性”为导向的极度膨胀的法律扩张。[2]由此，形式解释中的文义内涵被严重消解，形式逻辑日渐衰落。不过，我们相信，在法治初级阶段，严格解释应该是建设法治社会的主要路径。尤其是在积极的立法态势下，刑法解释更应该采取克制立场，才能缓和因积极立法导致的权利空间萎缩，才能缓解因积极立法带来的社会紧张。显然，功能主义刑法解释并没有顾及社会主体对积极刑事立法的感受，没有关注积极主义刑事立法可能蕴含的消极影响，而是持续在解释层面加大刑法对社会各领域的控制和渗透，这显然不是现代法治社会应该采纳的解释立场。

当公民权利受到来自积极主义刑事立法与功能主义刑法解释两个方面共同挤压时，自由主义刑法中的权利保障则会备受冷落，刑事法治抑制公权力的基本精神也会被忽略，这背离了我国社会主义初级阶段应该坚守的法律解释立场，会对社会主体中形成的形式法治意识造成严重损害，也会对我国法治建设产生深远影响。相反，在刑事立法日益彰显积极主义的态势下，刑法解释主体应该持谨慎、谦抑的立场，而不是与积极立法主义形成合力，共同危及形成不久的形式法治精神。

五、功能主义解释与过度解释

刑法解释需起始于文义，终结于文义，解释主体可以根据社会发展探寻规范的潜在内涵，以推动法律规范的完善。不过，解释主体对法律续造应该保持慎重，尤其是公法领域，不能擅自通过解释改变规范文义，这不但有违

〔1〕 劳东燕：《能动司法与功能主义的刑法解释论》，载《法学家》2016年第6期，第15页。

〔2〕 崔嘉鲲：《实质解释论：一种无法克服的矛盾——对于刑法解释边界的探讨》，载陈兴良主编：《刑事法评论》（第28卷），北京大学出版社2011年版，第60页。

民主立法的原则，行为合法性判断也会受到影响。

过度解释是法理学上的一个概念，也是近年来国内学者在法律解释限度之争中提出的一个重要问题。

从解释学范畴看，法律解释是法律规范适用的实然需求，有应用就有解释，解释是法律规范对接司法实践的工具。哲学诠释学与实用主义解释学都相对重视解释主体的能动性，尤其对规范目的与解释后果给予较多关注。近年来，理论界深受西方解释学的影响，不断深化我国法律解释理论，并日益接受西方社会的解释观。于是，能动主义、客观主义、结果导向及事物类型等观念不断冲击着国内学者的观念，并不断蚕食我国形成不久的形式主义解释观，过度解释遂成为我国法律解释领域中的一个法治问题，陈金钊教授与范进学教授关于法律过度解释的争论就切实反映了学界在规范解释上的立场与心态。其实，如何对待形式法治、规范文义及规范目的等问题，不但是法理学上的解释论问题，也是刑事法需要认真面对的问题。功能主义刑法解释在规范解释上没有严格信守形式立场，而是积极关注实质性、目的性、社会性及后果性，这些与形式解释形成深度对立，并在实践中不断冲击规范文义的底线，导致过度刑法解释。正如有学者指出的，功能主义在研究过程中并不能够做到他们所声称的客观和中立，他们个人的前见以及超越学术的政治负载无时不在影响他们的比较和判断，他们甚至是“以自身尺度衡量别人的无意识解读”。[1]

首先，司法解释中的规范解释。最高人民法院、最高人民检察院《关于办理生产、销售伪劣商品刑事案件具体应用法律若干问题的解释》第 6 条第 4 款规定，医疗机构或者个人，知道或者应当知道是不符合保障人体健康的国家标准、行业标准的医疗器械、医用卫生材料而购买、使用，对人体健康造成严重危害的，以销售不符合标准的医用器材罪定罪处罚。根据该司法解释，以使用为目的购买伪劣医疗器械的，按照销售不符合标准的医用器材罪定罪处罚。其实，不管购买的动机为何，其都与销售存在实质意义的区别，司法解释将两者做同一解释显然不妥；最高人民法院、最高人民检察院《关于办理商业贿赂刑事案件适用法律若干问题的意见》第 7 条规定：商业贿赂中的

〔1〕［德］根特·弗兰肯伯格：《批判性比较：重新思考比较法》，贺卫方、王文娟译，载梁治平编：《法律的文化解释》（增订本），生活·读书·新知三联书店 1998 年版，第 175 页。

财物，既包括金钱和实物，也包括可以用金钱计算数额的财产性利益，如提供房屋装修、含有金额的会员卡、代币卡（券）、旅游费用等。根据贿赂罪的立法规定，受贿罪的对象应该是财物，但是，根据司法解释，财产性利益被解释到财物内涵当中，这显然超出了财物的文义范畴；最高人民法院《关于对变造、倒卖变造邮票行为如何适用法律问题的解释》规定：对变造或者倒卖变造的邮票数额较大的，应当依照《中华人民共和国刑法》（以下简称《刑法》）第227条第1款定罪处罚。《刑法》第227条是伪造、倒卖伪造的有价票证罪和倒卖车票、船票罪。本罪的行为方式是伪造，但根据司法解释，变造有价票证行为纳入伪造内涵之中，显然，这并符合伪造与变造之间的逻辑内涵关系。

其次，个案适用中的法官解释。2002年4月29日至5月10日期间，朱某利用事先获取（在被害人操作时看到）的被害人陆某、赵某夫妇在某证券营业部的资金账户和股票交易账户密码，非法侵入并篡改了股票交易账户密码。然后，使用陆某、赵某夫妇的股票和资金采用高进低出的方法进行恶意交易，造成陆某、赵某夫妇资金损失达人民币19.7万元。法院审理认为，行为人违法进入他人股票账户，通过高抛低吸的方式造成他人股票损失的，构成故意毁坏财物罪。但是，如何解读毁坏公私财物中的毁坏，不但在理论上存在分歧，在实践当中也困难重重。质言之，法院将低价抛售他人股票的行为认定为毁坏，明显有突破规范文义之嫌。再如2001年10月18日，肖永灵将两封装有虚假炭疽杆菌的邮件，分别投寄到上海市有关部门及新闻单位。法院认为，肖永灵故意制造恐怖气氛，危害社会稳定，已构成以危险方法危害公共安全罪。但是，将没有危险性的虚假病菌界定为危险物品，显然不符合以危险方法危害公共安全罪的立法精神与规范内涵。“从罪刑法定原则的基本要求上讲，审判机关认定被告人肖永灵采用在邮件中夹带虚假炭疽杆菌的方法，图谋制造恐怖气氛，造成公众心理恐慌，危害公共安全的结果，构成以危险方法危害公共安全罪的结论，存在着明显的定性上的问题。”[1]

最后，理论上的刑法解释。我国《刑法》第263条规定，冒充军警人员抢劫的，属于情节加重犯，但是较之“冒充军警人员抢劫”性质更为严重的

〔1〕 游伟、谢锡美：《“罪刑法定”原则如何坚守——全国首例投寄虚假炭疽恐吓邮件案定性研究》，载游伟主编：《华东刑事司法评论》（第3卷），法律出版社2003年版，第39页。

真正军警人员抢劫的，如何适用法定刑在立法上并无明确规定，对此，理论界也存在争议。基于是否可以通过刑法解释解决规范不足的一贯构想，在对“冒充”仍然具有解释余地的前提之下，张明楷教授主张，如果将“冒充”理解为并列结构，冒充是指假冒与充当，充当军警人员不以行为人假冒为前提，故行为人（真正的军警人员）抢劫的属于充当军警人员抢劫，因此，真正的军警人员抢劫的符合“冒充军警人员抢劫”的规定。〔1〕不过，理论界对张明楷教授的解释结论多有质疑的声音。“将冒充解释为包括假冒和充当，不符合体系解释原理；将真正军警人员解释为‘冒充军警人员抢劫’超出了可能文义的可能范围，有损公民的预测可能性；这种解释虽然实现了刑法的实质正义，却违反了罪刑法定原则，因而是一项类推解释而不是刑法所允许的扩大解释。”〔2〕再如，甲有一只名贵的小鸟，一天乙趁甲不备，将小鸟放出。张明楷教授认为，根据刑法规定，“乙让美丽的小鸟回归大自然”应该构成犯罪，质言之，乙故意毁坏他人财物，应该构成故意毁坏财物罪。也即，毁坏财物并不以物理损坏为界限，让人失去了名贵的小鸟就是毁坏他人财物。对此，有学者指出，将放飞小鸟的行为解释为破坏，不符合破坏一词能涵盖的文义范围。“在这些情况下，这些财物本身没有遭受物理上的或者功能上的毁损，即使他人丧失对这些财物的占有，也不是故意毁坏财物。毁坏的后果不在于使他人丧失对财物的占有，更为重要的是使财物丧失价值。”〔3〕

以上所属解释都体现了一个共同点，解释结果不能为社会主体接受，并遭受来自各方主体的质疑。分析各解释内容，或者在行为方式上，或者在行为对象上，或者在行为主体上，解释主体都进行了不当扩张，致使解释结果有超出规范文义的嫌疑，论者的解释标准是对法益侵害进行判断，通过举轻以明重的方式，将法外外行为纳入刑法规制当中，鉴于该种解释超出了规范文义与立法意图，一般称之为过度解释。“法律解释同样存在着解释之度，这个‘度’就是立法者意图或文本意图。解释者的解释一旦溢出这个‘度’，就

〔1〕 张明楷：《刑法学》（第3版），法律出版社2007年版，第717页。

〔2〕 陈兴良、周光权：《刑法学的现代展开》，中国人民大学出版社2006年版，第603页。

〔3〕 陈兴良：《故意毁坏财物行为之定性研究——以朱建勇案和孙静案为线索的分析》，载《国家检察官学院学报》2009年第1期。

是‘过度’解释。”〔1〕从过度解释的理论基础分析，刑法实质解释起了重要的推动作用。根据实质解释论，其重视危害行为的实质层面，通过对法益侵害程度进行比较，将文义不能涵盖的内容纳入规范当中。作为实质解释的发展新阶段，功能主义解释理论更关注社会诉求、强调法益侵害及坚持结果导向的特征更加明显，注定会赞同刑法实质解释论，并更加强调规范诠释中的能动主义与积极主义考量。“对外来思潮的跟风与盲从，并非学术能力上的问题，而是源于学者学术价值取向。”〔2〕由此，在功能主义刑法解释观这里，过度刑法解释不会成为历史，更不会成为批判对象，反而因为符合功能主义刑法解释理论的内在属性而得以持续发展，但是，这对社会法治建设、公民权利保障及规范内涵稳定具有消极的破坏作用。如果说实质解释是对形式解释的反思与补充，功能主义解释则是直接摆脱形式主义束缚，坚持特色鲜明的实用主义与功利主义解释观。质言之，在功能主义刑法观指导下，过度解释在刑法实践中会成为常态，并会进一步发展，但显然，这是现代自由主义法治不能容忍的。因此，在当下及未来一段时期的刑法理论当中，不断会有学者基于古典自由主义刑法观质疑与批判功能主义刑法解释观。

刑法解释是刑法理论中发展的重要内容，积极推动了司法实践的发展，对构建社会主义法治起到了积极作用。不过，刑法解释理论发展也会存在争议，尤其是类推解释、实质解释总能在理论界引起不同声音。功能主义刑法解释观是刑法实质解释理论的深化，是功能主义刑法观的反映。不过，我们应该对功能主义刑法解释有理性认识，不仅要分析其产生的社会背景，更要分析其出现的理论基础，并对其做出客观、科学、合理的评判与解读。

从我国的社会发展阶段与犯罪构成看，形式法治应该是法治建设的主要侧面。在形式解释当中，实质要素从不缺乏，如果再刻意倡导实质解释，甚至是功能主义解释，则会对形式正义追求造成不良影响，并进而冲击形式法治建设。尤其是实质解释论往往注重规范阐释的目的性与实用性，选择性的对规范本身的独立性与确定性进行忽略，于是，刑法规范往往被过度诠释，突破规范文义的现象会时有发生，这不利于我国社会主义初级阶段法治建设，

〔1〕 范进学：《“法治反对解释”吗？——与陈金钊教授商榷》，载《法制与社会发展》2008 年第 1 期。

〔2〕 子弋：《学者要成为时代的“眼睛”》，载《中国社会科学报》2010 年 12 月 16 日，第 4 版。

更不利于维护近年来的法治建设成果，对此，我们应该保持警惕，并从理论层面进行质疑和检讨，以确保刑法精神与规范文义得以遵守、罪刑法定原则得以贯彻、公民权利得以保障。

CHAPTER2 第二章

刑法解释内容阐释

第一节　刑法解释立场

基于社会管理创新的需要，在司法实践上，权力主体对刑法文本的应用和解释提出了新要求，比如司法能动主义、法律效果与社会效果相统一、司法民主等。基于此，在刑法解释过程中，扩大司法裁量权、寻求实质正义与保障民众权利等内容需认真贯彻，但并不能因此矮化或削弱刑法文本在司法实践中的作用。为了回应政策需求，刑法解释立场也在经历变化，经历了从主观说到客观说，再到折中说的发展历程。主观说倡导作者中心主义，客观说倡导文本中心主义，激进客观说倡导读者中心主义，三种观点分别代表不同的解释理念、解释进路、价值取向，对刑法规范解释边界带来的影响也有不同。当然，论者基于不同的解释立场，在对一些规范进行解读时，会得出不同的解释结论，至于哪种解释结论与罪刑法定原则相一致，符合刑法规范文义，则需认真考量。

一、刑法解释立场类型

近年来，刑法解释立场一直是理论上的热点话题，不时有学者从不同角度阐述其立场，在为司法主体解释刑法文本提供参考的同时，也在继续推动理论界在解释立场上争论不断深入。总的来看，理论界在刑法解释立场上主要有以下几种观点：主观说、客观说（激进的客观说）、折中说。

第一，主观说。主观解释理论的哲学基础为传统解释学，传统解释学将解释的目标框定为对解释对象“原意”的揭示。持主观说的论者主张，文本含义是立法主体赋予的，解释主体在解读刑法文本时，应追寻立法主体的愿意。主观说符合现代法治下的三权分立理论与民主精神，在较长的时间里为主流的法律共同体所接受并倡导。之所以追究立法原意，是为了保障法律的稳定性与保护机能，并藉此达致社会维护的连续和稳定。若抛弃立法原意，将带来法律适用及解释上的随意性，不能实现法律的安全价值与保护机能。“而且，如果允许超越立法原意来解释和适用法律，势必会导致法律的滥用，公民的权利就难免受到侵犯，进而损害法律的保障机能。”〔1〕为了达致立法意图，国内学者曾努力设计合理通道，比如，收集立法资料、询问立法成员、还原立法背景等。除了上述技术手段，西方学者还主张通过“心理移情”探寻立法原意。比如，在施莱尔马赫（Schleiermacher）看来，“真正的理解活动就是让理解者与作者处于同一层次，通过这种与作者处于同一层次的活动，文本就被理解为他的作者的生命的独特表现。”〔2〕但是，不管是我国学者言及的探寻立法原意，还是西方学者构建的解释路径，都存在一定瑕疵：就我国学者的主张来看，其不能回答诸如立法主体为何、法律文本时效性等问题；就西方学者的主张来看，其重视文本的意义表达，却忽视文本的真理揭示。其重视历史内涵，却忽视现实语境。由此，不管是在国内的解释理论还是在国外的诠释理论，主观说都存在着一些不可回避的问题。

第二，客观说。客观说认为，刑法文本从产生那天开始就脱离了立法主体，文本内涵的探寻应立足文本自身而非司法主体。换言之，法律文本是立法精神的客观化，是立法意图的外在附着物，由此，追问文本内涵应将目光定位于文本自身，而非虚无缥缈的作者原意。为了获知文本内涵，客观说主张从构成文本规范的词语入手，探寻规范文义，即立足于语义学，从语言含义与语法结构入手辨析规范内涵。一定程度上，客观说避免了主观说的不足，有效保证了法律规范的确定性与客观性。不过，客观说有一致命问题，就是解释主体如何达致客观。实质上，无论由谁担任解释主体，都不免介入主观因素，掺杂价值评判与是非判断，由此，解释结果已经不再具有客观属性，应是客观与主观之综合。对此，有学者曾指出通过主观的东西来保证解释的

〔1〕 李希慧：《刑法解释论》，中国人民公安大学出版社 1995 年版，第 77 页。

〔2〕 洪汉鼎：《诠释学——它的历史和当代发展》，人民出版社 2001 年版，第 75 页。

客观性。诠释也就是主观地重建客观过程。[1]至此，坚持客观说似乎名至而实不归。还有学者质疑客观说的时代内涵，即这里的客观是指立法时的客观，还是当下的客观。如果是指立法时的客观，那无异于用过时的文本治理当下的社会，彰显的是规范文本的僵化与滞后，与社会现实需要脱节。有的学者抛出激进的客观说，该说坚持从当下的语境理解文本之客观意义。激进的客观说不排斥解释者的价值涉入，主张解释转向，从解释对象转向解释主体，从重视文本内涵到重视主体对话。激进客观说在诠释学上的源头应是本体论诠释学，其主张在前见、历史传统、解释语境等解释原则下达成视域融合。"伽达默尔将理解视为对作为历史流传物的文本的历史视界与读者的当今视界之对话。理解本身就是这两种视界的融合。"[2]然而，就本体论诠释学而言，如何避免相对主义、主观主义与保守主义是一个突出问题，之于激进的客观解释论也不例外。

第三，折中说。鉴于主观说与客观说各自的优点与不足，有学者从我国传统的中庸哲学出发，主张吸收上述两者之所长，坚持解释立场折中说。折中说认为，刑法解释立法采主观说或客观说并不是固定的，也不是一成不变的，而是随着其变量的变化而变化的，换言之，基于相应因素的不同，解释立场可在主观与客观之间发生转化。"刑法之解释宜采主观与客观之综合理论，即原则上采主观理论，对于刑法条款之解释仍应忠实地停留在立法者立法时之标准原意，惟如有足够之理由证实立法当时之价值判断，显因时过境迁而与现阶段之公平、正义、社会情状与时代精神不相符合时，则应例外地采客观理论。"[3]由此，折中说的解释立场似乎更加具有辩证性与合理性，然而事实并非如此：首先，折中说认为，左右解释立场的应是时间间距，如果时间间距较长，则应采客观说，因为语言内涵与社会情势都在发展，规范文义应立足于当下阐释。反之，如果时间间距较短，则采主观说，因为法律文本尚能与社会保持一致。对此，论者深谙中庸之道，合理性却让人质疑，因为时间间距的长短如何度量以及标准为何，都是不确定的因素，又如何能成为解释主体的参照。正如有的学者所言："该解释理论并没有明确的答案，势

---

〔1〕 潘德荣：《诠释学：从主客体间性到主体间性》，载《安徽师范大学学报（人文社会科学版）》2002年第3期，第274页。

〔2〕 潘德荣：《认知与诠释》，载《中国社会科学》2005年第4期，第69页。

〔3〕 林山田：《刑法通论》，台湾兴来印刷有限公司1986年版，第35页。

必造成刑法解释可操作性差，导致解释标准不一，进而损害法律适用过程中正义理念的实质性要求。”〔1〕其次，影响解释立场变化的变量并非仅时间间距一个，还有立法意志的明确性、社会事实关系与价值变迁及体系论据与实质论据的分量等因素，都会影响到解释主体采取何种解释立场。“刑法之解释在于使所发生之具体事实，能适当的妥善的获得解决，以达到制定刑法之目的，是故解释之于刑法犹如营养之于生物，至少可延长其生命，使其适用为可能。亦可谓刑法系由解释而生长而发展而醇化。”〔2〕显然，就此而言，折中说仅仅眷顾时间要素是缺乏周全考量的，也得不出理性结论。另外，鉴于折中说的固有缺陷及西方解释学的演进路径，下文在探讨刑法解释立场时，主要立足于主观说、客观说、激进客观说，不再涉及折中说。

综上，理论界关于刑法解释的立场具有较大争议，学者们立于自身的法学素养、知识积淀及社会背景阐释解释立场，有合理性，也有不足。由于解释立场关系到法治观念的贯彻、司法裁量的限度及法律利益的衡量，因此，如何定位刑法解释立场是一个重要的话题。不过，要解决这个问题还需追根溯源，不能仅限于在部门法范畴内探讨，还需从哲学解释学角度探讨立法主体、法律文本与解释主体三方之关系。对此，季卫东教授曾指出：“这也意味着除了文本与作者之间的视线往返之外，还应该考虑作者与读者这两个主观性之间的相互作用以及舆论的力量。”〔3〕

二、立法主体、解释主体与法律文本

不论法律文本的读者采何种解释立场，都会牵涉三个解释要素，即立法主体、法律文本与解释主体，如何理解三者之间的关系，对解释立场的选择至关重要。从古今中外在解释立场上的分歧来看，也都是源于对立法主体、法律文本、解释主体之间关系的不同解读。由此，为了对各种解释立场有客观的评价，且能选择并坚守一个科学合理的刑法解释立场，就需对上述要素之间的关系进行阐述。

立法主体、法律文本与解释主体三者在不同的时代有不同的定位。质言

〔1〕 王军明、夏威：《刑法解释立场论》，载《当代法学》2011 年第 1 期，第 59 页

〔2〕 陈朴生、洪福增：《刑法总则》，五南图书出版公司 1982 年版，第 3 页。

〔3〕 季卫东：《法治构图》，法律出版社 2012 年版，第 252 页。

之，在法律解释中，应该将三者之中哪一要素置于核心地位在不同阶段有不同观点。总的来看，主观说主张解释应以立法主体为主，客观说主张应以法律文本为主，激进客观说主张以解释主体为主。另外，从法律解释学的历史发展看，在不同的历史时期立法主体、法律文本与解释主体的地位也有不同。

在19世纪的德国，诠释学大师施莱尔马赫就坚称，在文本解释中应探寻主体的精神与意志，追寻作者原意。为了完成对作者意图的探寻，施莱尔马赫对普遍解释学、教义、共通论、解释学循环、内在精神等概念就进行阐释，并从语法解释与心理学解释两个维度入手，构建心理移情理论，从而置读者与作者于同一语境下，完成对文本的创造性复制。“解释的首要任务不是要按照现代思想去理解古代文本，而是要重新认识作者和他的听众之间的关系。”〔1〕不过，虽然施莱尔马赫将自然科学与精神科学的解释学予以区分，但他依然将解释视为文本解读的工具，没有凸显读者在文本解读中的作用，甚至忽略读者的主体意义，致使文本解释只是意义表达，而非真理探寻。对此，德国哲学大师伽达默尔提出本体论诠释学，完成了哲学诠释学的建立。

在本体论诠释学中，伽达默尔（Gadamer）主张从主客体间性向主体间性转变，倡导读者通过对话完成对前见、传统、文本及语境的视域融合。在伽达默尔看来，读者具有独立的价值和意义，解释对象也由获取作者原意转至此在理解或生活实践。至此，解释活动不再仅是一种智识品性，而发展成为实践理性，文本解释与生命活动、社会实践等融为一体。“诠释学的任务根本不是要发展一种理解的程序，而是要澄清理解得以发生的条件。”〔2〕伽达默尔完成了解释学的转向，将独白式解释学上升到对话式解释学，不再局限于解释的方法，而是关注真理的探寻。不过，就本体论诠释学而言，依然存在问题，比如，如何消弭解释过程中的威权与意识形态色彩？如何保证法律文本的确定性？如何防止文本诠释的相对主义？如何保证刑法文本的客观性？正如有的学者所言：“在任何所与时间形成传统的同意，难道就不能是某种不受禁令束缚的讨论的结果和不是相互理解的表现，而是权力和统治的结果

〔1〕［德］施莱尔马赫：《诠释学讲演（1819—1832）》，洪汉鼎译，载洪汉鼎主编：《理解与解释——诠释学经典文献》，东方出版社2001年版，第56页。

〔2〕［德］汉斯-格奥尔格·加达默尔：《真理与方法——哲学诠释学的基本特征》，洪汉鼎译，上海译文出版社1999年版，第378页。

吗?”[1]这些是本体论诠释学不能回避但却又不易回答的问题，当然也是诠释学进一步发展的动力和源泉。

针对伽达默尔本体论诠释学的不足，批判诠释学、综合诠释学随之出炉。哈贝马斯（Habermas）认为，本体论诠释学是西方解释学的当代发展，符合精神科学的认知规律。至此，方法不再是解释学关注的对象，立法原意与规范文本不再是解释的目标，解释主体成为核心因素，解释主体的前见、历史传统、社会语境及司法实践构成解释要素，视域融合是在上述因素共同参与下循环解释的结果。批判解释学还指出，在发展过程中，本体论解释学没有解决如何规避解释过程中威权与意识形态因素问题，这些因素的存在会使解释结果偏离真理。基于此，批判解释学提出，应在解释过程中区分洞见和误见、辨析合理与真理、界定理解与误解等概念，以保证解释结果的科学、客观、合理。一定程度上，批判解释学兼顾到了意识形态批判，对保证解释结果的客观具有重要价值。“哈贝马斯的批判解释学最终落实在‘批判’两字上；其间，意识形态批判在解放旨趣的驱动下规定着解释学和经验科学的适用范围，并调节着两者的关系。”[2]不过，本体论诠释学除了涵括意识形态要素之外，还可能滑向相对主义、主观主义、保守主义，对此，批判诠释学没有提出针对性措施，这个任务是由综合诠释学来完成的。

综合解释学大师利科尔（Leycole）认为，本体论诠释学重视此在的作用，将文本解释解读为解释主体的生存活动与社会实践，力图探讨与提供解释可能性的条件，主张在前见、传统、语境及实践等因素下完成视域融合。由此，本体论诠释学的重心转向了读者，在司法领域为司法主体，由司法主体结合解释因素通过解释学循环完成解释结果的认定。但是，过于关注解释主体在解释过程中的作用，有滑入主观主义的可能，而过于关注解释的历史性，有滑入相对主义的可能。对此，综合诠释学指出，方法论诠释学过于强调文本的客观性，却忽略了解释主体的主观性，本体论诠释学过于重视读者的主观性，有可能忽视文本的客观性，基于此，应对方法论诠释学与本体论诠释学进行综合，达致解释结果的主观与客观的统一。“解释学是关于与文本相关连

[1] [美] 乔治娅·沃恩克：《伽达默尔——诠释学、传统和理性》，洪汉鼎译，商务印书馆2009年版，第135页。

[2] 陆炜：《批判解释学何以是批判的——析哈贝马斯的批判解释学思想》，载《复旦学报（社会科学版）》1994年第2期，第46页。

的理解过程的理论，其主导思想是作为文本话语的实现问题。"〔1〕分析综合解释论，其不仅是对方法论解释与本体论解释学的折中，更是对二者的反思与升华。由此，本体论诠释学忽视法律文本与内涵客观性的观点被弱化，避免了解释结果陷入主观主义泥淖。

一定程度上而言，综合解释论是对本体论诠释学的纠偏，是对法律解释客观性的恢复。当本体论诠释学抛弃客观主义与法律文本时它已成为后现代主义哲学。在后现代语境下，概念的不确定性、主体的能动性及实用主义被倡导。这种思维导向具有一定合理性，部分满足了现代社会转型与价值观念多元化的需要，然而，法治社会的本质属性决定，法治为规则之治，不管是西方社会还是中国当下，都不能离开法治的本质属性而讨论法治，否则，就会陷入法治虚无的境地。因此，后现代的法律哲学只是部分适应社会需要，并不代表传统法治主义要退出历史舞台。对此，客观主义解释论更有代表性，也更有针对性。在国内，有学者提出，要客观看待本体论诠释学的价值和适用界域，并对伽达默尔抛弃方法论的观点进行了批判，主张在解释中坚持文本主义中心论。"我们主张返回作为理解方法论的文本诠释学，重新确立诠释学的认知性意义与作用，以修正时下流行的本体论诠释学的过正矫枉，这对于我国学界诠释学研究的状况而言，显得尤为必要。"〔2〕在国外，贝蒂（Betti）教授坚持文本中心主义，主张客观解释论，并提出保证文本客观性的四条规则：这些诠释规则各有侧重，有的指向诠释的对象，有的则偏重于诠释主体，它们依次是：①"诠释对象的自主性规则"，这一规则也可称为"诠释标准的内在性规则"。这一规则是诠释标准中"首要的和基本的"，成为诠释学方法论最为基础性的东西。②"意义关联性的规则（整体性原则）"。③"理解的现实性规则"。④"诠释学的意义符合规则（理解的意义符合规则）"。〔3〕

从西方诠释学发展历程看，经历了作者中心主义、文本中心主义与读者中心主义三个阶段。如前所述，作者中心主义可视为主观解释论，文本中心

〔1〕［法］保罗·利科尔：《解释学与人文科学》，陶远华等译，河北人民出版社1987年版，第40~42页。

〔2〕潘德荣：《理解方法论视野中的读者与文本——加达默尔与方法论诠释学》，载《中国社会科学》2008年第2期，第52页。

〔3〕Betti, Die Hermeneutikals Allgemeine Methodik der Geisteswissenschaften, Tübingen, 1962, pp. 14, 15, 19-20, 53-54.

主义可视为客观解释论，读者中心主义可视为激进的客观解释论。目前，虽然读者中心主义的本体论诠释学在西方的发展势头强劲，但更能引起理论界与实务界共鸣的依然是强调文本主义的客观解释论。

三、刑法文本与刑法解释

刑法解释是哲学诠释学在部门法学上的反映，哲学诠释学的发展自然会影响到刑法解释的变革，于是基于不同的诠释学理论，刑法解释立场开始呈现分化趋势。目前来看，刑法解释立场不能固守作者原意，也不能立足解释主体，而应回归法律文本，“只有当解释者认真倾听文本，让文本保持它的观点，才能使自己真正向文本开放，这种开放可以激发一种批判的自我意识。”〔1〕由此，刑法解释应重视和回归刑法文本。下文分三个维度阐述刑法文本在解释中的地位。

第一，从作者、文本与读者的关系考察。就三者之间的关系而言，文本应处于核心位置。解释现象具有内在的三要素，分别为读者、文本与作者，下面将依照不同的视角，考察三者之间的关系，看看能否获致相同的认识结论。首先，按照三要素出现的先后顺序应为：作者—文本—读者。从发生学的角度看，文本是由作者厘定、创制的，然后需要读者去阐释和发现。在这个环节中，文本是连接作者和读者的桥梁，如果缺乏文本的中介，读者与作者不可能发生关系。其次，在理解进程中，三要素之间的关系应为：作者原意—文本—文本意义—读者领悟之意。在这个过程中，作者原意需要体现到文本当中，然后由读者去领悟和挖掘，无论如何，读者和作者都需借助于文本进行理解，否则理解就不可能发生。由此观之，无论是从发生学的角度看，还是从理解过程看，文本在解释过程中始终是处于中心地带。“作者和读者这两种主体性的存在物借助于文本的媒介作用而相互连接和沟通，传统得到延续，历史得到发展。”〔2〕文本是作者的精神客观化于其中的意义形式，解释者通过阅读文本进入这一意义形式而与作者相逢，寓于此形式中的意义，也由

〔1〕何卫平：《通向解释学辩证法之途——伽达默尔哲学思想研究》，上海三联书店2001年版，第254页。

〔2〕彭启福：《西方诠释学诠释重心的转换及其合理走向》，《安徽师范大学学报（人文社会科学版）》2003年第2期，第62页。

此被移入与其创作者不同的解释者之中。易言之，作者和解释者在文本这一介质上相遇，于是，解释者通过文本可以达到理解作者意图之目的。以此可知，文本是联结作者与读者的桥梁，也是一切理解的起点和关键。由此，虽然主张读者中心论的新客观说与主张作者中心论的主观说在理论界与实务上颇有市场，但解释学本身的前提与核心问题仍然是文本的理论与阐释问题。所以，在某种程度上，没有对文本正确的理解，一味谈论作者原意或读者的领悟，都是缺乏依据与根基的。质言之，不管主观说与激进客观说如何吸引眼球，都不能因之而忽略刑法文本在解释当中的作用和价值，惟此，才能做到刑法解释的客观性、科学性与合理性。刘星教授在《怎样看待中国法学“法条主义”》一文中曾作出类似的判断：“从格局上看，在中国法学中，其他形式的中国法学努力恰恰可以构成中国法学‘法条主义’的辅助支撑，而且也需要或者只能成为这种辅助支撑，它们无法成为广大从事具体部门法律活动的中国法律人的首要话语选择。”法国解释学大师利科尔也曾言：“诠释学的主要关注不是揭示隐藏在文本之后的意图，而是展示文本面前的世界。”〔1〕

第二，从法治的本质属性考察。当前我国法治建设面临的一个显著问题是“规则之失”，也即，在社会治理当中，虽然法律规则较为健全，但规则并没有受到足够的重视。由此，推进“规则之治”是未来法治建设的一项重要工作。那么，何为规则之治？一般来讲，规则有很多种，如利益规则、道德规则、宗教规则、交易规则、法律规则等，在法治社会及市场经济中，法律规则具有最终和最高效力。因此，这里说的“规则”就是指法律规则，法律规则的载体是法律文本。在利用法律规则治理社会的过程中，应立足于规则之客观含义，也即，规则之治应立足于立法者赋予法律文本之客观化内涵，而非立法主体之原初意图，亦非司法主体之主观臆造，因为前者易犯保守主义错误，后者则有相对主义之嫌，两者都不符合法治的本质属性。当然，以“文本”为中心，并不是说将“文本”视为解释的唯一因素，而是指以文本为基础来合理地安顿作者与读者，除了文本，其他因素也在发挥作用。“法不仅包括规则，而且还包括非法律规则的准则（特别是原则和政策），它们也是

〔1〕 刘星：《怎样看待中国法学“法条主义”》，载《现代法学》2007年第2期，第56页。

法的重要组成部分。"[1]在这里需重申，文本中心主义的解释观与文义解释存在区别。文本中心主义的解释观是指一种解释立场，其不排斥解释过程中存在的主观、政策及社会环境等影响要素。文义解释是一种解释方法，是指按照法律条文的文字、语法去理解法律规范的内容和意义的解释。文义将解释的视野局限于法律条文本身，并不涉及或者掺杂条文之外的东西，因而带有相当的纯粹性和机械性。所以立足于文本主义解释立场，在理解和阐释刑法文本过程中，前见、司法经验、历史传统、法律原则、社会政策等都是不可或缺的因素。从解释主体与刑法文本的关系考察，应是我注六经，而非六经注我。质言之，阐释规则之义应基于刑法文本，而不能以解释主体为中心，否则，就有滑向主体本位的可能，也有导致相对主义、主观主义的可能。对此，利科尔曾做过类似表述："占有文本并不是把文本还原为读者的世界，而是读者把自己交付给文本。"[2]在当下的社会阶段，构建法治社会还需坚持严格法治主义，维护文本的确定性和客观性，倡导规范的稳定性，并为实现这种目标提供便利和条件。在这里，借用贝蒂的一句话重申本书观点，我们作为精神科学的守护者之职责便是：捍卫这样的客观性（即精神科学的诠释之结果的客观性——作者注），而且揭示其认识论意义上的可能性条件。[3]

第三，从解释学的历史转向考察。鉴于实证主义传统与自然科学方法论的普世性遭到质疑，因此，由自然科学引申出的方法论也遭遇寒流。伽达默尔适时提出方法论转向，主张精神科学真理的获得没有固定的方法逻辑，诠释主体只需遵循历史效果，并根据前见、历史传统等制约因素对法律文本理解、应用即可。本体论是对方法论的颠覆，是对自然科学与社会科学共享方法论的质疑，并坚持精神科学应走向本体论诠释学。本体论诠释学是后现代社会的选择，为现实主义法学、司法能动主义及后现代法学提供了哲学基础。不过，本体论转向在带来创新思维的同时，也滋生了诸多疑惑，诸如，如何保证前见的合法性？如何保证传统的合理性？如何拒绝相对主义？及如何辨别意识形态因素？"在哈贝马斯那里，成见、权威和传统经常性地同暴力和强

[1] [美] 罗纳德·德沃金：《认真对待权利》，信春鹰、吴玉章译，中国大百科全书出版社1998年版，第56页。

[2] [法] 保罗·利科尔：《解释学与人文科学》，陶远华等译，河北人民出版社1987年版，第200页。

[3] Betti, Die Hermeneutikals Allgemeine Methodik der Geisteswissenschaften, S. 35.

制相关，并没有理性的基础。因此，他提出，由似乎‘合理的’方式取得的意见一致很可能是无效交往和伪交往的结果，对权威、成见和传统的趋同必然导致一种相对主义的结局。”〔1〕对此，不论是国内的潘德荣教授，还是国外的哈贝马斯、阿佩尔（Appel）教授等都曾质疑过，并提出更为合理的替代性观点，比如，回归文本主义、深层诠释学、综合诠释学等，以避免本体论诠释学滋生的种种弊端和不足。从社会现状考察，我国依然处于法治社会初期，不管是微观的司法素养，还是宏观的司法环境，继续坚持严格法制主义、认真对待刑法文本及尊重法律概念依然必要和妥当。反之，过早的灌输后现代法治理念或过多的强调解释主体的作用，都不符合我国法治社会的现状和进程，并有侵蚀法治社会根基的可能。“过分鼓吹法律解释者的理解之为法律解释的意义根据或者法律文本的意义就在解释者的理解中虽然有一定道理，但必须得确定它的限度。否则，法律解释只能是解构、放逐法治的工具。”〔2〕对西方诠释学和法学理念转向应有清醒、客观的认识，不能随波逐流、迷失方向。由此，在刑法解释中，还应继续维护法律概念的意义，倡导法律文本的客观性、确定性，限制解释主体的能动性和创造性。

刑法解释立场是我国刑法解释理论上的热门话题，也是理论难题。近年来，不断有学者立足于不同角度进行论证，以寻求科学、合理的结论。目前来看，虽然客观说是主流观点，却不断遭受来自主观说与激进客观说的冲击。然而，立场不同不但反映出解释主体的法律理念与价值观念的不同，而且会对司法权力、公民权利及两者关系产生不同影响，并进而影响到法治理念的培养及法治社会的构建，由此，探讨刑法解释立场之间的关系，并选择理性科学的解释立场是理论界的重要职责。并且，将刑法解释立场的争论延伸到诠释学领域，并从发生学的角度论证解释立场的发展历程，对每种解释立场的价值蕴含与社会背景进行详实分析，并以此为基础，阐述我国刑法解释主体应该采取且需坚持的立场显得很有必要。

〔1〕 陆炜：《批判解释学何以是批判的——析哈贝马斯的批判解释学思想》，载《复旦学报（社会科学版）》1994年第2期，第44页。

〔2〕 谢晖：《法律诠释学与法治》，载南京师范大学法制现代化研究中心编：《法制现代化研究》（第8卷），南京师范大学出版社2002年版，第216页。

第二节　刑法目的解释

随着现实主义法学在法理学层面上渐受青睐，能动正义也逐渐成为司法活动的主旋律，随之，与现实主义法学相勾连的目的解释理论也开始为理论界和实务界熟悉、认可直至接纳。司法哲学的转变具有因时性，是对传统形式主义法学的反思，是对司法克制主义的补充和完善。因此，一定意义上，目的解释论的出现契合了社会现实需要与司法发展取向，这也是目前诸多理论学者与司法主体力荐目的解释论的主要原因。当然，在看到刑法目的解释论积极性层面的同时，还要就该理论自身进行认真观察和分析，以达到准确理解与适用之目的。更为重要的是，还需发现刑法目的解释论的不足，并构建合理的应对机制。

目的解释在司法中的作用无可置疑，在解释体现中的位置也相对明确，即使对刑法目的解释的内涵揭示具有统一的看法，不是拘泥于刑法文本，而是通过汲取规范外因素以顺利解读规范内涵，并起到弥补、完善刑法规范的作用。然而，考察理论界对目的解释的各种观点，在目的解释的目的内涵上似乎并不明朗，也因这种不明朗而导致司法适用存在诸多不同。

一、刑法目的解释的理解

对刑法目的解释当中的目的应如何理解，理解界从来没有统一意见。从法律主体看，有的学者认为，目的解释中的目的是立法主体的目的，即法律的本原或目标，是立法者希望通过该法的实施所要达到的结果。〔1〕有的学者则认为，目的解释中的目的是司法主体的目的。对立法目的的认证，与其说是发现立法目的，不如说是创造立法目的。从解释对象看，有的学者认为，目的解释中的目的是指刑法规范自身的目的。〔2〕有的学者则认为，目的解释中的目的是刑法规范之外的社会目的；从目的属性看，有的学者认为，目的

〔1〕　蒋惠岭：《目的解释法的理论及适用（上）》，载《法律适用》2002 年第 5 期。

〔2〕　管金伦：《法官的法解释》，载陈金钊、谢晖：《法律方法》（第 2 卷），山东人民出版社 2003 年版，第 213 页。

解释中的目的是指某法的整体目的，非指某法条之立法趣旨或立法本旨。[1]有的学者则认为，目的解释并非仅仅考虑整体目的，也要考虑具体目的，只有同时考虑具体目的才能实现具体法条的目的。对上述各种观点分析可知，不同学者基于不同角度论述了刑法目的解释中目的所指内涵，但哪种观点相对合理还需继续探讨。

首先，从法律主体的角度看，目的解释中的目的是指立法者的目的还是司法者的目的。立法者的目的是指立法主体赋予刑法规范的意图和精神。“目的是全部法律的创造者，每条法律规则的产生都源于一个目的，即一种实际的动机。”[2]司法主体的目的是指，在实践中，司法主体希望通过刑法规范解决司法个案的主观愿望。那么，在刑法目的解释中的目的到底是指立法主体的目的还是司法主体的目的呢？立法意图或者是立法原意常被界定为立法目的，是指立法主体希望通过立法条文规制某种行为，并达到维护社会秩序之目的。由此，刑法是国家为了达到特定目的而制定的，刑法的每个条文，尤其是规定具体犯罪与法定刑的分则条文（本条），其产生都源于一个具体目的。[3]一定程度上看，立法主体的目的和司法主体的目的是一致的，都包含了追求秩序维护与权利保障的理念，都遵循着建构法治社会的方向。因此，在大部分情况下，司法主体是遵循立法原意阐释刑法规范，并努力实现立法者的在规范中的预设目的。但是，在有些时候，司法主体或者是基于枉法裁判适用刑法规范，或者是为了迎合政策而解读刑法条文等，这些情况都可能会造成司法主体的目的偏离立法主体的目的，结果会造成司法主体在适用刑法规范的过程中背离刑事立法的精神和宗旨，并最终导致错误适用刑法的结果。由此，我们认为，刑法目的解释中的目的应指立法目的，法学的最高使命是探究法的目的，唯有如此，才能在司法实践当中最大程度做到遵循既定法律规范，构建形式意义上的法治内涵。

当然，对立法目的如何理解和贯彻还存在争议，比如，立法目的是否可知，立法目的是否适应现实需要等。在个罪规范当中都体现了立法目的，是立法意图在刑法条款中的意图体现和凝结，只要仔细分析和观察，都可以透

〔1〕高仰止：《刑法总则之理论与实用》，五南图书出版公司1986年版，第112页。

〔2〕［美］E. 博登海默：《法理学：法律哲学与法律方法》，邓正来译，中国政法大学出版社1999年版，第109页。

〔3〕张明楷：《刑法目的论纲》，载《环球法律评论》2008年第1期，第17页。

析各个刑法条文当中的立法目的。并且这种立法目的不是静止不变的，而是随着社会的发展和语义的丰富在刑法规范中逐渐进化和发展，所以司法主体不能埋头在立法资料当中寻找立法目的，而是应该基于立法主体的立场并遵循立法思路，思考立法者在今天会赋予刑法规范什么目的，并将此种目的适用于刑法规范的解释和适用当中。所以，目的解释往往不受立法者当时意志的约束，主张结合社会现实的变化寻求适应于当下的客观刑法目的，"以具体的妥当性为主导，始合乎公平正义。"〔1〕当然，如何做到正确诠释和判断立法目的则需司法主体法律素养、司法经验及职业责任等各方面的积淀，而就目前的司法现状看，还有一段很长的路要走。

其次，从法律对象看，目的解释中的目的是指规范目的而非社会目的。谈到刑法目的解释，有的学者认为司法主体应根据社会需要调整思维模式，在解释和适用刑法规范过程中，应从现实需要的角度进行考察，然后对刑法规范做出适合社会目的阐释。"由于类推解释、反对解释仅仅是一种解释方法而已，重要的是通过解释得出结论的正确性（妥当性）。"〔2〕在这种理论当中，规范的目的，也即立法目的是否存在并不重要，立法目的是什么并不重要，司法主体只要清楚具体情势下的社会需要是什么就可以。比如，在对刑法总则未成年人杀人行为的定性中，有的学者指出，到底是采罪名说还是采罪行说完全依据社会需要与政策意图进行判断，与刑法规范自身没有关联，因此，没有必要考虑规范的目的是什么，考虑社会需要就可以了，而这是典型的实用功利主义刑法观，是对法治主义的改变和颠覆，结果只是在刑法规范的诠释中肆意突破既定内涵和刑法精神，并根据社会需要任意曲解法律。

诚然，在刑法规范的解释中，需要考虑社会要素，比如，政策倾向、利益衡量、价值判断、政治需求等非规范因素，这种考量在任何法治社会当中都会存在。法官是社会当中的法官，法律规范是应对社会问题的规范，不论是法官还是规范都是社会中生存和繁衍的，因此，对法律规范的理解离不开社会要素的考量。不过，有个问题需要明确，就是社会要素的考量与刑法规范的解读应符合一定标准，也即在规范之内考量非规范要素。由此，不管司

〔1〕杨仁寿：《法学方法论》，中国政法大学出版社 1999 年版，第 158 页。

〔2〕［日］阿部纯二：《刑法解释》，载［日］中山研一主编：《现代刑法讲座》（第 1 卷），成文堂 1977 年版，第 114~116 页。

法主体如何衡量社会要素，他都应该在规范之内阐释社会要素的作用和价值。所以，在规范目的与社会目的的关系上可做如此定位，社会目的会影响到规范目的的解读，规范目的则是社会目的发生作用的边界。近年来，为了迎合有权部门提出的司法能动理念，司法主体刻意从社会角度诠释刑法规范的内涵，并有将社会目的替代规范目的之价值取向，理论界有学者为这种倾向张目之意蕴。“法律解释的问题不在于发现对文本的正确理解，而在于为某种具体的司法做法提出有根据的且有说服力的法律理由。”〔1〕这些都是危及罪刑法定原则的危险信号，也是阻碍法治社会构建的不利因素，应引起重视和关注。从这个意义上看，刑法目的解释当中的目的实质还是规范的目的而非社会的目的，当然，在刑法规范目的的分析中离不开社会目的的参与。

最后，从目的自身属性看，刑法目的解释中的目的是微观性的法益种类而不是宏观性的法律精神。对目的解释中的目的，理论界在阐释这个问题时还存有一定争议，有的学者将其定义为自然法意义上的正义、公平、平等，有的学者则认为，这里的目的应指具体的刑法法益。那么，从哪个方面阐释刑法目的解释中的目的内涵相对合理呢？

目的解释是法律解释体系当中的一种具体方法，这种解释体系涵盖了刑法、民法、行政法等各个部门法。我们认为，在不同部门法下，对目的解释中的目的应做不同理解，唯此才真正能适应部门法的需求，达到准确阐释和适用法律规范之效果。不管是民法还是刑法，都存在立法不足的问题，解决这些问题的办法就是通过解释达到弥补、完善规范之目的，以使之适应不断发展的社会态势。“为了使稳定的法律保持活力，充分发挥其保护机能，就必须紧密联系解释时的社会实际阐明法律的含义，而不是拘泥于法律制定时立法者所赋予法律的原意。”〔2〕在民法典中存在这种问题，解决办法就是司法主体充分利用民法典总则中的原则性规定，并辅之以自然法当中正义、平等理念来解释法律事实与法律规范，最终达到对法律事实正确处理之目的。在刑法典中不但存在立法不足问题，还存在法律语言的理解问题。对于许多条文而言，因种种原因法律文本出现明显错误并不罕见，而且人类自古以来就有

〔1〕 苏力：《解释的难题：对几种法律文本解释方法的追问》，载《中国社会科学》1997 年第 4 期，第 30 页。

〔2〕 李希慧：《刑法解释论》，中国人民公安大学出版社 1995 年版，第 77~79 页。

“书不尽言，言不尽意”“意之所随，不可尽言”的问题，这就需要司法主体准确解读刑法规范才能准确适用。不过，刑法规范与民法规范有很大不同，在刑事司法当中，不允许类推解释，并注重权利保障与权力限制，因此，在刑法解释中引入自然法上的宏观的公平、正义理念并不能达到既定目的。“目的是刑法的创造者，刑法是国家为了达到特定目的而制定的，刑法的每个条文，尤其是规定具体犯罪与法定刑的分则条文（本条），其产生都源于一个具体目的”〔1〕，并且“刑法整体目的的变易性很小，在任何时候，都可以将刑法目的归纳为保护法益”〔2〕。由此，刑法学的最高使命便是探究刑法目的，就需要从微观入手，分析个罪条文中的具体法益种类，并据此对刑法规范进行准确合理的诠释。

二、刑法目的解释的依据

从立法角度考察，我国的刑法文本并没有赋予法官法律解释权，尽管这种权力在司法当中一直存在并被频繁适用，但从来没有获得法律上的认可和授权。但是，鉴于刑法解释的重要性及广泛性，理论界上的探讨从未间断，实践上的适用也频频出现。因此，下文主要是从法学理论与司法实践两个层面探讨刑法目的解释的存在依据。

（一）理论依据

刑法目的解释的出现与刑法理论、司法理念的更新和转变密不可分。直到20世纪前期，形式主义法学还主导着法学的理论趋向，其中尤其以概念法学和分析法学最为典型，其理论基础就是法律规范的稳定性与三段论式的逻辑司法流程，并以此引导具体的司法适用过程。由于坚守法律规范的封闭性与三段论的司法逻辑，司法克制主义理念大行其道，其实质是反对法律规范的变动和补充，并坚信可以从法律规范当中能找到一切问题的答案。在司法主体的思维方式中，坚持大前提、小前提再到结论的三段式演绎逻辑推理，而坚决反对走相反路径的归纳推理与类比推理。“现代的法官是自动售货机，

---

〔1〕张明楷：《刑法目的论纲》，载《环球法律评论》2008年第1期，第17页。

〔2〕张明楷：《刑法目的论纲》，载《环球法律评论》2008年第1期，第18页。

投进去的是诉状和诉讼费，吐出来的是判决和从法典上抄下的理由。”[1]正是由于形式主义法学强调刑法规范的稳定性与科学性，因此，在解释和使用刑法规范的过程中，主张从规范本身探讨法律内涵和立法精神，而对司法过程中规范外的因素持排斥态度。

随着社会转型和发展的深入，社会也开始呈多元化发展趋向，各种社会矛盾也逐渐显现并激化，由此，解决问题的方式也应该随之变革以适应社会发展，其中，表现在法学理论上，就是现实主义法学逐渐在西方发生和繁衍，并替代了形式主义法学的主导地位。不管是美国的现实主义法学还是北欧的现实主义法学，都是在新的社会环境下对形式主义法学反思的结果，都主张刑法规范具有变动与不足的属性，也即刑法规范自身并没有包含解决所有法律问题的路径，要想让刑法规范契合社会现实需要，就需要改变传统的解读刑法规范的模式，也即，司法克制主义不再是坚守的目标，相反，司法能动正义开始成为主流的司法理念和法律哲学。在司法能动主义的主导下，对刑法规范的理解不再局限于文本自身，而是将目光更多投向了规范外的因素，比如，价值判断、利益衡量、政策内涵及社会正义，等等。“对法规之目的所应予以的关注和追求，应当超过对法规刻板措词的关注和追求，因为法规措词所指称的事物超出了这些语词的能指范围，而这些事物的扩展范围恰恰与该法规制定者的意图相一致；因此，解释议会法规的最好办法，就是根据其目的而不是根据其语词对之进行解释。”[2]由此，借助规范外因素的影响，刑法规范的内涵开始逐渐扩展，不断的吐故纳新，加入更多的新鲜元素并推动刑法规范的实用性。“刑法之解释在于使所发生之具体事实，能适当的妥善的获得解决，以达到制定刑法之目的，是故解释之于刑法犹如营养之于生物，至少可延长其生命，使其适用为可能。亦可谓刑法系由解释而生长而发展而醇化。”[3]同时，在思维方式下，也抛弃了传统的三段式演绎推理，更为关注与之不同的实质推理，司法流程的展开多了从结果到前提的司法路径。法律决定的过程确实是要受三段论推理方法的影响，但思维过程绝不是简单的三

---

〔1〕［美］刘易斯·A. 科瑟：《社会学思想名家——历史背景和社会背景下的思想》，石人译，中国社会科学出版社 1990 年版，第 253 页。

〔2〕［美］E. 博登海默：《法理学：法律哲学与法律方法》，邓正来译，中国政法大学出版社 2004 年版，第 549 页。

〔3〕陈朴生、洪福增：《刑法总则》，五南图书出版公司 1982 年版，第 3 页。

段论推理方法适用。正如有的学者指出的：三段论推理方法与司法过程原本就不是一回事情，它仅仅是思维的“路标”和局部的方法。以法律解释为代表的法律方法论能起的作用，只是帮助法官等法律人整理思路，指望完全依靠三段论推理方法办理案件只是一种空想。[1]

根据形式主义法学与现实主义法学的不同可知，两者主导的司法理念与解释方法也相差甚大。在形式主义法学下，由于坚持司法克制与严格法治主义，因此，文义解释大行其道；在现实主义法学下，由于坚持司法能动主义，目的解释开始为世人瞩目。但是，从现实来看，两者并不能截然分开，往往共同发生作用。正如罗克辛所言：“正确的解释，必须永远同时符合法律的文言与法律的目的，仅仅满足一个标准是不够的。”[2]

（二）实践依据

与司法克制主义不同，能动司法要求对刑法规范的理解需摆脱文本的束缚，从社会正义、政治决策、公序良俗及价值判断等方面汲取营养，丰富刑法规范的内涵，以使之适应社会需要。另外，从刑法文本看，涵盖所有问题并适应一切的法律规范并不存在，不管立法者的立法意图如何超前，立法技术如何高超，制定的法律文本总会存在诸种问题留给司法主体解决，基于此，在开放的环境中理解刑法规范是客观现实。因此，有时就需要借助目的解释方法解读刑法文本，以寻找刑法保护的利益，并为解决司法个案提供相对合理的答案。

从司法实践看，司法主体也确实从不同角度探寻规范目的。因此，尽管司法主体面临的问题有所不同，但意图只有一个，即通过考察刑法规范的目的寻找裁判司法个案的合理路径。耶林（Jhering）指出：“每条法律规则的产生都源于一种目的，即一种实际的动机。”[3]尽管有学者对目的解释中的目的与对法律目的做了界定和区分，认为前者属于法律解释中的因素，后者属于法律追求的为客观的法律规则向判决的转换提供逻辑思维的桥梁。[4]但我们

---

〔1〕 陈金钊：《法律解释的艺术——一种微观的法治实现方法》，载《法商研究》2009 年第 5 期，第 41 页。

〔2〕 Claus Roxin, Strafrecht Allgemeiner Teil, Band I, 4. Aufl., C. H. Beck 2006, S. 151.

〔3〕 ［美］E. 博登海默：《法理学：法律哲学与法律方法》，邓正来译，中国政法大学出版社 2004 年版，第 115~116 页。

〔4〕 陈金钊：《目的解释方法及其意义》，载《法律科学》2004 年第 5 期，第 40 页。

认为，探讨目的解释离不开法律目的的诠释和分析，当司法主体探寻法律的目的并立足于此对刑法规范进行解读时，就是目的解释的情景再现。所以要进行目的解释，首先必须明确刑法目的。在对具体法条进行目的解释时，必须明确具体法条的目的。对司法主体探求规范目的具体策略进行总结，大致可分为以下几类：其一，法理解读。当刑法规范之间存在交叉关系时，如果适用法条竞合理论不能解决时，就需要通过法理分析探求规范之目的，判断刑法规范要保护的法益及相应的权利义务关系，以达致准确理解个罪规范并对危害行为正确认定。其二，实质推理。传统的司法实践，在犯罪构成的解读与适用上遵循形式推理的模式，这个模式就是从大前提到小前提再到结论的三段论演绎推理。不过，在实践上，为了迎合政策的需要，或者是为了顾及民意，或者是考虑现实需要，就需要赋予刑法规范新的目的，涉及新的法益，但是，根据传统的刑法文本解读方式并不能找到预设的目的，于是，重新审视形式推理的司法逻辑成为选择路径，从结论到前提的司法流程正是这种路径的现实反映，也即刑法理论上的实质推理。其三，比附先例。判例法是英美法系的法律渊源，司法主体需从先例当中分析法律适用的精神和意图，并在个案实践中予以贯彻和遵循。但是，随着两大法系的贯通融合，判例法也逐渐为大陆法系接受和引入，就连我国近年来也开始关注司法先例的作用，并在实践当中审慎采纳，比如，最高人民法院每年都会将各地的经典案例汇编成册予以出版发行，而这些经典案例则成为司法先例而影响到各地法院的司法审判。在个案裁判中，司法主体关注司法先例往往是因为案件事实与刑法规范的对接存在疑难，于是会考察以往先例的判决模式和结果，但是，鉴于没有任何两个案件会完全相同，因此，法官只是从先例当中寻找法律目的并进行具体判断，并考虑是否适用当前的案件。其四，利益衡量。有些法官面对的刑法规范在相对明确、具体，在个案适用上不存在困难，但是，由于刑法文本过于久远而不能适应社会，于是规范适用总是引来民众的围观和质疑。基于此，司法主体在适用类似条款时就会做利益衡量，到底如何适应刑法规范才能做到法律效果和社会效果的统一，并进而寻找解决问题的出口。当然，在司法实践上还存在其他探寻规范目的做法，比如，类比推理、价值比较、政策判断等，这里就不再一一赘述。

从立法上看，司法主体只能严格按照刑法文本适用刑法，并未从立法层面赋予司法主体任何解释权，但是，只要有司法适用就会有法律解释，有刑法解释就可能会有目的解释。因此，虽然目前来看，目的解释没有明确的法律依据，但在法学理论与司法实践上都能找到目的解释存在的事实和价值。

三、刑法目的解释的作用

在刑法解释体系中，目的解释只是一种解释方式，还存在其他不同的解释方法，比如，文义解释、历史解释、体系解释、比较解释、社会学解释等。那么，在整个解释体系中，目的解释到底处于何种位置？也即，目的解释对刑法规范的解读到底起着多大的作用？对这个问题，需进行相应的分析以真正廓清目的解释在解释体系中的地位和作用。

对于目的解释的作用，在理论界存有争议，不同学者基于不同角度对目的解释作用做了界定，并对其论点做了详细论证。有的学者认为，在刑法规范的解读当中，目的解释具有一定作用，但这种作用是有限的，只是对其他解释方法的适用起着辅助作用；有的学者认为，文义解释是所有解释的基础与开始，起决定性作用的是目的解释，即以刑法适用时的目的所作的解释。[1]有的学者则相对慎重，对目的解释的作用持暧昧态度，既主张目的解释的适用，又主张慎重适用目的解释，但是，对目的解释的作用并未给予明确限定，只是认为是否适用目的解释是形势判断与政治选择。由此，在当下的理论界，对目的解释的作用还属见仁见智。那么，到底如何认识和界定目的解释在刑法规范解读中的作用，还需从刑法文本的属性及目的解释的适用对象等角度进行分析和论证。

附属作用论认为，在刑法规范解读中，目的解释仅具有附属作用，也即，在刑法解释体系当中，目的解释的作用是次要的，只是辅助其他解释方法完成对刑法规范的认知和解读。支持附属作用论的有力论点是刑法解释位阶当中的文义解释优先论，该论点主张，在所有解释方法当中，文义解释应占据优先位置，包括目的解释在内的其他解释都应该居于次席。从具体的司法实践看，在诸多的个案裁判中，或者由于法律模糊，或者由于法律滞后，或者由于法律技术等原因，司法主体都需从法律规范目的的角度阐释法律文本的

---

〔1〕 Joachim Rahl, Die Rangfolge derklass juristische Interpretationsmittel in der strafrechtswissenschaft lichen Auslegungslehre, in Eike Von Sav-igny u. a., Juristische Dogmatik und Wissenschaftstheorie, Verlag C. H. Beck, Muechen, 1976, S. 17-21.

内涵，继而将刑法文本适用于司法个案。由于是从刑法目的入手诠释刑法内涵，因此，从这个角度看，目的解释论在刑法解释体系当中应该起着重要作用而非附属作用，因为在这种情形下，没有目的解释就不能正确解读刑法文本，就不能正确定罪量刑。所以，仅仅因为目的解释的反文义性就将该种解释的作用定位为附属或次要显然有待商榷。

目的解释决定作用论认为，在各种解释方法中，目的解释是从个罪条款设计的法益保护角度进行诠释的，得出的结论是唯一的，而不像其他解释方法总会得出数个结论。所以在刑法解释体系当中，目的解释对解释结果的选择应起决定作用。就决定论而言，其看到了目的解释在解读刑法规范当中的作用，但同时也夸大了目的解释的作用。在刑法文本当中，不是所有的个罪规范都需要借助规范外因素予以阐释，因为相应的刑法规范是明确的，只需根据刑法文本揭示其内涵即可。所以，在这些规范的司法适用中，一般不需要通过目的解释阐释规范内涵。另外，在有的刑法规范当中，有部分条款由于自身的模糊、不足、滞后等特性，故在适用这些条款时就不能局限于文义解释，还需要通过目的解释获取刑法规范的意图并正确的适用刑法条文。由此，在部分刑法条文的适用中，目的解释的作用显然是突出的，但是，将这种解释方法的作用界定为决定性的也不合理。在刑法解释体系当中，目的解释是一种反文义解释方法，司法主体在目的解释适用过程中会将目光投向更为复杂的政策、利益、民意等非规范因素，这些因素的介入则加大了目的解释突破罪刑法定的可能性。鉴于目的解释的这种特性，就需结合其他解释方法限制目的解释，也即对通过目的解释获致的结果进行比较和分析，以确保其不会突破刑法规范的内涵。比如，文义解释、历史解释及体系解释都能起到检验目的解释结果的作用，所以通过目的解释的结论并不必然成为司法主体适用的首选，相反，还需要通过其他的解释方法进行验证，判断解释结果是否为规范应有之义，才可以为司法主体所采纳。从这个角度而言，妄言目的解释在阐释刑法规范当中起决定作用也存在质疑，因为更多时候，目的就解释结论是否合理还需文义解释进行检验和制约，换句话说，目的解释能否进入司法主体的视野，还需依托文义解释的分析和判断。

就目的解释的作用而言，我们认为，对其不宜用辅助作用或决定作用这样的字眼进行概括，因为不是所有的规范阐释都需借助目的解释，即使需要目的解释的适用，但解释结果的合理性还需通过文义解释进行限制和约束。

因此，对目的解释在诠释规范内涵过程中的作用应有一个正确的认识，不能因为目的解释体现司法能动性的需求易突破刑法规范内涵就刻意淡化其作用，也不能因为目的解释有利于克服司法主义且易于获取好的社会效果就肆意夸大其作用，正确的做法则是根据目的解释在实践中的作用而对其正确定位。我们认为，对目的解释论的作用应如此界定：不是在所有的刑法条款阐释中都需借助目的解释，惟在法律疑难的情况下需借助目的解释诠释规范内涵，但解释结果还需由文义解释等解释方法进行检验和制约。如果非要用一句话概括目的解释的作用，可做如此定义，在刑法解释方法当中，目的解释的作用与具体的条款适用密切关联，作用大小需联系个罪条款属性、个案事实及社会状况等方面综合判断，而不是做简单的附属作用或决定作用的判断，这都是不合理的，也是不科学的。

四、目的解释与刑法边界

在理论与实践上，都对刑法目的解释持赞成态度，主张在法律条文的解释中探求刑法规范的立法目的。不过，源于刑法目的之探寻往往与规范外因素相连，规范外因素又为解释突破刑法内涵提供了可能。“目的解释可能因追求妥当性、开放性而有损刑法的安定性，价值判断、目的考量有可能成为解释者恣意的借口。”〔1〕由此，探讨目的解释的边界以保证刑法解释在罪刑法定之下运行具有了必要性。

从理论界的观点看，对刑法目的解释在解释体系中的地位都予以了明确，对目的解释在规范解读与适用中的作用也进行了界定，但是，对刑法目的解释的边界问题并没有涉及。于是，将这个重要而又复杂的问题交给了司法主体解决。从实践上看，司法主体基本上是根据司法经验、法律素养及生活前见等因素阐释刑法规范目的。然后，每个法官的社会背景、法律知识及职业操守都存在不同，将目的解释的边界问题交给他们处理似乎过于草率。当然，从理论上探讨这个话题并给出相应答案，则为司法主体适用目的解释提供便利，还能最大程度保证司法适用的一致性。虽然提供一个明确的界限并不现实，但是，可以通过一些渠道对目的解释的合法性进行约束和限制，以确保其在应有的边界内运行。

---

〔1〕 苏彩霞：《刑法解释方法的位阶与运用》，载《中国法学》2008 年第 5 期，第 104 页。

第一，通过其他解释方法检验目的解释的合法性。对刑法解释体系当中的各种解释方法，可以根据其不同属性做如下分类：首先，文义解释诠释刑法规范的内涵，但它仅仅提供一个可供理解的大致范围，而非一个明确具体的标准。从文字的属性看，内涵存在于核心区域和边缘区域之间的整个范围，在核心含义上一般不难理解和界定，在边缘与核心之间的区域解读文义也不困难，但是，在边缘含义上往往需借助其他因素进行界定和解读。由此可知，构成刑法规范的词语往往给我们一个可供解读的文义区间，也即规范用语可能文义。可能文义在解释刑法时显示出其范围功能，“它划出法律解释活动的最大回旋余地”〔1〕。其次，目的解释在刑法规范的解读当中起着重要作用，通过考察立法目的可以在规范的文义内确定其内涵。换句话说，根据法治原则和立法精神，刑法目的的阐释需在规范文本的内涵之内，不能超出刑法文本的逻辑内涵范畴，也即，刑法目的解释的边界其实就是规范词语的文义边界。最后，通过目的解释诠释的规范内涵是否脱逸文义范畴，则需借助其他解释方法进行检验和限制。从刑法解释体系看，具备如此功能的解释方法非体系解释与历史解释莫属。“法律条文只有当它处于与它有关的所有条文的整体之中才显出其真正的含义，或它所出现的项目会明确该条文的真正含义。”〔2〕也即，立法者会在不同条文当中使用同一个概念，并会在不同场合下对相应的概念进行明确，比如立法解释、司法解释甚至刑法典。于是，在解读一个刑法概念时，从整个刑法文本出发，联系不同刑法条文中的相同概念，并参照理解和诠释，所以体系解释就是通过把待解释用语所处的上下文及其他相关条文协调起来确定用语的真实含义。另外，检验目的解释合理性的还有历史解释。历史解释是指，通过立法资料诠释刑法规范的内涵。目的解释本来就是阐释刑法规范的立法目的，而历史解释则恰好为发现立法目的提供了素材和佐证，并且历史解释也成为检验目的解释是否合理的方法。历史解释虽然更具有主观性、实质性，但历史解释是通过揭示立法动机与立法意图来限制法官的刑法解释与适用，“使法官受制约于历史上的立法者所作的法律政策上

〔1〕 黄茂荣：《法学方法与现代民法》（第5版），法律出版社2007年版，第340页。

〔2〕 ［法］亨利·莱维·布律尔：《法律社会学》，许钧译，郑永慧校，上海人民出版社1987年版，第70页。

的价值决定”[1]，与文义解释、体系解释一样，旨在保障刑法的安定性。

对文义解释与其他解释方法的关系，有的学者做过精辟论断：“文义因素首先确定法律解释活动的范围，接着历史因素对此范围进一步加以确定，同时并对法律的内容，即其规定作一提示。紧接着体系因素与目的因素开始在这个范围内进行规范意旨的发现或确定工作。这时候，‘合宪性’因素也作了一些参与。最后，终于获得了解释结果。”[2]当然，还有其他解释方法也可以起到检验目的解释合理性的作用，如逻辑解释、社会学解释及比较解释等，但由于作用相对较小且使用较少，这里就不再赘述。

第二，对目的解释中涉及的规范外因素进行妥当考量。之所以需要借助目的解释解读刑法规范，一般都是源于法律规范的缺陷、不足、滞后、模糊等原因，致使司法主体不得不通过考虑政策精神、民意趋向、利益衡量等因素对刑法规范进行完善和补充。“法官解释法律不是以语言学的理解法条文本为满足，而是要以历史的及技巧的诠释，探求面对社会关系时，法律内在的本质意义，以及逻辑运作得出的意涵。”[3]但是，政策、民意、利益及价值等因素都属于非规范因素，尽管他们对司法主体解读刑法规范起着重要作用，但同时也会影响到规范解读的合法性与合理性。因此，司法主体在适用刑法目的解读刑法规范时，需要对各种非规范要素慎重考量，基本标准是：考虑规范外的要素，但应在刑法规范的逻辑内涵范围内考虑。对刑法规范而言，目的解释只是修修补补而不能重新编制，解释后的条文应是既定规范的完善而不是改变。

首先，就刑事政策而言，对刑法规范的适用具有引导作用，但刑事政策应在规范之下发挥作用，而不能超出刑法范畴引领司法价值。刑事政策影响刑法规范的选择和适用，连接二者的途径则是刑法解释。“在个别性刑法司法解释中，法官解释法律往往自发地与刑事政策相适应。”[4]如何解释刑法规范，则会对刑事政策的贯彻起到重要作用。但是，鉴于政策具有天然的进攻

[1] Claus Roxin, *Strafrecht*, *Allgemeiner Teil* I, C. H. Beck'sche Verlagsbuchhandlung, Muechen, 1997, Aufl. 3, S. 107.

[2] 黄茂荣：《法学方法与现代民法》，中国政法大学出版社 2001 年版，第 288 页。

[3] 吴庚：《政法理论与法学方法》，中国人民大学出版社 2007 年版，第 293 页。

[4] 时延安、阴建峰：《刑事政策在刑法有权解释中的功能》，载《南都学坛》2005 年第 2 期，第 80~83 页。

性与突破性，会基于社会需要而改变刑法规范的价值和尊严（这在我国司法实践的历史上和当前现状里都有典型表现），所以，面对不同时期的刑事政策，司法主体需要固守刑法规范的文义范畴，在此范畴内关注政策的作用，唯有如此，才会保证刑事政策与刑法规范各司其职。其次，就民意而言，司法主体应理性看待民意，并秉持民意只能影响量刑而不能影响定性的观念。不管民意如何汹涌，都不能基于民意考察而将非罪行为予以入罪，将轻罪行为改变为重罪行为，这是民意绑架司法，是民意侵蚀立法，它的长期效应与短期效应都很严重。危害行为在定性环节，司法主体只需考虑犯罪构成即可，是判断犯罪是否构成及构成何罪的唯一规范标准。从我国的刑事立法来看，采取的是定罪加定量的模式，根据犯罪构成基本能解决定性问题。即使在行为犯、危险犯及情节犯中，司法解释一般也给出了明确的标准，或者司法主体也可以根据法律经验、刑法精神及权利义务关系进行综合判断，而无需考虑民意因素。不过，在刑罚适用上则可以慎重考虑民意因素，并在法定标准内进行司法裁量。最后，就社会态势看，它也不应该影响到个罪的定性问题。规范是稳定的，社会是变化的，因此，刑法规范有时不能适应社会需要，但是，不管社会态势如何变化，都必须尊重刑法规范的稳定性与连续性，除非立法主体对刑法规范做出修正，否则，司法主体不能根据社会需要而对刑法规范曲意解读。因此，司法主体可以考虑社会因素对目的解释的影响，但这种影响限于量刑而止于定罪。

五、刑法目的解释的规制

从上文所述可知，刑法目的解释有突破刑法文义边界的冲动。“就法条的目的观而为的解释，往往会趋向扩张解释的结果，而有抵触类推禁止原则的危险。”[1]为了保证该解释方法在法治内运行，就需要前期的预防与后期的规制，前者是指在解释过程中检验目的解释的合法性，后者是指在解释之后保证解释结果的合法性，前者已在上文进行阐述，这里仅指在解释之后如何保证刑法目的解释的合法性。

第一，从实体规范上看，刑法目的解释的结果应该符合合宪性与合法性要求。就合宪性而言，主要是指刑法目的解释不能违背宪法规范对公民权利

〔1〕［日］关哲夫：《刑法解釈の研究》，成文堂2007年版，第286页。

的保障及法律精神的规定。合宪性是从宏观的角度进行考察的。当目的解释方法得出结论时，合宪性考察就起到了筛选和检验作用：①解释结论不得超出刑法用语可能文义的范围，超出可能文义范围的解释违反了法治国原则，因而是不合宪的；②解释结论虽然在刑法用语可能文义之内，与宪法基本精神相冲突，也是不合宪的。不合宪的解释结论不应采用，这是法治国家宪法至上的要求。"刑法解释必须符合宪法，不符合宪法的解释结论应予排除，合宪性解释是法治国家的要求。"〔1〕由此，如果超出文义范畴进行目的解释显然会侵犯公民权利，并违背宪法的规定和精神。就刑法而言，其主要是指刑法目的解释不能脱逸于刑法规范的逻辑含义，不能背离罪刑法定原则。《刑法》第3条规定了罪刑法定原则，也是司法机关适用刑法规范的基本原则。所以刑法目的解释应在刑法规范的逻辑内涵内进行，而不能超出规范语言的文义范畴，否则就是违背罪刑法定原则。"惟刑法之制定遵守罪刑法定主义，故刑法之解释遂不得不特别重文义，以免因解释法律之结果而创立新的犯罪，此所以刑法条文之解释，不得不采用严格解释方法。"〔2〕

第二，从司法程序上看，刑法目的解释应经受上诉程序与再审程序的检验。从传统的司法实践看，上诉案件与再审案件的关注点往往在法律事实与证据的认定上，对原审法官如何解读法律规范缺乏监督。虽然《中华人民共和国刑事诉讼法》第233条也规定了第二审人民法院应当就第一审判决认定的事实和适用法律进行全面审查，但从司法实践看，二审法院对法律适用的审查较为谨慎和局限。也即，在二审和再审中，往往会因为一审对事实与证据的认定不足而驳回一审或发回重审，因为犯罪构成解读不当而发回重审的非常罕见，这已经表明，在目前的司法现状下，监督主体还是重事实认定而轻法律解读。其实，考量一个国家法治水平的高低，对法律规范适用、诠释的科学性与合理性是一个至关重要的标准。当然，法律事实与证据对案件审判很重要，但法律规范的正确解读也很重要，是案件得以准确定罪量刑的法律基础。因此，在二审当中，为了保证刑法规范诠释和使用的合法性、合理性，就需要对一审当中法官适用的解释方法与解释结果进行审查，尤其是对那些争议性比较大的案件，二审与再审法官更应该有倾向的考察一审法官对

〔1〕苏彩霞：《刑法解释方法的位阶与运用》，载《中国法学》2008年第5期，第101页。

〔2〕蔡墩铭：《刑法概要》，三民书局1999年版，第20页。

刑法规范的诠释是不是体现了克制理念，是不是遵循了法治原则。所以二审与再审法官需从观念上转变，不但要重视事实的认定，还要重视法官解释方式的考察，并且这也会促进一审法官慎重选择解释方法的运用，在目的解释中也会慎重对待规范之外的因素，以避免其判决被撤销或被发回重审的命运。

第三，从司法技术上看，司法主体在适用目的解释诠释刑法规范时应注意判决书的说理性。在我国的司法实践上，对判决书说理一直不够重视，于是判决书多为模式化的法律文本。在判决书中，仅有案件事实的叙述与刑法条文的引用，而就案件事实的分析、刑法规范的解读及事实与规范的对接缺乏法理分析，就外界而言，看到的只是对个案的处罚结果，却看不到法官定罪量刑的思维过程与论证思路。由于说理性的缺乏，导致了判决书的神秘性，其公开性、公正性的特征则受到广泛质疑。说理性的不足还使得法官在刑法解释当中，存在为了迎合政策需要、民意倾向及其他因素，而突破规范的边界做非法解释。基于上述考虑，也是为了促进刑法目的解释的合理适用，应强化判决书的说理性。就判决书的说理性来看，应重点强调两个方面：首先，对刑法规范需要改善或补充的地方需做法理解读。一般而言，需要进行目的解释的条款往往是存在规范疑难，司法主体应该就该刑法规范的疑难之处做充分阐释和论证，这是适用目的解释的前提和基础。“在处理疑难法律问题时，人们的直观判断没有太多的市场。我们都是细致地思考、理性地论证，然后得出一个结论，这才适合于处理法律问题。”〔1〕其次，对目的解释中需考虑的规范之外的因素要做充分和详细的论证，具体包括：哪些规范外要素要考虑、规范外因素与刑法规范的关系、在何种程度上影响到刑法规范的诠释、解释结果会不会突破罪刑法定原则等。总之，在判决书当中如果能对上述两个方面加以重视，那么就会改变判决书呆板、僵化的特征，在使判决书充满法理性的同时，也让外界民众对司法主体的思维方式有全面的了解，既便于社会对刑事判决的监督，也便于刑事判决获得社会的认可。

除了上述几个方面，还可以从其他角度深入对目的解释的规制，比如，构建适当的判例制度、强化司法的独立性及提高法官的法律素养等，这里囿

〔1〕［美］布赖恩·比克斯：《法理学：理论与语境》（第4版），邱昭继译，法律出版社2007年版；［美］安德雷·马默主编：《法律与解释：法哲学论文集》，张卓明、徐宗立等译，法律出版社2006年版，第186页。

于篇幅就不再一一论述。

第三节　刑法实质解释

在刑法理论界，有的学者明确反对类推解释，有的学者明确赞同类推解释，还有部分学者明确反对类推解释，但在理论建构中，却不经意间将类推解释作为理论发展的支点，以达到理论更新与实践应对的目的。该部分学者秉持反对类推解释的立场，却在刑法理论建构中悄然实现类推解释准入，完成对传统刑法理论的变革和突破。

赞同类推解释的学者一般倡导实质刑法观。实质刑法观主张，利用刑法规范之外的价值要素调和刑法文本的僵化，对个案正义给予积极关注，缓和因坚守形式正义带来的张力。实质刑法观还认为，除了形式逻辑以外，结果导向也是司法主体的思维选择，由此，实质刑法观与形式法治、形式正义及形式逻辑等内容具有天然的对抗性，力图在实质刑法观对接刑法个案当中完成对刑法规范的重新认识，导致在规范文义解读上呈现出与形式逻辑观不同的价值取向。比如，对于拐骗儿童罪的客观方面，有学者认为，对于以收养为目的，使用暴力抢劫、抢夺、窃取儿童的行为，认定为拐骗儿童罪，是没有超出刑法用语可能具有的含义的当然解释。在抢劫罪的加重情节中，关于军警人员抢劫如何认定，有学者指出：根据“举轻以明重”原则，既然军警人员抢劫的法益侵害性重于冒充军警人员抢劫，那么后者是加重处罚情节，前者自然也应当加重处罚。〔1〕关于《刑法》第 329 条第 1 款规定：抢夺、窃取国家所有的档案的，处 5 年以下有期徒刑或者拘役。倘若行为人以暴力相威胁抢劫国有档案的，应当如何处理？有学者认为，“从规范意义上说，抢劫行为已经在符合抢夺要求的前提下超出了抢夺的要求，既然如此，当然可以将抢劫国有档案的行为认定为抢夺国有档案罪。”〔2〕《德国刑法典》第 250 条所称携带武器的加重强盗，在实践中可以有不同的事例，如用刀砍、用枪射击、用盐酸泼，放狼狗咬……这些现象虽然在外观上不同，但都可以在“借助某种东西可以使强盗行为更容易得逞而且具有更大的危险性、可能造成被

---

〔1〕 刘宪权：《论罪刑法定原则的内容及其基本精神》，载《法学》2006 年第 12 期。

〔2〕 张明楷：《刑法分则的解释原理》，中国人民大学出版社 2004 年版，第 26~27 页。

不携带武器更大的伤害”这一意义评价观点下归类至加重强盗类型。〔1〕

根据上文，将拐骗儿童罪的客观方面扩展至抢劫、绑架等行为，将军警人员抢劫视为冒充军警人员抢劫，将抢劫国有档案的行为归入抢夺、窃取国有档案的范畴，将携带盐酸视为携带武器等，严格意义上，这些行为并不符合个罪构成的客观要件，不过，在经过论者的创造性解释之后，都被顺利纳入相应罪名的客观行为当中。由于这些解释都是经过充分的理论论证完成的，并且都达到了刑法规范类推适用的目的。在刑法解释理论上，反对类推解释原本是主流理论的共识，所以对赞同类推解释的观点无需再做批判和分析，不过，对于通过刑法解释理论建构实现类推解释的立场，其对形式法治与罪刑法定的冲击是不言而喻的，但不论是在理论界还是在实务界并未引起足够的重视，缺乏对解释观立场的有效应对和有力批驳，这正是下文重点展开和关注的内容。

一、实质解释概说

当下，理论界在论证刑法实质解释时，往往把罪刑法定原则的实质侧面作为实质解释的理论来源。对此，我们需合理辨析与修正，并对刑法实质解释的发展源头进行说明。刑法实质解释的构成要素一般包括三个层面：结果导向、实质正义与规范发现。实质正义已基本获得法律共同体的认可，结果导向与规范发现却一直为形式解释论者指责和批判。

（一）刑法实质解释的理论来源

在我国传统理论上，刑法学者习惯于理论来源的渲染和铺垫，借以彰显其刑法理论的深刻和正统。基于这个属性，在构建刑法实质解释理论之初，实质解释论者就煞费苦心的找寻其理论来源，并最终将目光定格在罪刑法定原则的实质侧面。实质解释论在阐述其理论基础时指出：“实质地解释刑罚法规，以实现其内容的妥当性，这正是罪刑法定原则的实质侧面要求法官应积极司法的体现。”〔2〕相反，形式解释论则提出，“罪刑法定原则的形式理性为

〔1〕齐文远、苏彩霞：《刑法中的类型思维之提倡》，载《法律科学》2010年第1期。

〔2〕苏彩霞：《实质的刑法解释论之确立与展开》，载《法学研究》2007年第2期。

形式解释论提供了思想资源，同时也为我国当前的刑法知识给予了理念支撑。”[1]对此，我们深表怀疑。且不说形式论者声称罪刑法定原则的形式侧面为其理论基础是否合理，单就实质解释论而言，将其理论基础奠基于罪刑法定原则的实质侧面着实令人费解。

根据本体论与方法论的分立来看，两者是针对不同的客体而言的。本体论探究的是世界是什么、世界何以存在、世界变化发展依据的规则是什么等问题，解决的是人类世界观与价值观的问题。方法论是用来辨明事物真伪、优劣、善恶、利害关系的思想工具，是用来解决问题的途径，服从于主体的目标，改造世界使之服务于人类利益是方法论的重点所在。本体论需要方法论为指导来认识世界，方法论需要本体论为支撑来解决问题。就刑法实质解释与刑法文本而言，实质解释是方法，刑法文本需要通过实质解释来认识、辨析和诠释；刑法文本是本体，实质解释必须依托于刑法文本才有存在价值。罪刑法定原则的实质侧面是探讨刑事立法的规制问题，实质解释则是以解决刑事司法的面目出现的，两者在价值取向与目标设定上都没有关系，我们找不到刑法实质解释来自于刑法文本的理由，简言之，在罪刑法定原则与刑法实质解释之间不存在所谓的源流关系。不管理论界怎么梳理刑法文本与实质解释之间的关系，我们也只能从本体论与方法论的角度进行认知，而无关理论基础，否则，不但在理论证成上显得过于牵强，还为形式主义解释攻击刑法实质解释提供了口实。对此，理论界已有学者表示怀疑：形式解释论与实质解释论之争是否本质上涉及罪刑法定与反罪刑法定之争，或许有商榷的余地。[2]根据论者的看法，在罪刑法定原则与刑法解释理念之间不存在必然的联系，不应该成为形式解释与实质解释争议的焦点。对此，我们深有同感。

近年来，外来刑法的实质化理论与内在刑法实质化思想的结合，使得实质解释论在我国刑法学理论上的发展迅猛而有力。虽然是在外国法学理论影响下产生的，但实质解释的确是我国刑法理论上的一个本土概念。不过，西方法学理论中虽然没有实质解释一词，但并不说明西方法学理论与司法实践中没有实质解释的内容。实质解释一般是指，在阐释法律文本时，主张法律概念的开放性，倡导结果导向的司法逻辑，注重激发司法主体的能动性。这

[1] 陈兴良：《形式解释论的再宣示》，载《中国法学》2010 年第 4 期。
[2] 劳东燕：《刑法解释中的形式论与实质论之争》，载《法学研究》2013 年第 3 期。

虽然是与形式解释相区别的一个概念，却与形式主义法学的发展密切相关，正是在应对形式主义法学不足之过程中发展而来的。在西方法学的发展当中，从大陆法系的自由法学、利益法学、法学社会学到英美法系的现实主义法学、批判法学，都在其理论叙事中涵盖了实质解释的所有属性。耶林指出："法律的解释必须配合实际的社会生活，不能偏离目的。"[1]弗兰克则声称："传统法学对法律确定性的相信只不过是一种恋父情结，法官的判决是跟着感觉走!"[2]批判法学更为激进："作为整体的自由主义社会及其法治秩序，彻底否定法体系和法解释学的中立性、客观性和确定性。"[3]

由此，在论述实质解释的理论渊源时，这些才是我们需要关注的并能汲取能量的源泉。不过，我们应该清醒的是，传统的形式主义法学可以被调和、纠偏，却不会被代替，因为不论实质主义的发展多么兴盛，都必须立足于形式主义，否则，就是法治的荒废与沦陷。通过实质主义的影响，在规范文本阐释上渗入了非形式主义因素，在构成要件诠释上具有了实质正义的色彩。至此，纯粹的形式司法哲学被打破，司法过程呈现出实质正义的一面。在西方的司法实践中，不管是大陆法系的司法判例，还是英美法系的法律创制，都是这种实质主义的内在反映。根据哲学诠释学的观点，有法律适用就有法律解释，司法主体需结合文本、历史及现实共同完成诠释的循环。"真正的理解是文本与读者之间的'视界融合'，产生一种历史的真实和历史理解的真实，达到理解中的历史有效性，及'效果历史'的程度。"[4]

在这个过程中，实质正义与形式正义互相作用，历史与现实相互结合，帮助读者完成文本的解读。渗入实质正义的解释就是实质解释，反映在刑法规范解读上，就是刑法实质解释。简言之，如果探讨刑法实质解释的理论基础，其真正的源头应归属于西方的非形式法学与哲学诠释学，与刑法文本当中的罪刑法定原则无关。

（二）刑法实质解释的构成要素分析

就实质解释的内涵而言，虽然不同的学者对其有不同的界定，但在内涵

---

〔1〕 杨仁寿：《法学方法论》，中国政法大学出版社 1999 年版，第 63 页。

〔2〕 吕世伦主编：《现代西方法学流派》，中国大百科全书出版社 2000 年版，第 488 页。

〔3〕 季卫东：《法治秩序的建构》，中国政法大学出版社 1999 年版，第 95 页。

〔4〕 章启群：《伽达默尔传》，河北人民出版社 1998 年版，第 96 页。

大致属性上，一般都涵盖了结果导向、实质正义与司法能动几个要素。从形式解释与实质解释的论争看，具体表现在司法逻辑与文本解读两个要素的对立上。

首先，规范判断与价值判断的位序。形式解释论者坚持："就形式判断与实质判断之间的关系而言，先作形式判断，其后是可以再作实质判断。"〔1〕刑法实质解释则坚持，在疑难案件中，应该遵循从价值判断到规范判断的思路，先考虑处罚的妥当性与合理性，并藉此诠释个罪的构成要件。由于与形式解释的逻辑思路相反，因此，该司法路径为形式解释论者坚决反对。其实，无论是理论上还是实践上，若仅坚持三段论演绎推理，并在逻辑推理中坚守价值中立，就会蜕化为庸俗化、机械化的法律逻辑。在早期大陆法系的三阶段的犯罪体系中，符合性确实是客观的、中立的，没有价值色彩与主观因素。比如，贝林（Behring）的犯罪论体系就是如此。不过，构成要件中性无色的观点，自梅茨格（Metzger）之后便少有人主张。随着新古典体系、目的体系以及目的理性体系学说的发展，构成要件的内容也经历了由单纯的客观要素到包括主观要素的过程。构成要件理论不断地被实质化，相应出现了违法类型说和违法有责类型说。〔2〕

质言之，随着社会的发展，犯罪论体系也逐渐便发生了变化，在符合性判断中开始融入价值性与主观性因素，致使构成要件演变为违法有责类型。后期德、日刑法理论上的犯罪论体系大抵如此，并逐渐在理论界获得认可和推崇。德国晚近出现的客观归责理论代表的就是构成要件理解上的实质化。规范保护目的、被容许的风险、构成要件的效力范围等原则，尝试将法秩序的要求具体化，而它们都是实质的标准。〔3〕尤其是威尔泽尔（Welzel）提出的社会相当性理论，在构成要件中直接引入了价值判断。在日本，大谷实教授指出："由于构成要件是违法且有责的行为类型，所以，符合构成要件的行为，原则上就具备违法性与责任。"〔4〕由此，如果说早期的犯罪论体系是形式逻辑的表征，后期则是形式逻辑的异化。在后期犯罪论中，符合性判断已经

〔1〕陈兴良：《走向学派之争的刑法学》，载《法学研究》2010 年第 1 期。

〔2〕高仕银：《形式与实质：刑法解释论的进路考察及选择》，载《当代法学》2011 年第 6 期。

〔3〕参见许玉秀：《主观与客观之间——主观理论与客观归责》，法律出版社 2008 年版，第 207 页以下。

〔4〕参见［日］大谷实：《刑法讲义总论》，成文堂 2007 年版，第 97~98 页。

融合了价值元素与主观色彩，这与刑法实质解释的逻辑思路如出一辙。就我国理论界而言，近年来，屡屡出现的“以刑制罪”理论正是对刑法实质解释结果导向司法逻辑的呼应。以刑制罪坚持从刑罚妥当性与合理性出发，分析和诠释犯罪构成要件的内涵。“即从量刑妥当性的基点出发，反过来考虑与我们裁量的相对妥当的刑罚相适应的构成要件是哪个，从而反过头来考虑该定什么罪。”〔1〕

鉴于以刑制罪理论与实务的实践品性相吻合，并与大陆法系犯罪论体系的演变相呼应，因此逐渐获得理论界的认可和重视。“法官首先凭直觉找到结果，然后形成这一结果的逻辑理由。这本身就是一种心理现象，并不奇怪。法律秩序意在促进和法官经由其职业活动十分熟悉的所有目标，可能已成为其本身天性的一部分。他成功地找到了一个理性结果，而没有事先向自己表明所有的论点，这些论点可以通过演绎推理，就结果给出理由或使结果合法化。”〔2〕尤其是在疑难案件中，尝试从刑罚妥当性到构成要件符合性的判断，已经成为司法主体的不可或缺的选项。其实，从法学理论的发展轨迹看，坚持纯粹的形式逻辑只在形式主义法学那里获得了认可，随着非形式主义法学的发展，非形式逻辑在西方法学理论中早已获得推崇。所以，形式解释坚持从规范到价值的纯粹的逻辑演绎模型在实践中是不会存在的，在理论上也是滞后的。

其次，刑法文本解读的限度。在刑法文本的解读上，实质解释论认为，如果符合文义内涵，可以做出不利于被告的扩大解释。对此，形式解释论坚决反对，实质正义的考量只能遵循有利于被告的思路，不能做出不利于被告的扩大解释。“各种解释都是允许的，但最终都要服从于一个解释原则：有利于被告。”〔3〕在形式解释论看来，司法裁量中的规范外因素考量应该建立在出罪逻辑上，否则，就是违法罪刑法定原则，会严重损害社会主体的合法权利，且违背现代刑事法治的内在精神。与之相反，实质解释论者坚称，只要是符合文义的解释，无论是有利于被告的扩大解释，还是不利于被告的扩大解释，都不违反罪刑法定原则。在这个层面上，形式解释论者与实质解释论者展开

〔1〕 参见梁根林：《现代法治语境中的刑事政策》，载《国家检察官学院学报》2008年第4期。

〔2〕［挪威］斯坦因·U. 拉尔森主编：《社会科学理论与方法》，任晓等译，上海人民出版社2002年版，第304页。

〔3〕 邓子滨：《中国实质刑法观批判》，法律出版社2009年版，第187页。

了激烈交锋。既然双方都坚持遵循罪刑法定原则，都主张规范解释符合文义，为何在具体的解释技术上会出现如此大的分歧呢？质言之，刑法实质解释坚持不利于被告的扩大解释是否符合刑法原则与精神？如何对形式解释论者的批判提出有针对性的回应？对此，将在后文实质解释的第三种路径中进行展开和论证。

根据上文可知，形式解释对实质解释上述两个方面的指责并非理性和客观，并不符合现代法治的精神。对此，劳东燕教授也曾撰文指出：如果承认刑事法治任务的定位对于形式论与实质论之争有着决定性的影响，则在判断不同学者的解释论立场归属时，基本根据就在于其对我国刑事法治任务的基本看法，而不能像形式论者主张的那样，以实质判断在前还是形式判断在前，或者以是否承认不利于被告人的扩大解释为标准来衡量立场的归属。〔1〕对此，我们深表赞同。

二、实质解释的三种路径

在刑法实践上，若要对完成刑法规范的类推适用，需要对个罪规范进行创造性解释，并且需要对解释过程与结果进行论证，才能将刑法规范适用于既定效力之外的领域。由此，类推解释在阐释刑法规范时，往往会采取一定路径来完成规范文义的类推适用，为了对类推解释有充分认识，就需要对论者的论证路径予以展示和分析。

（一）用正义代替文义

考察类推解释理论的支持者可知，其在正义诉求和适用上往往不遗余力，换言之，习惯于强调个案正义在规范适用和文义理解中的作用。这种情形在国内外的法学理论上都可以发现，并且对各国的法律理论与司法实践造成了深远影响。

美国学者德沃金（Dworkin）教授倡导法律解释融贯论，认为法律规范没有缺陷，解释者在法律规范理解上有困难时，就要上升到原则层面进行尝试，从规范到原则的转变，为社会正义、道德伦理进入规范层面提供了通道。“在既有法律的引导下所产生的改变并非真的改变，而只是益发清理了既有的法

〔1〕劳东燕：《刑法解释中的形式论与实质论之争》，载《法学研究》2013年第3期。

律。"[1]由于将"法律原则"视为法律组成部分，于是在德沃金这里不存在类推解释，但在实质意义上，德沃金教授的"法律原则理论"已经步入类推解释的范畴。德国学者考夫曼（Kaufman）教授主张，用"类型"替代"概念"以完成对法律概念的补足，彰显规范语义的开放性，并从传统意义上的涵摄推进到类推。"通常的包摄也是一种类推，人们仅能在相同与相似中，有一种逻辑的界限时，才能将包摄与类推逻辑加以区隔。但这种界限并不存在，因为实质的相同，一直是一种相似。而形式的相同，在真实中是没有的。"[2]在考夫曼看来，法律规范的适用就是类推的过程，至于如何将法律规范对接个案事实，社会本质属性就成为两者相互沟通的桥梁。易言之，通过分析行为的本质属性与规范的本质属性是否一致，判断个案事实是否应由个罪规范进行规制。但是，考夫曼对社会本质属性的内涵并没有清晰界定，这为自然法意义上的正义观替代本质属性提供了便利。

国内学者在阐释刑法规范时，如果意欲扩张词语外延，也往往会借助正义的力量。"解释者与其在得出非正义的结论解释结论后批判刑法，不如合理运用解释方法得出正义的解释结论。"[3]比如，有的学者在论述军警人员抢劫时指出，既然冒充军警人员进行抢劫构成情节加重犯，那么，真正的军警人员抢劫的更应该依照抢劫罪的情节加重犯进行处理，如果对军警抢劫依照一般抢劫罪定罪量刑，则不符合社会正义观。"从实质上说，军警人员显示其真实身份抢劫比冒充军警人员抢劫，更具有提升法定刑的理由。"[4]论者还指出，在盗窃、诈骗、抢夺转化型抢劫中，如果因行为人实施暴力且造成被害人重伤的，应处以10年以上有期徒刑、无期徒刑或者死刑。如果行为人抢劫后为逃跑使用暴力导致被害人重伤的，根据数罪并罚原则，只能在3~20年之间量刑。与转化型抢劫相比，后者的危害性更大，处理结果却更轻，这显然不符合刑法正义。于是，论者指出，盗抢罪与抢劫罪不是非此即彼的关系，二者之间是一种包含关系，抢劫罪是暴力型盗窃，即抢劫罪是盗窃罪的一种形态，抢劫罪涵盖于盗窃罪的外延之内。由此，对抢劫后使用暴力导致被害

---

〔1〕 Dworkin, *Law Ambition for Itself*, wie Anm. 2, S. 181.

〔2〕［德］阿图尔·考夫曼：《法律哲学》（第2版），刘幸义等译，法律出版社2011年版，第147页。

〔3〕 张明楷：《刑法分则的解释原理》，中国人民大学出版社2004年版，第3页。

〔4〕 张明楷：《刑法学》（第3版），法律出版社2007年版，第717页。

人重伤的，也可以依照转化型抢劫，适用抢劫罪的情节加重犯进行处理。[1]根据论者观点，需要根据法益保护目的改变规范文义的外延，而法益保护目的背后意蕴就是社会正义。罪刑法定之"法"，不是机械地由"字义"来定，而是由法律的"目的""意义"来定。[2]但是，"追求实质正义在更严重的程度上侵蚀了法律的普遍性。不管实质正义如何定义，它只能通过具体问题具体处理的方法才能实现。"[3]

在实质论者看来，社会正义就像包治百病的万能药，可以随时替代和改变文义的内涵，以适应规范目的的需要。由此，在规范内涵的解读当中，更多时候不是文义而是正义左右着规范内涵。"解释结论可以因人而异，可以随时变更，可以为民主制度所用，也可以为独裁者所用，正如一个独裁者也可以随时对刑法进行解释而无须任何理由，人们也无法对其结论进行理性地猜度，君主那种不受法律约束的意志能够无须考虑法律——也就是不受解释的影响——而实现任何他认为是公正的事情。"[4]质言之，在实质解释论这里，作为规范内涵解读的文义标准往往被遗忘，规范之外的实质正义却成为规范解读的依据。

（二）比较点选择不当

在规范对接事实过程中，尤其是对于疑难案件，往往需要对"待决案件事实"与"既定案件事实"进行比较，寻找两者之间的相似点与不同点。从刑法规范与个案事实对接的需要看，在选择比较点时应基于客观行为，不能过多渗入其他要素，才能保证比较点选择的合理性。

类推解释一般都是相似性与差异性的统一，如果案件之间完全相同，直接适用刑法规范即可，如果案件之间完全不同，也不存在类推适用的可能。由此，在寻找相似点与不同点的过程中，如果采纳了相似点就会适用类推将规范对接个案事实，如果采纳了不同点则会排斥规范的适用，所以类推解释的过程就是不断寻找待决事实与既定事实之间相似点的过程，比较点选择的

---

〔1〕 参见张明楷：《罪刑法定与刑法解释》，北京大学出版社 2009 年版，第 147 页。

〔2〕 参见林立：《法学方法论与德沃金》，中国政法大学出版社 2002 年版，第 145 页。

〔3〕 ［美］昂格尔：《现代社会中的法律》，吴玉章、周汉华译，中国政法大学出版社 1994 年版，第 185 页。

〔4〕 林维：《刑法解释的权力分析》，中国人民公安大学出版社 2006 年版，第 10 页。

妥当与否直接决定着规范适用的合理与否。从实践上看，待决事实与既定事实之间有不同的点相互对应，到底选择哪个作为比较点往往起着至关重要的作用。在选择比较点的过程中，为了论证自己心中的前理解，学者习惯于根据文本诠释的需要进行选择，且往往感性居多而理性不足，更多是凭借权威和影响来确定比较点的选择，而缺乏理性的思考和论证。对此，考夫曼教授曾指出：类比运用的过程无法进行逻辑型构。其中，最重要的莫过于比较点的选择。比较点的确定主要不是以理性认知，而是以决断即权力的行使（许多时候未加反思）为基础的。〔1〕

国内学者在规范解读中，对于待决事实不能为传统理论与规范文义涵摄，且根据目的解释需要延展规范文义时，也习惯于在待决事实与既定事实间确定比较点，比如，对于采用和平方式、公开将别人的财物据为己有的，是否应该依照盗窃罪进行认定？在对这种行为进行分析时，论者明确指出，秘密盗窃与公开盗窃都是以和平方式非法获取他人财物，因此，应该以盗窃罪定罪量刑。“既然如此，刑法理论就必须面对现实，承认公开窃取行为构成盗窃罪。”〔2〕根据传统理论与通俗理解，秘密盗窃在于行为秘密性的特征，公开获取他人财物不符合秘密的特性，所以不符合盗窃罪的内涵。不过，论者在论述公开盗窃时，并未立足于行为的秘密性与否，而是从行为的和平性入手进行论证，于是，在论者的思维逻辑中，比较点的选择是和平方式而非秘密方式，随着比较点的改变和转移，对待决事实的认定也发生转变，传统上不符合盗窃罪客观构成的行为却被纳入盗窃罪的构成范畴。再比如，就遗弃罪〔3〕而言，传统理论与规范文义认为，遗弃罪的犯罪主体与对象应局限于家庭成员之间，因此，判断一个行为是否构成遗弃的比较点应该是行为对象是否属于家庭成员。不过，有论者指出：“诚然，根据沿革解释，遗弃罪是对家庭成员的犯罪，可是，既然现行刑法没有明文将其规定为对家庭成员的犯罪，就

---

〔1〕 参见 Vgl. Arthur Kaufmann, *Das Verfahren der Rechtsgewinnung*, S. 59, 62.

〔2〕 张明楷：《刑法学》（第3版），法律出版社2007年版，第727页。

〔3〕《刑法修正案（九）》在《刑法》第260条后增加一条，作为第260条之一：对未成年人、老年人、患病的人、残疾人等负有监护、看护职责的人虐待被监护、看护的人，情节恶劣的，处3年以下有期徒刑或者拘役。遗弃罪修改扩大了犯罪主体的范围，犯罪对象不再局限于家庭成员，但这正表明，变更遗弃罪犯罪对象与犯罪主体不是解释问题，而是立法问题，由此，实质论者试图通过刑法解释完成遗弃罪客观方面变更的做法是违背罪刑法定原则的。

有可能适应社会生活做出客观解释。”〔1〕在实质解释论这里，案件事实之间的比较点发生了变化，从家庭成员转移至家庭成员之外的其他负有抚养、救助及看护义务的社会成员，在指称范围上获得扩大，于是，遗弃罪涵摄的犯罪范围也随之扩大。

在待决事实与既定事实之间有许多比较点可以选择，至于选择哪一个作为比较点往往与论者的结果预期有密切关系。质言之，当实质解释论为待决事实作出设证后，就会根据设证结果选择比较点，这符合刑法实质解释的运行机理。另外，通过考察论者的观点可知，其选出的比较点的最后落脚点大多都是社会正义，从而最终将决定待决事实是否犯罪的判断交给了价值判断而非犯罪构成。

（三）引入举轻以明重

举重以明轻与举轻以明重都是传统法律上的类推方法。《唐律疏议》规定：诸断罪而无正条，其应出罪者，则举重以明轻；其应入罪者，则举轻以明重。也即，如果有人犯罪，但是法律条文没有相关规定应该免罪的，就要找同类的有法律规定的重罪，以明确目前犯下的这个轻罪该怎么判。如果是应该判罪的，就要找同类的有法律规定的轻罪，来推断目前犯下的这个重罪该怎么判。

在刑法理论上，学者在阐释刑法规范文义的涵摄范围时，会为了迎合目的解释扩展规范文义的需要，而利用举轻以明重作为论证某个待决事实需要纳入规范涵盖范畴的方法。在当代法治社会中，罪刑法定原则并不排斥举重以明轻的出罪方式，但对举轻以明重的入罪方法则需保持警惕。比如，行为人窃取、抢夺国有档案的，应按照抢夺、窃取国有档案罪处理。实践上，如果行为人使用暴力强行劫取国有档案的，显然比窃取或者抢夺方式更为严重，造成的社会危害也会更大，但却不符合抢夺、窃取国有档案罪的构成要件。对此，既然对国有档案实施的行为性质较轻的抢夺、窃取都成立犯罪，那么对国有档案实施的行为性质更为严重的抢劫反而无罪，这似乎不合情理，也违反了举轻以明重的法学基本原理。“对于入罪，如果刑法没有明文规定的，

〔1〕 张明楷：《刑法学》（第3版），法律出版社2007年版，第650页。

举轻以明重符合刑法的整体法秩序和正义的要求。"[1]

再如，有学者认为，当生活现实中出现了携带 SARS 病毒抢夺时，SARS 病毒并非物理意义上的器具，不能被涵摄在凶器之内，然而携带 SARS 病毒抢夺在事物本质上无异于携带枪支、刀具抢夺。按照类型思维，SARS 病毒虽然在外观上不同于凶器的典型情况——枪支、刀具，但在"使抢夺更容易得逞""一旦运用会造成比普通抢夺更大的危害"的评价观点下，SARS 病毒与枪支、刀具等典型凶器在整体上具有相同意义，因而携带 SARS 病毒抢夺也是携带凶器抢夺。[2]根据论者的理论思路可知，其虽然没有明确提出举轻以明重，但在论证方式上如出一撤，其使用了"携带 SARS 病毒抢夺使抢夺更容易得逞""一旦运用会造成比普通抢夺更大的危害"概念，而这显示出论者正是根据轻行为入罪、重行为更应入罪的思路进行逻辑推理的，这恰恰是举轻以明重的思维路径。正如有的学者指出的："就性质相同的行为进行举轻以明重的解释，是实现刑法的协调进而实现刑法的正义的有效解释方法。"[3]

举轻以明重是当然解释的内容，理论基础是事物本质属性与社会正义，具体路径是通过事实比较，将危害性更大的行为纳入个罪的犯罪构成。鉴于举轻以明重是从入罪的角度考察待决案件事实，往往会为解释主体的先前理解与结果导向背书，成为类推解释的替代路径。"社会危害性话语，……以其与社会主义本质犯罪观具有的天然的和契性及强大的解释力，其重要性日渐凸显，并最终在犯罪概念乃至整个犯罪理论中占据着支配地位。"[4]

如上所述，实质论者经常采用的三种路径是类推解释产生的技术成因，为了保证刑法解释的合法性，对实质论证主张的解释技巧还需保持警惕，需回到传统的解释方法当中，才可以更好实现在规范文义之内进行诠释的任务，也是刑法文本边界得以准确认知的重要保障。传统的解释方法主要包括文义解释、历史解释、体系解释及目的解释等，在下文中将依次展开论述。

---

〔1〕 吴学斌：《刑法适用方法的基本准则——构成要件符合性判断研究》，中国人民公安大学出版社 2008 年版，第 206 页。

〔2〕 齐文远、苏彩霞：《刑法中的类型思维之提倡》，载《法律科学》2010 年第 1 期。

〔3〕 张明楷：《刑法分则的解释原理》，中国人民大学出版社 2004 年版，第 107 页。

〔4〕 刘为波：《诠说的底线——对以社会危害性为核心话语的我国犯罪观的批判性考察》，载陈兴良主编：《刑事法评论》（第 6 卷），中国政法大学出版社 2000 年版。

三、文义解释方法分析

如何做到刑法解释的合法性，归根结底还需从社会正义回到规范文义，借助不同解释方法完成规范文义界定，其中，文义解释是解释的起点与终点，历史解释、体系解释对于发现规范文义具有支撑作用，比较解释与社会学解释为规范文义发现提供新的视角与素材，目的解释则在文义选择上起着关键作用。

第一，规范文义是解释的起点和终点。法律共同体都是围绕刑法规范文义展开阐释的，易言之，不管是法律适用还是法律完善都需立足于规范文义进行。也即，规范解释主体诠释规范要从文义开始，到文义结束。“以此，字义具有双重任务：它是法官探寻意义的出发点，同时也是划定其解释活动的界限。”〔1〕

根据哈特（Hart）教授的观点，语言自身存在空缺结构，具有开放性与概括性的特征，这是引发规范解释的重要因素。通过立法制定的法律规则是以语言文字的形式表现出来的。因此，无论它们怎样顺利地适用于大多数普通案件，都会在某一点上发生适用上的问题，将表现出不确定性，它们将具有人们称之为开放结构的特征。〔2〕例如“禁止车辆驶入公园”这条规则，由于“车辆”及“公园”这些一般分类语词具有“开放结构”的特征，因而规则也具有了“开放结构”特征。威利姆斯（Williams）认为，构成法律文字的许多语言有不明确之处，语言的核心部分其意义是明确的，但愈到边缘则愈为模糊。〔3〕就词语自身含义而言，可分为核心含义、边缘含义及中间地带三个部分。语言的核心含义部分一般比较清晰，愈靠近词语边缘则含义愈模糊，阐释核心含义一般不存在难度，解读边缘含义与中间地带往往存在困难，也是在解释当中容易引发争议的内容。之所以如此，与词语承担的价值传输功能和具体语境有密切关联，也是法律规范成长和完善的基础。不过，由于价值要素的冲击与语境色彩的凸显，规范文义不断流失和改变的状况时有发生，而这与规范解释的初衷往往是背离的。

〔1〕 Zippelius, *Einführung in die Methodenlehre*, 4. Aufl., S. 43.

〔2〕 ［英］哈特：《法律的概念》，张文显等译，中国大百科全书出版社 1996 年版，第 127 页。

〔3〕 参见杨仁寿：《法学方法论》，中国政法大学出版社 1999 年版，第 100 页。

总之，即使需要发展规范文义，也需要在规范文义之内进行，否则，就会背离刑法的基本原则。[1]法律解释具有教义学属性，须接受文义的约束，这是法律思维的最主要形式，也是法治国家的核心内容。易言之，解释者可以充分挖掘规范语词的内涵，可以在传统理解的基础上进行延伸，但这种挖掘和延伸都需要在规范语词的中间地带和边缘含义中实施，不能离开规范文义进行。“法律思维主要是指根据法律进行思维。法律思维的核心内容是建构在文义解释方法基础上的逻辑推论。”[2]从这里可以发现，语言的中间地带与边缘含义是文义得以成长的基础，不管是共时性成长还是历时性成长，不论是语境的改变还是时空的转移，词语含义的发展都来自于含义的层次性和空缺性。比如，刑法规定的侵犯通信自由罪，何为“通信”在不同时期的认识就存在不同。信件的内涵随着社会发展与时俱进，从纸质信件到电报，再到电子邮件和手机短信，形式虽然不同，承载的是不同时代下信件的内涵，但无论如何，这些都属于信件的范畴，并没有超出语言的文义边界。2000 年 12 月 28 日，第九届全国人大常委会第十九次会议通过的《关于维护互联网安全的决定》(后于 2009 年进行修正) 第 4 条第 2 项规定，非法截获、篡改、删除他人电子邮件或者其他数据资料，侵犯公民通信自由和通信秘密构成犯罪的，依照刑法有关规定追究刑事责任。全国人大常委会这个决定无疑表明，“通信”的内涵随着时代变化也在发生变化。

第二，文义发现的解释路径。在解释方法中，除了文义解释，还有其他解释方法，这些解释方法对于规范文义的发现和挖掘具有重要价值。“文义因素首先确定法律解释活动的范围，接着历史因素对此范围进一步加以确定，同时并对法律的内容，即其规定作一提示。紧接着体系因素与目的因素开始在这个范围内进行规范意旨的发现或确定工作。”[3]

就历史解释而言，其往往被归之于主观解释，并与客观解释相对应。在解释立场上，主观解释与客观解释之间似乎是非此即彼的关系，其实不然，两者之间应该是互为补充的关系。鉴于历史解释着眼于立法原意被许多学者批判，认为立法原意不可寻。我们认为，这种理解本身就是狭隘的，历史解

---

〔1〕［德］卡尔·恩吉施：《法律思维导论》，郑永流译，法律出版社 2004 年版，第 66~67 页。

〔2〕陈金钊等：《法律解释学》，中国政法大学出版社 2006 年版，第 189 页。

〔3〕黄茂荣：《法学方法与现代民法》，中国政法大学出版社 2001 年版，第 288 页。

释并非仅限于立法原意，而是通过探寻立法资料、词语脉络及历史背景来获取规范文义，也即，历史解释探寻的不是立法原意，而是立法者赋予文本的客观含义，对规范文义解读起着重要的参考作用，对此，不论客观解释论如何批判主观解释，都不能否认历史解释存在的功能和价值。“探求法律在今日法秩序的标准意义，而只有同时考虑历史上的立法者的规定意向及其具体的规范想法，而不是完全忽视它，如此才能确定法律在法秩序上的标准意义。”〔1〕

体系解释是从刑法整体或者法律体系来探究和推测规范语词的文义。在刑法文本的不同规范中，立法主体会使用相同或相似的词语，比如，暴力、胁迫、贩卖、强制、枪支、凶器、窃取等，如何理解这些词语的文义，就需从刑法文本的整体性出发，做综合性考量和分析，并最终得出合理的结论。比如，在抢劫罪、强奸罪、暴力危及飞行安全罪、暴力取证罪等个罪规范上，暴力内涵就有所不同。还有，持枪抢劫与非法买卖枪支，虽然两个条款中都涉及了枪支，但两者在条文中的内涵并不一致。在法律体系的层面上，也存在类似问题，在不同的部门法当中，会出现相同或相似的词语，到底应做同样的解读还是做不同的诠释，就需要结合部门法进行解释，如信用卡、毁坏、卖淫，等等。卖淫的内涵，在行政法与刑法上的指称范围并不一致，治安管理处罚法规定的卖淫指涉范围比较广泛，包括手淫、口交、肛交等；刑法上的卖淫则仅指通过发生性关系获取利益的行为。信用卡在不同部门法中的内涵也不相同，刑法中信用卡诈骗罪的信用卡既包括贷记卡，也包括借记卡；金融法上的信用卡仅指贷记卡。

比较解释一般是通过借鉴国外法律规定达到解读国内规范的目的，这种比较往往发生在国内规范解读出现疑问或者传统解读出现滞后的情况。对于比较解释的作用应谨慎乐观，不能过于夸大其作用。比如，有学者认为，在德、日刑法中，没有抢夺罪，与抢夺罪有关的行为都被分解在盗窃罪与抢劫罪当中。基于此，论者认为，应通过刑法解释改变盗窃罪的客观行为以与德、日刑法保持一致。对此，我们认为并不妥当。在德、日的刑法典中，是通过立法厘定盗窃罪与抢劫罪的构成要件，论者则主张在我国通过解释改变盗窃罪的客观要素，两者显然是不同层面的法律问题，一个是立法问题，一个是

〔1〕［德］卡尔·拉伦茨：《法学方法论》，陈爱娥译，商务印书馆2004年版，第199页。

解释问题，不能作为类比适用。另外，国内外法律规范产生的背景不尽相同，社会民众对规范的认识也不相同，各自规范的发展脉络也存在区别，因此，解释主体不能过于依靠国外法律规范解读国内法律文本。

第三，规范文义选择的根据。在刑法解释理论中，目的解释是根据社会发展需要赋予法律规范新的内涵的解释方法。目的解释的含义是多元的，不同学者对“目的”的界定都存在区别。根据主流理论，目的解释中的“目的”是指，基于现实需要而赋予规范的法益保护内容。

关于目的解释与其他解释方式之间的关系，刑法理论上有不同的“位阶关系论”，在具体的解释实践上，解释主体会根据情景不同而做出具体选择，依据固定的位阶关系解释规范则显得僵化且呆板。“各种解释方法总是相互为用，我们很难说哪一种解释方法总是处于独立、主导的地位，而不具有辅助意义，哪一种方法则完全处于辅助地位。”〔1〕另外，传统的解释方法位阶论并没有真正厘清目的解释与文义解释之间的关系，仅仅指出两者在适用顺序上有先后，而这并非问题的根本所在。根据实质解释论，目的解释的作用进一步被放大。有学者就指出：“任何解释方法都或多或少包含了目的论解释；当不同解释方法得出多种结论或者不能得出妥当结论时，就要以目的论解释为最高准则。”〔2〕对此，我们需要客观理解论者的论断，并对目的解释的作用做合理判断。首先，目的解释的作用发挥需立足于规范文义自身，也即，根据目的解释得出的解释结果不能超出规范文义。但是，从刑法理论上看，有的学者显然走得太远，将目的解释作为更改规范文义的手段。比如，有学者曾言：随着社会的发展，规范目的内容也随之变化，规范的语言载体也应随着规范目的变化而发生变更。于是，这论者这里，真正的问题不是一个词语本身具有什么字面含义，也不是刑法中的词语的真正的含义，而是解释者需要、希望它具有什么含义。〔3〕对此，应做合理和客观的解读。规范语言会随着社会变化而发生变更，但这种变更是在规范词语的文义可能范围内的变更，而不是超出文义外延的变更。其次，在所有的解释当中，目的解释承载了价值色彩、政策诉求等法外判断，这会成为类推解释突破罪刑法定原则的出口，

〔1〕张志铭：《法律解释操作分析》，中国政法大学出版社 1999 年版，第 107 页。

〔2〕张明楷：《刑法格言的展开》，法律出版社 1999 年版，第 11~12 页。

〔3〕林维：《刑法解释的权力分析》，中国人民公安大学出版社 2006 年版，第 94 页。

因此，对目的解释的作用要做合理评价，对其作用的发生要做合理规范。由此，当根据其他解释方式得出的解释结论有冲突或矛盾时，才需要根据目的解释判断哪种解释结论更符合需要。在规范解释当中，切忌绕开其他解释方法直接利用目的解释得出解释结论。最后，目的解释中的目的是社会诉求反映出来的法益保护，而不是解释主体自身的目的体现。在解释当中，如何保证解释目的不异化为法官的目的诠释，显然是实质解释论者并未深究的话题。但是，从刑法解释的合理性和合法性来看，这种保证却是必要的，保证机制就是将目的解释纳入法律商谈理论中，包括法律共同体在内的解释主体都需对这里的目的达成客观且一致的理解，然后据此做出目的性解读。

不同的解释方法形成了解释机制，而非单一的解释组合，各种解释方法发挥的功能不同，并不仅仅是承载发现规范文义的功能，还对其他解释方法具有制约与补充功能。文义解释给出了文义的范围，历史解释、体系解释、比较解释及社会学解释是发现文义的方法，目的解释则是确定最终文义的手段。“假使文字具有多义性时，在第二个步骤上应取决于立法者的目的观。只有当立法者就此并未做出决定时，才能以合理的目的为准，来补充法律的语义解释。”[1]所以，在各种解释方法之间做排序思考，只能起到一定的积极效果，更重要的是要构建解释方法机制，以最大化解释方法的文义发现和规制功能。

四、实质解释与文本边界

就实质解释论而言，为了保证解释结果的合法性，充分回应形式解释论的批评，就需对文义解读进行研究，为文义发现提供切实可行的机制，保证解释结果限于规范文义之内。我们认为，解读刑法规范需从刑法目的[2]与刑法文义两个维度入手。“正确的解释，必须永远同时符合法律的文言与法律的

---

〔1〕［德］卡尔·拉伦茨：《法学方法论》，陈爱娥译，商务印书馆2003年版，第37页。

〔2〕理论界有种观点认为，在解释中探寻刑法目的是造成类推解释的重要原因。实质解释与刑法目的的关系密切，是实质解释论探求文义常借助的方法。基于此，在形式解释论那里，刑法目的是一个不受欢迎的概念。不过，我们认为，应该客观合理的对待刑法目的。确实，在实践上或理论上，有人会自觉或不自觉借助于刑法目的考量对刑法规范进行类推解释，但这不是刑法目的的错，而是解释主体的问题。在刑法文本的模糊条款、交叉条款及弹性条款中，对规范文义的把握如果离开了刑法目的考量，很难得出确切的结论。由此，应该正确对待刑法目的的作用，不但不能怀疑刑法目的的价值，还需借助刑法目的解读规范文义。

目的，仅仅满足其中一个标准是不够的。”[1]

（一）规范语义没有变化

法律文本是社会关系的高度概括，被立法主体赋予了既定含义，既是调整人们行为的行为规范，也是司法主体裁决案件的裁判规范。在一定时期内，法律文本中词语的内涵是稳定的，不过，随着社会关系的复杂化与多元化，词语的内涵也会随之变化，这既符合语言的流变性，也和刑法文本的有效性相关。规范语义的变化会引起调整社会关系的变化，对此，司法主体应密切关注，以确保规范文义解读的准确性。其实，相对于规范文义的变动，规范文义的稳定是主要的，刑法文本稳定是公民行为预期的重要保障。并且，在一定时段内，语言的弹性也可以保证规范文义的相对稳定。考察刑法文本的个罪内涵可知，更多法律词语的内涵没有发生变化，与立法时依然保持一致，比如，犯罪构成、共同犯罪、放火罪、决水罪、越狱罪（在刑法中包括组织越狱罪、暴动越狱罪、聚众持械劫狱罪）、武装叛乱罪、颠覆国家政权罪，等等。由于在内涵上没有发生变化，司法主体在适用上一般不会存在困难。当然，规范文义发生变动对行为认定非常重要，司法主体对此应该有清醒的认识，并且需对规范文义的变动保持足够的敏感，以防止出现以下两种情况：首先，规范文义未发生变动，却认为有变动。出现这种情况并不奇怪，因为词语结构的空缺属性决定了在空缺部分容易做出不当认定，且会影响到司法裁决。如果规范文义未发生变动，却做了扩张文义的解读，这是对危害行为的司法类推，不但会侵害刑法的基本原则，还会侵害的公民的合法权利。比如，对投放虚假危险物质做出危害公共安全的有罪认定。[2]其次，规范文义发生了变动，司法主体却没有认知。这种情况在司法实践中也偶有发生。词

---

[1] Claus Roxin, *Strafrecht Allgemeiner Teil*, Band I, 4. Aufl., C. H. Beck 2006, S. 151.

[2] 2001年10月18日，肖永灵将家中粉末状的食品干燥剂装入两只信封里，分别邮寄给上海市人民政府某领导和上海东方电视台新闻中心陈某。上海市人民政府信访办公室工作人员陆某等人及陈某在拆阅上述夹带有白色粉末的信件后，造成精神上的高度紧张，同时引起周围人们的恐慌。上海市第二中级人民法院审理后认为，被告人肖永灵通过向政府、新闻单位投寄装有虚假炭疽杆菌信件的方式，其行为构成了以危险方法危害公共安全罪。上海市第二中级人民法院对肖永灵作出了有罪判决，认定其触犯了《刑法》第114条的规定，构成以危险方法危害公共安全罪，判处有期徒刑4年。参见游伟、谢锡美：《“罪刑法定”原则如何坚守——全国首例投寄虚假炭疽恐吓邮件案定性研究》，载游伟主编：《华东刑事司法评论》（第3卷），法律出版社2003年版，第256页。

语内涵的变化是渐进性的，社会主体对它的认识也不是一蹴而就的，所以就会发生规范文义已变动思想认识却滞后的错位状况。这种情况的出现往往会是因为司法主体对新的危害行为认识不清，致使在行为的法律属性上作出错误判断，从而导致危害行为逃脱法律制裁。比如，虚拟财产的出现就是对财产犯罪中财产概念的丰富，对此，司法主体须有清醒的认识。

（二）规范文义扩大

规范文义的词语具有扩张性，这种属性会随着社会的发展逐渐呈现出来，解释主体需根据法律文本的精神，对规范文义的内涵重新界定。不过，在对规范文义进行丰富之前，还需考虑这种丰富是否符合刑法规范的目的。实质上，在规范文义与规范目之间并不是正相关的关系，也即，不是所有的扩大解释都符合规范目的。在词语的理解与解释中，词不达意、意在言外、言不由衷、话中有话等情况都揭示了一个道理：在规范文义的解读中，不能仅照顾词语的外在内涵，还需关注规范背后的精神，惟此，才能做到规范文义解读与规范目的相符合。下面试举两例予以说明。南京组织同性卖淫案〔1〕大家都不陌生。就该案而言，发生争议的焦点主要在于同性之间能否构成卖淫。分析立法目的可知，该条款的法益是社会的公序良俗。从规范文义上看，卖淫并不排斥同性之间的性交易，且从世界范围与传统社会中，都可以窥见该种社会现象的存在，只是在实践上未处理过而已。所以，从词语的内涵上对卖淫的文义做扩大解释符合词语的逻辑结构。“以卖淫而言，其本质含义是性交易，在一般情况下指异性之间的性交易。但在特殊情况下，将同性之间的性交易包含在卖淫的内涵之中，并不违反该词的基本含义。”〔2〕并且，该种行为是对社会公序良俗的公然背离，符合组织卖淫罪条款中的规范目的。所以

---

〔1〕 2003年8月17日，南京市公安局治安支队、秦淮区公安分局根据举报，将南京中山南路“正麒”演艺吧老板李宁、沈莉瑶夫妇等11名涉嫌组织同性恋卖淫团伙成员抓获。同年9月，秦淮区警方以涉嫌组织卖淫罪、协助组织卖淫罪，将李宁等人刑事拘留，向检察机关提请批捕。检察机关认为《刑法》对组织同性卖淫行为没有明确界定，李宁等人的行为并不构成组织卖淫罪，作出不批捕决定，警方只得将李宁等人无罪释放。由于这宗组织卖淫案中提供性服务的全是男性，在全国同类案件中极为罕见，江苏省政法委为此召开了案件研讨会，又请示最高人民法院，引起了全国人大常委会的关注。全国人大常委会下属专业委员会听取案件汇报后确定：组织男青年向同性卖淫，比照组织卖淫罪定罪量刑。南京警方接到指示后，展开抓捕行动，李宁等人再次落入法网。参见肖军等：《第一例“酒吧组织同性卖淫案”为何定罪难?》，载《江南时报》2004年2月7日，第2版。

〔2〕 陈兴良：《判例刑法学》（上卷），中国人民大学出版社2009年版，第47页。

在本案中，对卖淫行为做扩大解释既符合规范文义，又符合规范目的。

对有关故意毁坏财物罪，形式解释与实质解释有过激烈争论。比如，行为人以高吸低抛的方式交易他人股票，故意造成他人财产损失，能否构成故意毁坏财物罪。该行为认定关键在毁坏的解读上。传统概念中的毁指的是有形的、物理性的价值毁坏，对无形的效用毁坏则不关注。但是，在实践上却发生了无形的效用毁坏案件。我们认为，毁坏的概念随着社会的发展也在扩张，并且从国际范围的刑法理论来看，并不缺乏对财物的效用毁坏的认定，因此，在毁坏的内涵上存在扩大解释的空间。故意毁坏财物罪的规范目的是保护社会主体的财产权，不论是有形的价值毁坏还是无形的效用毁坏，都是侵害公民财产权利的反映。“使财物的价值降低或者丧失是故意毁坏财物的本质特征。本案中，被告人朱某利用高进低出买卖股票的方法使被害人的股票市值降低，实际上使作为财产性利益代表的股票丧失部分价值，这就是毁坏他人财物的行为。”〔1〕因此，就行为人以低吸高抛的方式交易他人股票而言，可以对之做扩大解释，认定为故意毁坏财物罪。

（三）规范文义缩小

刑法规范的文义并不是一直扩大的，也会随着社会发展而发生限缩的情况，对此，实质解释需要根据规范内外因素的考量，基于规范目的对文义做出合法解读。我们认为，就实质解释而言，它不但有扩大解释的功能，也有限制解释的功能，我们关注的内容应该具有全面性。就刑法当中强奸罪条款而言，立法主体对强奸罪主体没有做出特别限定，对强奸罪的对象也没有进行例外规定，也即，只要是符合犯罪主体要件的男性对女性采用暴力、胁迫或其他方法，违背妇女意志，强行与其发生性行为的，都可以构成强奸罪。实践当中，对婚内强奸行为热议不断。从立法文本看，并没有将丈夫排除到强奸罪的犯罪主体之外，所以即使是丈夫强行与妻子发生性关系，也符合强奸罪的构成要件。但是，如果做出这样的司法认定，显然有背规范目的。之所以如此，源于在夫妻关系存续期间，婚姻法赋予夫妻之间发生性关系的权利和义务，这显然和普通强奸行为有区别。正是基于如此考量，在婚内强奸的认定上需做出限制解释。质言之，如果是处于夫妻关系存续期间而进行强

〔1〕卢方主编：《经济、财产犯罪案例精选》，上海人民出版社2008年版，第416~417页。

制性行为的，一般不宜做出强奸罪的认定。[1]在这里，强奸的内涵其实已经发生变化，是在既有含义上的缩小，且符合刑法规范的目的。另外，对于重婚罪的认定，也在发生改变。传统重婚罪中的婚姻内涵既包括事实婚姻，也包括法律婚姻。但是，随着新婚姻法的出台，事实婚姻在法律上已不被认可。[2]既然刑法是保障法、最后法，刑法内容也应该随着其他法律的改变而发生变化。婚姻的内涵在婚姻法上进行限制，反映在刑法文本上的重婚罪里面，对这个问题也要做出重新界定。质言之，在重婚罪的认定上，应将事实婚姻排除在外，只对法律婚姻进行考虑。在这里，随着社会的发展，婚姻的内涵在已经发生变化，对刑法上的重婚罪内涵的界定也需发生变更。当然，做出这样的解读也符合规范的目的，因为刑法规范保护的是合法婚姻，非法婚姻不在刑法的保护范畴。

总的来看，在理论上，规范文义与规范目的的关系大致可分上述三种情况，在实践中，对发生的案件也基本上可以依照上述三种思路去解决。当然，在这里只是为解读刑法文本提供了一种分析思路供司法主体参考，至于在实践上如何进行操作，才能更加行之有效，还需继续思考。

五、实质解释适用规则

在我国的刑法理论上，关于刑法文本确定性与刑法有效性问题的论述不一，刑法解释立场中的刑法形式解释与实质解释之争则多少反映了这个问题，前者坚持文本解释的传统路线，是对传统形式法治的侧重，后则主张文本解释的创新思维，是对刑法文本有效性的关注。事实上，“在整个刑法学当中，

---

〔1〕 对此，最高人民法院曾经做出司法解释，原则上不支持婚内强奸，但在特殊情况下，仍然可以认定为强奸：主要是指在离婚诉讼期间发生的婚内强奸、因为感情破裂而分居期间发生的婚内强奸等。如果没有这些特殊情况，婚内强奸一般不被认定为犯罪。这种处理方式也在刑法理论上也获得了支持。

〔2〕 最高人民法院《关于适用〈中华人民共和国婚姻法〉若干问题的解释（一）》（法释［2001］30号，2001年12月25日公布，自2001年12月27日起实施）第5条规定了未按《婚姻法》第8条规定办理结婚登记而以夫妻名义共同生活的男女，起诉到人民法院要求离婚的，应当区别对待：①1994年2月1日民政部《婚姻登记管理条例》公布实施以前，男女双方已经符合结婚实质要件的，按事实婚姻处理。②1994年2月1日民政部《婚姻登记管理条例》公布实施以后，男女双方符合结婚实质要件的，人民法院应当告知其在案件受理前补办结婚登记；未补办结婚登记的，按解除同居关系处理。所以根据新的婚姻法与司法解释，从1994年2月1日开始，我国法律已经不再认可事实婚姻。

都存在形式解释与实质解释的问题。”[1]所以在整个刑法学当中，也都存在刑法文本确定性与有效性的问题。

（一）刑法实质解释与刑法形式解释

刑法实质解释主张，对犯罪构成要件的判断不可避免地含有实质的内容，即某种行为是否构成犯罪应从处罚的必要性和合理性的角度进行判断，因此，对刑罚法规和构成要件的解释应该从实质角度进行。形式解释论主张，在构成要件的解释上，在进行处罚的必要性或合理性的实质判断之前，应当从具有通常判断能力的一般人是否能够得出该种结论的角度出发，进行形式的判断。近年来，两种观点在学界争议甚广，且影响有逐渐扩大的趋势。

从形式解释与实质解释的争论看，焦点主要集中在价值判断的顺序、司法逻辑的模式及对扩大解释的适用上等几个方面。同时，两者除了不同之处，还有相通之处，对此，更应引起我们的关注。形式解释论认为，对犯罪构成解释时，应坚持从事实判断到价值判断的位序，先考察危害行为是否符合构成要件，再评价其是否具有可罚性在考察罪刑关系时，形式解释坚持从犯罪到刑罚的模式，换言之，司法主体应该先考虑危害行为符合个罪的构成，再考虑应处以的刑罚强度。对属于刑法文本普通含义之外的范畴，形式解释一般主张应保持刑法的谦抑性，谨慎介入和规制。从形式解释的观点看，其更倾向于刑法文本的确定性，主张在刑法文本的含义之中处理案件，在形式正义与个案正义之间更青睐于前者，是传统形式法治在刑事法范畴上的体现。

实质解释论者主张，在解读犯罪构成时，可以变传统的由罪生刑的模式为以刑制罪的模式，换言之，司法主体可以先考量行为可罚性程度，然后再选择适当的个罪构成，在这点上与现实主义法学倡导的结果导向模式颇为相似。实质解释论还认为，对刑法文本的边缘含义应积极对待，应根据可罚必要性将属于文本普通含义之外的行为类型纳入刑法的规制范畴，即通过扩大解释完成犯罪圈的扩大。通过分析实质解释论可知，其显得较为实用和务实，对个案正义和社会现实给予更多关注，因此，该理论更倾向于刑法文本的有效性。其实，形式解释与实质解释并不是完全对立的，在一些问题上也是相通的，比如，形式解释从来不反对价值判断，只是在价值判断的位序上与实

---

〔1〕 张明楷：《刑法学研究中的十关系论》，载《政法论坛》2006 年第 2 期，第 10 页。

质解释有分歧。“解释论与实质解释论的根本区分仅仅在于：在对刑法进行解释的时候，是否先进行形式判断，然后再进行实质判断。”〔1〕实质解释也不是抛弃三段论，只是在疑难案件中才倡导从刑罚到犯罪的思维模式，且最后适用过程和结果还需接受三段论的检验。“实质解释论并非不讲形式，也并非反对形式的解释，而是反对在任何场合单纯由形式的解释起决定作用。”〔2〕形式解释与实质解释都不排斥扩大解释，只是在扩大解释适用的指导理念与操作方式上存在不同，等等。

至此，形式解释与实质解释的争点在于对刑法文本应持什么态度，是关注刑法确定性还是重视刑法有效性，但并不是非此即彼的关系，而是更强调哪一个方面，在这一点上，与西方法系中的理论范式在本质上是相通的，只是解决问题的出路存在区别。由此，刑法解释立场在形式解释与实质解释上的争论其实是关于刑法文本确定性与刑法有效性关系的博弈，也是法律确定性与法律有效性问题在我国刑法解释论上的反映。

（二）刑法实质解释适用规则

与西方法系下各理论范式相同，刑法实质解释论仅仅为解决刑法确定性与刑法有效性问题提供了宏观叙事而非技术构建，换言之，刑法实质解释论是在宏观层面探讨其存在的合理性与必要性，但在实践上如何适用，其未能予以具体和细化，致使该理论在实践上缺乏具体的的适用规则。对此，应从适用范围、适用过程及纠错机制等几个维度进行展开和探讨。

1. 刑法实质解释应注重适用范围

刑法实质解释应该适用的范围是指，在什么情况下司法主体应该选择适用刑法实质解释。一般而言，在典型性案件中，从保证刑法规范确定性及法治主义角度出发，司法主体根据形式解释就可完成规范的解读，无需适用实质解释，只需在疑难案件中引入实质解释论。换言之，如果司法主体遇到刑法规范疑难的案件，需根据刑法实质解释解读规范。“在简单案件中，法官司法裁判的任务就是借助于司法三段论的推理过程得出相应的裁判结论；而在疑难案件中，法律虽然具有不确定性，但法官借助于自由裁量权的行使来裁

〔1〕 陈兴良：《形式解释论的再宣示》，载《中国法学》2010年第4期，第28页。

〔2〕 张明楷：《实质解释论的再提倡》，载《中国法学》2010年第4期，第51页。

决案件。"[1]就此而言，与建构主义法学主张的在疑难案件中发现法律原则有异曲同工之妙。不同之处在于，建构主义法学并未对疑难案件进行明确，其司法适用的可行性大打折扣。刑法疑难案件是指，司法主体在适用刑法规范裁量案件的过程中，源于规范自身原因致使规范适用困难。根据刑法理论与实践经验，我国刑法规范上的疑难主要包括以下几个方面：其一，刑法规范交叉，但不属于典型的法条竞合，需要司法主体谨慎鉴别犯罪构成之间的区别。比如，抢劫罪与寻衅滋事罪、绑架罪与非法拘禁罪、非法吸收公众存款罪与集资诈骗罪等。其二，刑法规范滞后，需要司法主体慎重考虑其适用可能性。比如，财产犯罪中一些数额犯的量刑幅度、财产犯罪中一些数额犯的入罪标准、职务犯罪中一些数额犯的入罪标准等。其三，刑法规范模糊，需要司法主体在个案裁量中进行诠释。比如，刑法个罪中的行为犯、危险犯、情节犯等。鉴于刑法规范自身的种种问题，往往导致司法主体在适用时存在困难，质言之，既要保证规范适用的准确，又要保证适用结果为社会接受。于是，就需要司法主体根据实质解释理念，在司法思维上进行创新，对刑法规范做出更为合理的解读，并准确的适用于实践当中。

2. *刑法实质解释应注重适用程序*

从实践上看，需要适用刑法实质解释的场合往往是存在规范疑难的场合，不过，鉴于实质解释改变了传统思维逻辑，更为关注价值判断，并对思维路径采取结果导向模式，于是，本属于规范之外的因素会被加入规范文义当中，比如，政治判断、政策精神、社会舆论、道德情感及个体倾向等。对此，我们应持更为谨慎的态度。在形式解释那里，司法主体更多关注的是事实要素，在刑法实质解释这里，司法主体则较多考虑价值要素，也正是价值要素对判决结果的准确性往往造成一定影响。但是，如果单从实体角度进行考量，则很难完成对价值要素影响规范适用之状况的判断，而需要引入程序进行衡量，这就是哈贝马斯倡导的法律商谈理论。换言之，在具体裁量中，当司法主体遇到价值判断的困扰时，为了保证规范适用结果符合确定性与有效性的统一，就需采取法律商谈模式而避免独白式判断，在法律共同体内完成对价值要素的权衡。根据建构主义法学，权利是建构理论范式的基本要素，权力主体要

---

〔1〕［英］H. L. A. 哈特：《法律的概念》（第2版），许家馨、李冠宜译，法律出版社2006年版，第121页。

保证社会主体的权利，包括社会主体参与制定决策、形成判决的权利，等等。至此，司法判决不应该交由独白式的司法主体，而应该由具有共同价值观的法律共同体来完成，这本质上是源于社会权利的根本属性。总之，法律商谈理论不但是通过商谈完成对规范适用确定性的贯彻，更是通过法律商谈范式，保证社会主体共同完成对司法过程的判断，以保证刑法规范适用的有效性。

3. 刑法实质解释结果应符合公众认同

危害行为的符合性判断应符合社会认同，这是从社会角度而言的，即裁决结果与民众看法是否相符，是否背离社会大众的法感情与法信仰。正如学者所言："现代法治，归根结底应该是人性之治、良心之治，而不应归结为机械的规则之治。我们的法律是人民的法律，绝不应该对其做出根本背离老百姓所共同认可的常识、常理、常情的解释。"〔1〕实践上的疑难案件，由于民众的关注度高，往往赋予案件自身更多的规范外含义，也给司法主体带来更多的社会压力。基于此，司法主体在适用实质解释时，不但要考虑结果是否符合法律规定，还需考虑适用结果能否获得公众认同。在此，与诠释学理论具有一致性，也符合现实主义法学的精神，在阐释规范文本时，应考虑包括民意在内的诸多法外要素。另外，现代社会的判断标准已经从真实性（或者客观性）转为合理性。它在判断前提下依然以真实性为保证，不过在结论上要考虑到裁判的可接受性。社会公众虽然不能直接参与法律适用，却能对规范适用过程与适用结果进行监督，并可以通过媒介对规范适用提出建议。对此，司法主体不应该排斥，需认真考量、理性对待，尤其是在疑难案件中，更需要认真考虑社会民众的建议。质言之，刑法适用应兼顾形式公正和实质公正，既要尊重规则和逻辑，又要运用司法技巧、价值判断与利益衡量，表征刑法应当追求的终极价值和目标。当然，民意考虑需放在法律框架下进行，不管民意如何，都不能成为司法主体超脱法律规范的理由。对此，最高人民法院在《关于进一步加强民意沟通工作的意见》中专门指出，"加强民意沟通工作是发挥好审判执行职能、完善司法公开、优化司法决策、实现案结事了的重要保障"，强调要"健全和创新司法决策征求意见机制"。〔2〕惟此，司法判决在合法性与合理性上能达至一致，不至于出现社会民意与司法裁决背离之

〔1〕陈忠林：《刑法散得集》，法律出版社2003年版，第37页。

〔2〕童德华：《从刑法解释到刑法论证》，载《暨南学报（哲学社会科学版）》2012年第1期。

景象。

4. 刑法实质解释应符合刑法原则

罪刑法定是刑法基本原则，坚守罪刑法定原则对平衡公权力与私权利的博弈具有关键作用，并能确保刑法规范的稳定性。在法条主义下，罪刑法定是刑事司法的基本原则，其价值毋庸置疑。随着实质主义观念的倡导，理论界对罪刑法定原则的态度也在发生变化，不时有主张弱化罪刑法定原则的声音。对此，我们应理性看待。根本态度应该是，随着社会的发展，罪刑法定的内涵应发生相应变化，但基本精神应该持续，即限制政府权力与保障公民权利，对此，不管是有权解释还是个案解释，解释主体都应该一体遵循。其实在这方面，现实主义法学、建构主义法学都有类似表达。现实主义法学强调，在公法领域应该慎重适用结果导向主义；建构主义法学也坚持，不管是法律规则还是法律原则，都需符合规范文义。由此，坚持刑法规范解释的合法性，不但是我国解释实践的目标，也为西方法学理论所坚持。实质主义解释观主张，刑法解释应放在社会背景下考量，会将更多的法外因素带入解释场景中，并导致诸多的越权解释发生，如类推解释、过度解释、转义解释及情节曲解等。对此，解释主体应认真对待。换言之，在阐释刑法规范的过程中，解释主体应对越权解释持慎重态度，并对其作检讨和分析。不过，在刑法解释理论中，如何为合法解释与越权解释划定界限，从来都是理论界争议的话题。“每个法律人都了解这种边界案件的存在：他们是一些在法伦理意义上无计可施的情形。对于这些情形，作出任何决定都是一种法伦理上的冒险。”〔1〕直到今天，依然有学者在孜孜不倦地为扩大解释寻找界分标准，并尝试从刑法原则、文义射程、公众认同及犯罪构成等角度进行论证，但结果都无法令人满意，因为这些标准都具有宏观性、抽象性，对需要明确、具体判断标准的解释主体而言，无疑意义不足。我们认为，判断解释结果是否符合规范文义，除了需考虑上述宏观标准之外，还应从微观的词语逻辑结构上着力，对解释结果是否符合规范词语逻辑内涵进行判断，对解释结果与规范文义是否具有涵摄性进行考察。从词语的逻辑结构看，词语之间的关系包括上下义词、总分义词与类义词三种关系，若词语之间为上下义词关系或总分义词关系，则具有逻辑涵摄关系，若词语之间为类义词关系，则不具有逻辑涵

〔1〕［德］齐佩利乌斯：《法学方法论》，金振豹译，法律出版社2009年版，第148页。

摄关系。这种词语关系对判断词语之间是否具有逻辑包含关系至关重要，也是解释主体坚守规范文义的坚固堡垒。

5. 刑法实质解释应进行结果论证

近年来，判决书说理不足一直为理论界诟病，不断有学者论证判决书说理的重要性。判决书说理阙如与我国形式法治传统有关。形式法治坚持概念闭合性与司法三段论，拒绝法外因素对规范的渗透，司法裁判过程相对简单，无需对裁判过程和裁判结果做过多修辞。不过，这种模式在社会关系相对简单的年代还可以维持，随着社会转型的深入，各种社会矛盾凸显，权利要求呈现多元化，当初那种简单的裁判过程和刑法规范都不敷沿用，于是，不论是司法逻辑进程或者是规范内涵空间都需做相应变动。既然刑事案件的裁判过程由三段论向多元化逻辑进程转换，刑法概念由封闭性向开放性转变，法外因素也不时影响规范解读，那么判决书说理也就不能停滞不前。陈金钊教授曾言：法律与事实之间的关系，有很多是逻辑规则照耀不到的地方。很多法学家感受到，司法不仅仅是逻辑推理的思维过程，更主要的它是一个讲法说理的过程。[1]

基于此，应借着刑法实质解释的影响而重视判决书说理，并要求司法主体从实践层面身体力行。判决书说理应立足于以下几个方面：其一，案件事实的法律解读，也即对客观事实赋予何种法律意义应在判决书中予以明确。比如，就一个伤害行为，到底是故意伤害还是故意杀人，应从法律层面进行界定，这个过程就是客观事实法律化的过程。其二，对案件的思维逻辑进行阐述。司法主体的思维逻辑是三段论式的还是结果导向的，应在判决书中予以明确。选择的不同逻辑思维是司法主体对案件与规范进行判断的结果，必须在判决书中进行阐明。其三，对案件分析中纳入的法外因素给予表述。在案件裁量中，如果司法主体利用法外因素修正刑法规范，则必须在裁判书中进行说明。对此，亚里士多德曾指出，在无法达到精确推理的区域里，修辞是一种合理的、并且实际上是一种绕不过去的说服方法。[2]

从理论上看，实质解释论与形式解释论之间的争议，有的争议确实是理

---

〔1〕 陈金钊：《把法律作为修辞——讲法说理的意义及其艺术》，载《扬州大学学报（人文社会科学版）》2012 年第 2 期，第 27 页。

〔2〕［美］理查德·A. 波斯纳：《法律、实用主义与民主》，凌斌、李国庆译，中国政法大学出版社 2005 年版，第 100 页。

论问题，需要去探索和分析，有的根本不是问题，或者已经解决，或者是伪问题，不需要我们过多关注。我们需要关注的是形式解释与实质解释真正的争点，包括对双方争论去伪存真的考虑，做出符合客观真实的判断，在此基础上，寻找解决二者争议的办法。对此，我们认为，应该将目光放得更长远些，需关注刑法解释之外的方法论范畴，而不仅仅是刑法解释的本体论范畴。对这个问题，我们还需重申，当刑法解释本体论研究达到一定深度，需对如何适用刑法解释构建运行机制，这已经上升到刑法解释的方法论范畴。当下来看，对比刑法解释的本体论，刑法解释方法论的研究显得更为重要和迫切。

六、规范解释合法性判断

根据各种解释方法得出的解释结论是否超出了文义边界构成类推解释，还需要对解释结果做出判断。传统刑法解释理论从文义射程、国民的预测可能性、罪刑法定原则、犯罪构成等层面进行了论证，不过，这些标准不是缺乏可行性，就是导致循环论证，虽然文义射程说找准了方向，但在论证深度上显然不足，不能为司法主体提供切实可行的标准。

（一）解释结果与通俗用法是否一致

语言具有一定稳定性和连续性，法律规范也是如此，解释主体需要最大程度确保法律语言的稳定性和连续性，惟此，才可以使社会民众对规范解释和规范适用保持认同和确信。“对犯罪的认定，必须考虑一个社会的现实，考虑国民的规范意识或刑法认同感，以寻求结论的合理性。”〔1〕这对规范解释主体提出了一个要求，在解释规范文义时，应关注社会民众的看法，也即需要注意规范文义的通俗用法，不能肆意背离通俗用法解读文义。刑法规范解读中，如果对文义的通俗用法没有给予足够关注，就会导致以下消极结果产生：

首先，违背社会民众的行为预期。刑法规范一经公布并发生效力，就为社会提供了行为标准，社会民众就会根据规范要求来安排自己的行为，并对别人的行为作出合法与否的评判，于是和规范有关的语言通俗含义就会在民众心理上产生一定印记。如果在规范文义解读中，解释主体不顾民众对规范文义的通俗看法而随意改变文义内涵，就会对社会民众产生消极影响，要么

〔1〕 周光权：《论刑法的公众认同》，载《中国法学》2003 年第 1 期。

对规范文义变更不能理解，要么对其实施的行为造成不利后果，前者会破坏民众对法律的认同感，后者则直接损害到公民的合法权利。

2001 年 10 月间，被告人肖永灵通过新闻得知炭疽杆菌是一种白色粉末的病菌，国外已经发生因接触夹有炭疽杆菌的邮件而致人死亡的事件，因此，认为社会公众对收到类似的邮件会产生恐慌心理。同年 10 月 18 日，肖永灵将家中粉末状的食品干燥剂装入两只信封内，分别邮寄给上海市人民政府某领导和上海东方电视台新闻中心陈某。上海市人民政府信访办公室工作人员陆某等人及东方电视台陈某在拆阅上述夹带有白色粉末的信件后，造成精神上高度紧张，同时引起周围人们的恐慌。经相关部门采取大量措施后，才逐渐消除了人们的恐慌心理。上海市第二中级人民法院对肖永灵做出有罪判决，认定其行为触犯了《刑法》第 114 条规定，构成以危险方法危害公共安全罪，判处有期徒刑 4 年。上案中，司法主体将投放虚假炭疽杆菌视为危险方法并未得到社会主体的认同，该案判决后，受到理论界诸多批判。有学者明确指出：法院将“投寄虚假的炭疽杆菌”的行为解释为《刑法》第 114 条中的“危险方法”，这既不符合此种行为的性质，也不符合《刑法》第 114 条的立法旨趣，已经超越了合理解释的界限，而具有明显的类推适用刑法的性质。〔1〕“可以说，肖永灵案是错误适用《刑法》第 114 条关于以危险方法危害公共安全罪的典型案例，其所暴露出来的问题足以引起我们深思。”〔2〕对此，我们认为，司法主体对危害行为的解读并不符合民众对危险方法的一般理解，并且，稍后出台的《刑法修正案（三）》中增设故意传播虚假恐怖信息罪表明，司法主体的解读是违背法律精神的。

其次，会侵害到立法民主性。在法治国家，立法、司法与执法是不同国家机关的职责，立法应该由立法主体承担，司法主体只能在实践中适用刑法，并坚守自己的权力界限。不过，如果解释主体随便改变文义内涵和外延，变更规范文义的通俗理解和看法，并且在未做充分科学论证的情况下适用到司法实践，则会导致突破规范文义进入类推解释的领域的后果，而这并不是法治国家司法主体应该承担的职责。

---

〔1〕 参见周少华：《罪刑法定在刑事司法中的命运——由一则案例引出的法律思考》，载《法学研究》2003 年第 2 期。

〔2〕 陈兴良：《口袋罪的法教义学分析：以以危险方法危害公共安全罪为例》，载《政治与法律》2013 年第 3 期。

在德国刑法上，学者罗克辛指出，对于行为人将硫酸泼洒到他人脸上的案件，可以适用《德国刑法典》第224条第1款第2项规定的使用武器伤害他人。因为作为某种用语的口语的化学武器概念是众所周知的。〔1〕时至今日，德国的刑法理论与司法实践基本接受了这种解释，但在理论界有学者还是一针见血地指出，将硫酸解释为武器，并非意指硫酸就是武器，而是其与武器会产生相同的危害后果。质言之，德国的司法主体将硫酸解释为武器不是因为武器的内涵可以涵盖硫酸，而是两者在危害后果上具有相似性。由此，将硫酸解释为武器并不是真的符合武器的文义，而是基于正义诉求做出的评价。当然，将硫酸解释为武器曾在德国引起不小的争议，直到今天，这种不同声音依然存在，这也表明对规范文义的通俗性理解更易引起民众的共鸣，而改变这种通俗性理解往往很难获得社会的支持。由此，这个问题归根结底应该是一个立法问题，而不是一个解释问题，司法主体有僭越立法权之嫌。

在我国刑法理论上，也不乏类似事例。比如，有学者指出，诈骗罪的对象不能局限于受害人，有权处理财物的人也可以成为诈骗罪对象，据此，将诉讼诈骗归入到诈骗罪的范畴。“由于法院是审判机关，法官具有作出各种财产处分的判决与裁定的法律上的权限，诉讼诈骗是三角诈骗的典型形式，所以，对诉讼诈骗应以诈骗罪论处。”〔2〕但是，这显然与社会民众对诈骗罪对象的理解有很大区别。从社会民众的角度看，诈骗罪一般发生在私权利主体之间，通过欺骗司法主体获取其他人财物的行为不应归入诈骗的范畴。论者指出，虽然这样的诈骗观念不能为社会主体认同，司法主体则需通过解释适用引领民众改变对诈骗罪的传统看法。对此，需作出合理的判断，引领民众改变对某个词语看法的责任应该由司法主体承担，还是应该由立法主体承担，对此若认识不清，则会发生权力滥用的情形。显然，在论者看来，改变诈骗罪通俗看法应该是司法主体的职责，其实不然，这本质上这应该是立法主体的职责，我国《刑法修正案（九）》将虚假诉讼入罪。在国外的刑法规定上，对诉讼诈骗行为也都是由立法主体依照背信罪或作为诈骗罪的一款进行规定的：《德国刑法典》将诉讼诈骗规定为背信罪，《日本刑法典》则将其规定为三角诈骗，《西班牙刑法典》则将诉讼诈骗行为作为欺诈罪的一项加重情

〔1〕 Claus Roxin, *Strfrecht Allgemeiner Teil*, Band I, 4. Aufl., C. H. Beck 2006, S. 150.

〔2〕 参见［日］山口厚：《问题探究 刑法各论》，有斐阁1999年版，第155页。

节来处理。据此，诉讼诈骗行为需要立法主体的明文规定，而不能由司法主体肆意解释到文义当中。最高人民检察院法律政策研究室在 2002 年 10 月 24 日对山东省人民检察院研究室有关请示作出《关于通过伪造证据骗取法院民事裁判占有他人财物的行为如何适用法律问题的答复》，该答复认为：以非法占有为目的，通过伪造证据骗取法院民事裁判占有他人财物的行为所侵害的主要是人民法院正常的审判活动，可以由人民法院依照民事诉讼法的有关规定作出处理，不宜以诈骗罪追究行为人的刑事责任。这个司法解释也正说明，诉讼欺诈不能通过司法解释扩展至诈骗罪的范畴。

（二）解释结果是否符合语词逻辑结构

“当我们说解释可以及于‘可能的文义’时，其实我们已经处在类推之中了。因为这种可能的文义既非单义亦非相当，而只是一种类似。”[1]文义可能含义说没有提供可行的操作标准，可以将类推与解释区分开来。由此，立足于规范文义射程不能为司法主体提供切实可行的参照，需将目光转向语义分析的领域。语义分析是通过分析语言的结构而澄清语义混乱，求得真知的一种实证研究方法。一定意义上，法律语言的意义在于分析其语法结构，从逻辑学的角度考察，语义关系主要有上下义词、总分义词与类义词三种形态：

1. 上下义词关系

具有属种关系的一组词是上下义词，其中表示属概念的词是上义词，表示种概念的词是下义词。比如：“枪-手枪”“卖-零售”“蓝-天蓝”等。上下义词之间是属种关系，可以进入“乙是甲”的格式，这种词语关系可以作为判断规范解释结果是否超出规范内涵的标准。在刑法规范中，具有上下义词关系的词语有很多，比如，交通工具与汽车、凶器与枪、有价票证与机票、信用卡与借记卡、他人与男人、危险方法与醉酒驾车、卖淫与同性性交易等，这些词语之间的关系与上下义词的关系一致，前后词语之间为种属关系。在司法实践上，判断待决的个案事实是否能被刑法规范涵盖，就需要明确个案事实的语言与规范语言是否具有上下义祠的关系。据此，在刑法解释当中，如果词语之间是上下义词关系，则属于在规范文义之内进行解释，属于合法解释。比如，被告人李宁自 2003 年 1 月以来先后伙同刘某、冷某等人经过预

---

〔1〕［德］亚图·考夫曼：《类推与“事物本质”——兼论类型理论》，颜厥安审校，吴从周译，新学林出版股份有限公司 1999 年版，第 130 页。

谋，采取张贴广告、登报招聘“男公关”的手段，招募和组织多名男青年在其经营的“金麒麟”“廊桥”及“正麒”酒吧，与男性消费者从事同性卖淫活动。南京市秦淮区人民法院对此案进行不公开审理。法院认为，刑法中“组织他人卖淫行为”中的“他人”既指女性，也包括男性，以组织卖淫罪判其有期徒刑 8 年，罚金人民币 6 万元。[1]卖淫与同性卖淫之间属于上下义词关系，所以被告人组织的虽然是同性卖淫活动，但也属于卖淫行为的范畴，可以适用组织卖淫罪定罪量刑，因此，法院对被告人的法律行为定性准确。

2. *总分义词关系*

具有整体部分关系的一组词是总分义词，其中表示整体的词是总义词，表示部分的词是分义词。如“中国-武汉”“工厂-车间”“房子-寝室”等。总分义词与上下义词有类似之处，都可进入“甲包括乙”的格式，但不能进入“乙是甲”的格式。总分义词关系也是概念外延关系的一种典型表征，通过判断两个概念之间是否具有总分关系，进而可做出两个概念是否具有逻辑包含的特征。在实践上，类似的具有总分义词关系的有很多，比如，汽车与刹车、枪支与扳机、身体与四肢、航空器与窗户、户与卧室。就总分义词之间的关系来看，在刑法解释中，如果词语之间是总分义词的关系，相对复杂，有的表现为一部分在规范文义的范畴之内，而另一部分则在规范文义的范畴之外，有的则全部在规范的文义范畴之内。比如，破坏交通工具罪，如果破坏的是车门或车窗的话，则不在交通工具的规范文义之内，如果破坏的是刹车或制动装置的话，则属于交通工具的规范文义范畴。再如，非法买卖枪支罪，不管销售的是枪支哪一个主要零部件，都能将其归之于枪支的文义范畴，构成非法买卖枪支罪。2014 年公安部《关于枪支主要零部件管理有关问题的批复》[2]中曾提到：枪支主要零部件是指组成枪支的主要零件和部件，其中，枪支主要零件是指对枪支性能具有较大影响而且不可拆分的单个制件，如枪管、击针、扳机等。由此，在遇到总分义词关系的词语时，需具体情况具体分析，尽力避免类推解释的发生。

---

〔1〕 晓洁、秦刑：《江苏首例同性卖淫案一审判决》，载《江南时报》2004 年 2 月 18 日。

〔2〕 该批复同时明确了最高人民法院《关于审理非法制造、买卖、运输枪支、弹药、爆炸物等刑事案件具体应用法律若干问题的解释》中的枪支散件和《公安机关涉案枪支弹药性能鉴定工作规定》中的枪支专用散件等同于枪支主要零件。

3. 类义词关系

在意义或逻辑上属于同一种类的词。类义词有广义和狭义之分。这里只谈狭义类义词。狭义类义词是所指对象属于同一大类的不同小类。多元义场中的同级词语都是狭义类义词，如“陆军、海军、空军” “走、跑、跳” “红、黄、蓝”……类义词之间是横向的联系，而非纵向的属种关系，因此，类义词之间互不隶属。下面的词语之间应该是类义词关系，比如，伪造与变造、通奸与同居、销售与使用、盗窃与抢劫、假冒与充当、财物与财产性利益、财产与虚拟财产、诈骗与诉讼诈骗等。这些词语之间是同级词语，彼此之间没有上下关系，也没有总分关系，因此，在文义内涵上没有交集，互不隶属，如果将一个行为解释为另一行为则构成类推解释。有的学者指出，“从一般用于上讲，尸骨或者遗骨不属于尸体；但从实质上看，盗窃尸骨的行为也可能具有严重的法益侵害性；从法律解释上说，将尸骨解释成尸体，也不存在违背罪刑法定原则之嫌。”[1]对此，我们认为，实质论者的解释结果已经进入类推解释范畴。值得关注的是，2015 年 8 月 29 日通过的《刑法修正案（九）》将《刑法》第 302 条修改为：“盗窃、侮辱、故意毁坏尸体、尸骨、骨灰的，处 3 年以下有期徒刑、拘役或者管制。”根据该条规定可知，尸骨与尸体之间并非种属关系，而是类义关系，如果需对盗窃、侮辱尸骨、骨灰的行为进行刑事处罚，需要通过刑事立法来完成，而不是根据司法解释予以解决的。由此，再次表明，理论上主张通过刑法解释将尸骨和骨灰纳入盗窃、侮辱尸体罪的主张并不可行。

以上所说的三种语义关系，是词语之间最基本、最重要的几种语义关系，整个词汇系统的概念语义网络，主要是由这三种语义关系构成。其中上下义词关系和总分义词关系都是词语之间的纵向聚合关系，上义词与下义词，总义词与分义词，分别处于语义网络中的不同层级。类义词关系则是词语之间的横向聚合关系。由此，词语之间如果是上下义词或总分义词的关系，则可认定词语之间的外延应该是逻辑包含关系；词语之间如果是类义词关系，则可认定词语之间的外延应该是并列关系。由此，司法主体在解读刑法文本时，通过考察词语之间的关系可作出具体判断，以防止做出类推解释。同时，词语之间的逻辑关系也可以为社会民众提供一个判断解释结果是否为类推解释的大致标准。

---

[1] 张明楷：《刑法学》（第 3 版），法律出版社 2007 年版，第 777 页。

总的来看，不论是词语的通俗用法，还是词语的逻辑结构，都是主张从词语本身入手诠释语言含义的，即使需要通过价值要素扩大文义，也需要在规范文义范畴之内进行。由此，刑法解释是通过规范文义阐释来实现社会正义的。质言之，文义诠释演变的终极目的是实现社会正义，也即在文义与正义之间，文义改变是居于第一位的，正义实现是居于第二位的，这种文义改变往往是被动发生的，且一般不会违背罪刑法定原则。类推解释的第三种立场在刑法解释中偏离了规范文义的方向，将社会正义作为解释的根本标准，并通过改变比较点选择、举轻以明重达到用正义改变文义之目的，也即因个案正义的诉求而改变规范的文义。易言之，在实质解释论这里，正义诉求是第一位的，文义内容是第二位的，这种文义改变往往是主动发生的，且常常会突破规范文义内涵。

第四节 刑法解释方法

法律是适用的艺术，法律适用过程就是解释的过程。法律如何解读是法学界热衷探讨的话题，问题答案随着法哲学的发展而不断更新，包括自然主义法学、实证主义法学、分析主义法学、利益法学、社会学法学等都在该问题上做出了贡献。不过，研究法律解释问题，除了关注法哲学的变化，还需将视角延伸至语言学领域，熟悉语言学的发展态势，并充分借助语言学理论为法律解释方法的选择与适用提供更有说服力的论证。就如有人指出的，“法学可以说是一门法律语用学。”[1]源于此，在探讨刑法解释方法问题时，有时需要把问题考察视角转向刑法学科之外的语言学领域。

刑法解释方法之间有一定顺序还是杂乱无章？如果解释方法之间存在位序，位序又应如何排列？针对上述问题，陈金钊教授曾明确指出，“在各种法律解释方法中，文义解释首先应考虑所使用的方法。”[2]也即文义解释在所有的解释方法当中是优位解释方法。在刑法理论界，苏彩霞教授也赞同文义解释优先：“刑法解释应遵循文义解释、体系解释、历史解释、目的解释、合宪

---

〔1〕 廖美珍：《语言学和法学》，载葛洪义主编：《法律方法与法律思维》（第 4 辑），法律出版社 2007 年版，第 60 页。

〔2〕 陈金钊：《文义解释：法律方法的优位选择》，载《文史哲》2005 年第 6 期，第 146 页。

性解释的运用顺序。”〔1〕不过，在理论界也有学者持不同观点。张明楷教授就曾指出，刑法解释方法没有明确的位阶性，但目的解释具有决定性；在对一个法条可以做两种以上的解释结论时，只能采纳符合法条目的的解释结论。〔2〕易言之，与其他解释方法的作用相比，目的解释方法高出一筹。上述两种观点都主张刑法解释方法位序论，但在具体顺序上存在不同，苏彩霞教授坚持文义解释优位论，张明楷教授虽没有明确指出目的解释优位，但显然是将目的解释置于其他解释方法之前。除了上述关于解释方法位序论的观点之外，还有学者选择了第三条道路。周光权教授就认为：“极其复杂的司法过程实际上在为可接受性的答案提供解释图景，使规范具体化，而处罚必要性的考虑、确保裁判结论被认可的需要调控着规范的具体化。因此，采用何种解释方法，不仅仅通过文本解释、立法目的来确定，还要根据调控的需要来确定。”〔3〕易言之，到底适用哪个解释方法并没有规律可循，应根据结果需要选择解释方法。

关于解释方法位阶并不限于在我国刑法理论上的争论，在国外法律理论上也存在争论。德国刑法学界诸多学者对刑法目的解释青睐有加，在与其他解释方法之间的关系上，往往赋予目的解释最高的位阶。不过，就这个问题而言，在德国理论界并不是只有一种声音，埃瑟（Esser）教授就主张，对于具体个案中判决的发现来说，这些解释方法仅具有次要意义。依次，法律适用者是先根据先前理解及可信度衡量决定正确的结论，然后再回过头来寻找能够证成这个结论的正确方法。〔4〕卡尔·恩吉斯（Karl Engels）也认为，司法判断的高度复杂性决定了在各种解释标准中，并没有一个确定的次序。〔5〕根据前述论者所言，解释方法位序对于人们解读规范文义并无实际意义，只是为人们法律解读结果提供证立的注脚而已。上述论者的观点一方面反映出解释方法在揭示规范语词含义时的作用不足，另一方面也反映出辩证逻辑在文本解读中的价值诉求。在德国刑法理论界，库珀（Kuper）教授提出了自己的观点：“我们在不同的解释方法之间还是可以提出某种优先规则，虽然这个规则并不完整，而且不会是一直清楚单义的。所有对于法条的解释都要从文

〔1〕苏彩霞：《刑法解释方法的位阶与运用》，载《中国法学》2008年第5期，第98页。

〔2〕张明楷：《刑法学》（第4版），法律出版社2011年版，第40页。

〔3〕周光权：《刑法解释方法位阶性的质疑》，载《法学研究》2014年第5期，第172页。

〔4〕Esser Vorverständnis und Methodenwahl（1970），S. 122ff.

〔5〕［德］卡尔·恩吉斯：《法律思维导论》，郑永流译，法律出版社2004年版，第95页。

义开始。”〔1〕据此，可以察觉到，库珀教授对于文义解释优位的坚守。

至此，通过梳理我国与德国法学理论上关于刑法解释方法位序的不同观点，可以清晰地看到，刑法解释方法位序之争依旧存在，虽然有学者主张跳出传统理论之争，主张从适用结果寻找与之符合的解释方法，或者根据刑罚必要性选择合适的方法，但这种声音依然微弱。当然，论者在理论探索上的努力值得称道，观点背后也隐约体现着对语义学背景下探讨语词文义的不满，但这种观点只是来自论者的自发诉求并非自觉建构。“关于法学的语用转向，在中国法学界还尚未形成明确的、自觉的表述。”〔2〕基于此，在规范词语内涵的解读上，需要转变语言分析的哲学基础，需要从语义学范畴进入语用学领域，才是看清刑法解释方法本质及相互关系的问题所在，才能为解释方法在刑法层面上找到理论归宿，也才能为准确合法的揭示文本含义提供通道。不过，研究仅限于此还不足够。与语义学坚守语词文义不同，语用学更关注词语之外的因素，对此需谨慎面对，以防止语词解读突破文本内涵，所以需设置语用学适用原则，以保障语用学适用的合理与准确。

一、刑法解释方法的语义学指向

刑法解释方法与语义学之间的关系是清晰的，语义学是刑法解释方法的哲学基础。刑法解释对象、特征及运行机制都是指向语义学范畴，这些可通过辨析刑法解释方法的以下几个方面予以证成。

首先，刑法解释方法运行以逻辑经验主义为基础。逻辑经验主义认为，以知识形式出现的科学理论其实就是一套公理系统，其成分可用句法结构刻画的形式语言所表达。在这样的体系中，一个语句的主要算子表明其他语句能从那个语句推导出来，从而可能和别的语句相关联。这样，知识就被转化为一种具体的语言形式，并给任何科学的语言以其逻辑根基，使得对语言进

〔1〕［德］英格博格·普珀：《法学思维小学堂：法律人的6堂思维训练课》，蔡圣伟译，北京大学出版社2011年版，第83页。

〔2〕张斌峰：《法学方法论研究的语用学转向》，载《深圳大学学报（人文社会科学版）》2013年第6期；张斌峰、陈绍松：《法学方法论研究的语用学转向（下）——法学方法论研究的语用模式及其新开展》，载《政法论丛》2014年第2期，第114页。

行严格逻辑分析的主张有了自己的合理性。[1]

刑法解释方法包括文义解释、体系解释、历史解释与目的解释等解释方法。文义解释与形式主义相勾连，坚持从规范本身进行语义解释。体系解释较为重视解释的逻辑性与整体性，易言之，在解释过程中，对与词语相关的法律体系较为注重，希望借助分析法律词语在法律体系中的位置、地位及功能等要素做出合理判断。不论如何，体系解释的运行只是超出词语本身，并未走得太远，仅仅是将规范语词置于更为广阔的法律场域中观察，究其实质而言，还是从规范词语文义开始并到文义结束的。通过上述分析可知，文义解释、体系解释与逻辑形式主义密切相关。“文义解释构成法律逻辑的框架，是实现法治、论证法治所不可缺少的内容。”[2]至于历史解释，其习惯于探讨立法意旨或法律精神，对立法资料、立法记录等素材比较重视，期望通过引入历史考察准确还原立法主体赋予刑法规范语词的内涵。与历史解释相区别，目的解释主张从规范自身的精神及客观内涵对规范语词进行注解。由此，目的解释中的目的不是立法者的目的，也不是司法者的目的，而是立法主体赋予刑法规范的客观精神。但不管如何，历史解释与目的解释更为关注文本读者的经验理性。依照哈斯默尔（Hassmer）的推测，今日对于客观目的方法如此尊崇的原因在于，这种解释方法给予法律人最大的自由空间，让自己的理性得以发挥作用。[3]由此，刑法规范的客观精神随着社会发展而发生变迁，并需根据规范的法益保护精神对规范语词做出新的阐释。

分析上述四种解释方法，不管是语义解释，还是历史解释、体系解释，抑或目的解释，都是解释语义的方法选择，从宏观上考察，都是基于逻辑或者经验内涵探寻规范语词的内涵。尽管如此，不同解释方法在逻辑上或者在经验上还是存在区别的，文义解释与体系解释更为关注逻辑层面，历史解释与目的解释则更为青睐经验理性，但仅限于此，不同的解释方法都可归之于逻辑经验主义范畴，而逻辑经验主义正是语义学的哲学基础。对此，理德

〔1〕王航赞、郭贵春：《当代语义学研究的几个相关性问题》，载《哲学动态》2010年第1期，第64页。

〔2〕陈金钊等：《法律解释学》，中国政法大学出版社2006年版，第189页。

〔3〕［德］英格博格·普珀：《法学思维小学堂：法律人的6堂思维训练课》，蔡圣伟译，北京大学出版社2011年版，第69页。

(Read) 教授曾言："语言学与逻辑有特定关联，两者相得益彰。"[1]

其次，刑法解释方法与语义学的特性一致。关于这个方面，还需比较语义学的特征与解释方法的特征，分析两者之间是否具有一致性。语义学在揭示词语文义上一般体现出以下几个特征：静态性、封闭性、主体单一性及统一性等。静态性是指，词语解释者与参与者是在静态意义上探讨词语内涵，易言之，没有将词语置于使用过程中以考察其内涵，仅基于规范本身进行分析和诠释。如果缺乏动态性考量，语词本身内涵的揭示就会仅关注到稳定性而忽略有效性，这并不利于缓和规范效力与社会现实之间的张力。就封闭性而言，语义学认为，解读命题或词语只需局限于其本身即可，语词之外的政策要素、伦理评价、社会风俗及公众情感都不能介入。由此可知，语义学视域下的词语文义揭示遵循的是分析主义的命题逻辑。主体单一性是指，词语解读主体是单一的而非多元的，是解读者的独奏而非多人的合唱。质言之，词语解释者只关注自身的作用，而对参与者、旁观者的作用不予重视。所以在语义学看来，语词意义是由解读者得出的，与他人无关。语义学特征的统一性较为注重文义的前后一致性，即规范词语注重文义的一致性与连贯性，强调在不同时代下保持文义连续性，对规范文义在不同语境下的内涵变迁与语义发掘却疏于关注。

语义学的上述四个特征在刑法解释方法当中普遍存在，易言之，刑法解释方法的运行正是基于语义学展开的。不论是文义解释、体系解释、还是历史解释，都是局限于词语自身的解释，解释者在适用上述方法解读文本时，通常对文本之外的因素不予关注。不过，近年来理论界对目的解释的看法在发生改变，不再将目的解释仅视为对文本自身客观含义的揭示，而是将目的解释视之为政策输入的通道，为规范外因素进入规范提供有效途径，间接推动了刑法教义学与刑事政策学的融会贯通。但当下来看，理论界并未广泛认可目的解释政策介入的功效，在利用目的解释涵摄规范外因素方面依然保持审慎的态度，也即，理论界主流观点依然将目的解释视为规范客观含义的揭示。至此，语义学的语言属性在刑法解释方法当中得以充分彰显。

最后，刑法解释方法文义解释符合语义学本质。语义学与语用学一个重要分野就是，语义学是探索规范文本的自身含义，语用学诠释的是规范文本的可能含义，易言之，语义学只关注词语当下的静态内容，语用学则强调词

---

[1] Allen Walker Read, "An Account of Word Semantics", *Word*, Vol. 4, No. 2, pp. 78-97.

语在发展中的语义变化。“可见，静态语义学的基本概念是‘信息的内容’，而动态语义学的基本概念是‘信息的变化’。”〔1〕从理论界对解释方法的功能定位看，都主张揭示规范词语的文义，对词语文义的发展与变迁则缺乏关注，这与语义学的本质属性相契合。不过，“语义学规则是独立于语境的，但它们却只有在语用中才有生命力”。〔2〕鉴于语用观念的缺失，致使在词语含义解读中对语境要素缺乏重视，从而忽略了规范文义的动态特征，反映在实践上，就是司法主体总是根据过去的经验解读条文，对新形势下规范文义的变化和创新则缺乏关注。当然，缺乏对规范文义的时代性解读，规范适用结果往往不能体现时代性和公平性，并因此而降低司法正义在公众认同中的地位和作用。

根据上文，不管是哪种解释方法，其最终指向都是词语文义，与语义学特征具有很大关联性，也即，各解释方法仅仅是解释词语文义的方法，因此，解释方法位序问题不过是读者在解读文义过程中所持立场不同所致。在语言学范畴上，并不存在类似解释方法的种类及位序问题，刑法解释方法是理论界学者基于不同角度采取的文义揭示方法而已。由此，在个案实践中，司法主体到底适用哪种解释方法或者是哪种解释方法处于优位，并没有固定的规律与答案，都是司法主体具体适用的结果。质言之，解释方法适用与司法主体解读规范及对接事实是融为一体的，是各种解释方法反复综合发挥作用的过程，在这个过程中，并不存在所谓的解释方法位序问题，只是解释主体根据具体情况选择适用的问题。

二、刑法解释方法与语用学进路

从分析哲学时代进入后分析哲学时代，语言学也发生了转变，即从语义学转入语用学。语言学层面的变化影响并渗透到人文社会科学中的各个分支学科，包括刑法学也不能例外。因此，将刑法解释方法置于语用学范畴下进行考察，就会产生与语义学下观察解释方法不同的效果。还可以发现，放在语用学范畴下考察刑法解释方法，其与语用学的内在属性相一致。换言之，如果引入语用学考察规范文本的解读方法，解释方法位序论就更不具有理论价值。

语用学坚持在语言使用过程中揭示文义内涵，对解读者的前见和经验、

〔1〕 郭贵春：《语义学研究的方法论意义》，载《中国社会科学》2007年第3期，第80页。

〔2〕 Jams Higginbotham, *Content*, *Modelsand Meanings*, Cambridge University Press, 1988, p. 28.

对词语使用的语境及参与者等都给予积极考量。在语用学这里，文义揭示中的重要方面是语境要素的引入，而语境要素的倡导正是语用学超越语义学的重要推动因素。“语义学必须符合语用学，把语义内容归属于意向状态、态度和行为，就是在各种语境中决定它们发生的语用意义。”[1]语用学包括四个方面的内容，分别为：语境分析、语篇分析、关联推理与言语行为理论。

首先，语境分析。所有的经验知识均是相对于各种对象、条件、历史或文化的语境，并且随着语境的变化而改变。我们不可能也无需求助于人工语言来消除语词的歧义，丰富的语境本身已经为语词设定了灵活、生动、可变换的可能世界。所以，只有在具体语境中，才能获得其有效意义。[2]

语境引入是语义学与语用学相区分的重要因素，在语义学领域中不存在语境要素，在语用学这里，语境成为文本解读主体的重要依托。鉴于语境要素的存在，解读主体需要根据具体情况来解析和辨别规范文义，由此，词语文义就从静态的概念转化为动态的概念，为语言流变和表征时代变迁提供了便利。语义学的哲学基础是逻辑经验主义，其将语义揭示路径定位于逻辑与经验两个层面，而将与之密切相关的语境因素排斥在外，而这正是源于逻辑完美语言的两个思想缺陷，一是盒子思维，由语言语形学的约束而产生；一是语境盲，即不依赖命题做出时的语境，是语义学的一种后果。[3]在刑法解释领域里，语境要素应该占据重要位置，但遗憾的是，在刑法解释理论研究中，语境概念并没有成为学者关注的对象，并且考虑到刑法规范的稳定性需求，语境概念甚至成为刑法理论上的敏感因素。源于此，刑法文本解读主体往往缺乏语境观念，致使文本解读的结果缺乏时代色彩，也即，虽然读者是在解读今天的刑法条文，但却停留在昨天的思维空间，于是，文本解读结果往往脱离社会需要，某种程度上，这不能不归结于语境观的匮乏。考察刑法目的解释，其隐约与语境要素有关，不论是大陆法系三阶层犯罪体系中的客观归责、风险刑法与一般预防，还是国内刑法学者倡导的目的解释、实质解释及以刑制罪的政策通道观点，都是为语境在解释当中可能起到的作用做分

[1] R. Brandom, *Marking It Explicit*, Harvard University Press, 1994, p. 83.

[2] 殷杰、郭贵春：《从语义学到语用学的转变——论后分析哲学视野中的“语用学转向”》，载《哲学研究》2002年第7期，第75页。

[3] See Craig Dilworth, “The Linguistic Turn: Shortcut or Detour?”, *Dialectica*, Vol. 46, 1992, pp. 207-208.

析注脚。不过，遗憾的是，国内外学者在分析目的解释时，并不是自觉引入语境因素进行考察，只是一种自发行为，这虽然也能在刑法解释中兼顾到语境因素，但从刑法解释结果的客观、合理、合法的诉求看，这显然是远远不够的。

其次，语篇分析。在语用学范畴中，读者揭示规范词语的文义需从语篇分析入手。语篇分析是一种关注宏观文本的整体内涵和通过上下文了解语篇的细节与内涵的方法，从静态上看，它具体关注句子序列的主位结构、信息结构、语篇结构；从动态上看，它把语篇置于言语交往活动之中。[1]也即，读者在解读规范文义时，应关注刑法规范或规范语词所在的法律体系，从文本整体性入手，探讨规范词语在上下文环境中的内涵。其实，通过比较体系解释与语篇分析可知，语用学的语篇分析涵盖了刑法体系解释的功能取向。根据语篇分析理论，解读者需将规范条文置于整个文本当中进行考虑，而非孤立的考察规范自身。之所以如此，可以从正反两个层面分析：

一方面，通过分析规范语词在其他条文当中的作用与内涵，可以为解读语词文义提供参考和借鉴，这在人文社会科学中是一种常态，在刑法文本阐释过程中也不例外。比如，刑法文本中“胁迫”的概念。在刑法文本的不同条文当中都有“胁迫”这个语词，如抢劫罪、强奸罪、敲诈勒索罪及强制交易罪等罪名中的客观方面都有“胁迫”行为，但在不同条文中的内涵与作用未必相同，若要准确理解不同条文中“胁迫”的概念，还需从刑法文本的整体性出发，充分考虑上下文中胁迫的内涵指向，才能对该语词文义的做出正确、合理的判断。这类现象在法律体系当中也不鲜见，比如，信用卡在金融法与刑法中的指向是否一致？刑法与民法对通过非法渠道救济财产权利的看法是否相同？刑法上的重婚罪中的重婚与婚姻法中的重婚是否具有统一内涵？等等。显然，从上下文的整体性来看，体系解释与语用学上的语篇分析理论是契合的，换言之，刑法体系解释方法能在语用学范畴中找到其理论归宿。

另一方面，语篇分析理论为防止错误与不当揭示文义提供了出路。如果脱离文本孤立辨析规范词语的含义，会造成只见树木不见森林之偏见。当然，

---

[1] 张斌峰：《法学方法论研究的语用学转向》，载《深圳大学学报（人文社会科学版）》2013年第6期。张斌峰、陈绍松：《法学方法论研究的语用学转向（下）——法学方法论研究的语用模式及其新开展》，载《政法论丛》2014年第2期，第114页。

这里的文本既包括刑法文本，也包括其他法律文本，如民法、宪法、行政法等。只有将刑法语词解读置于整个法律体系下，才能保证规范语词诠释的准确、合法、合理。正如福勒（Lon L. Fuller）所强调的，要在整个法律体系中去理解特定词语与规则的含义。[1]比如，在不作为故意杀人罪中，夫妻双方是否负有救助对方于危难中的义务？易言之，如果一方有自杀举动时，另一方是否负有法律上的救助义务。对此，刑法文本并没有明示，需要到婚姻法当中寻求答案，否则，在故意杀人罪的解读与适用当中就会发生错误。《中华人民共和国婚姻法》第4条规定："夫妻应当互相忠实，互相尊重；家庭成员间应当敬老爱幼，互相帮助，维护平等、和睦、文明的婚姻家庭关系。"根据该规定，夫妻之间有互相帮助的义务，但是，能否涵盖不作为故意杀人罪中的救助义务还需要我们认真关注。再如，《中华人民共和国道路交通安全法实施条例》第92条明文规定：发生交通事故后当事人逃逸的，逃逸的当事人承担全部责任。这条规定表明，交通警察在处理交通事故时，要认定事故责任，在法定条件具备、事故责任无法认定的情况下，可以推定为事故责任，而对事故发生的真实情况可以不再进行证明。这就确立了"行政推定"。

那么，作为行政法上的推定性条款能否在刑事司法实践当中予以适用，就成为需要考虑的问题。从交通肇事罪的犯罪构成看，需要当事人违反交通法规并造成重大交通事故，才构成交通肇事罪。但是，对于交通肇事人逃逸，执法主体作出的推定其承担全部责任的行政处罚认定书，其能否在强调严格性、证据性的刑法领域当中适用，就需要我们认真讨论和考虑。

再次，关联理论。关联理论提出，语言交际是一个认知过程，是必须依靠推理思维来进行的新的语用学观念，并建立了颇具解释力的关联原则，希望依靠这一原则说明自然话语理解中的诸种语用现象。[2]根据关联理论，解读词语文义时应该将与该词语相关的要素综合考量并据此进行推理，以获得对该词语文义的准确认知。语义学讲究文义揭示的封闭性，即文义解读主体只需关注词语自身即可，无需考量词语之外的世界。从实证主义法学、分析主义法学及纯粹法学来看，在规范解读上是属于语义学范畴。与之不同，语

---

〔1〕 Lon L. Fuller, "Positivism and Fidelity to Law: A Reply to Professor Hart", *Harvard Law Review*, 1958, pp. 603-672.

〔2〕 杨红梅：《从关联理论析话语误解》，载《甘肃联合大学学报（社会科学版）》2013年第1期，第59页。

用学强调词语解读的开放性，除了解读对象之外，与其相关的其他要素也需要进行考量，比如，社会政策、利益衡量、价值判断、伦理、民众诉求及社会风俗等都属于考察的对象。在西方的法学流派中，利益法学、目的法学及社会法学都是沿着这个思考构建各自理论体系的。埃利希（Ehrlich）认为："法律社会学为法律学中唯一可能的科学。原因是它不拘泥于法条'文字'之中，而是将眼光投向法律基础的社会事实之上。"〔1〕

考察刑法解释方法，文义解释、体系解释与历史解释都主张，解读文本语词含义不能脱离刑法文本或者法律体系。就目的解释来看，传统观点将"目的"视为立法主体赋予刑法文本的客观精神，但客观精神所指为何则语焉不详。张明楷教授认为，目的解释中的"目的"应基于刑法个罪的法益进行考量。"进行目的论解释时，既要考虑法益保护，又要考虑自由保障。"〔2〕也有学者认为，目的解释中"目的"应作为刑法教义学价值输入的通道。〔3〕不过，将"目的"视为个罪法益显得宏观且抽象，并不利于司法主体对个罪内涵的把握与适用，将"目的"作为政策价值输入的通道的观点对"目的"指涉的宽度不够，比如，对利益衡量、读者前见、社会效果、公众诉求等因素缺乏关注。之所以如此，与刑法解释方法的语义学视野密切关联，质言之，语义学的分析模型与价值取向决定了解释方法的局限与不足。当然，要在解释方法上寻求突破，还需要从其哲学基础着手，将分析框架从语义学转向语用学。根据关联理论，语义分析需结合相关要素并在语义揭示中做充分考量，以期达到准确解读词语文义且探寻其言外之意的目的，比如，刑法条文中的淫秽、淫秽表演、侮辱、虐待等规范要素的理解，情节严重、情节特别严重、影响恶劣、情节恶劣等不确定性概念的阐释，都需要解读者结合关联因素进行综合考察，惟此，才能揭示词语文义的真正内涵。

最后，言语行为理论。言语行为理论把语言描述的对象具体化为一种言语行为，而不是一种结构系统。"如果说讲话是一种特殊的、用符号来表示的、高度规约化了的行为方式，那么语言学理论就变成了一种行为理论的变

〔1〕洪镰德：《法律社会学》，扬智文化事业股份有限公司2001年版。

〔2〕张明楷：《刑法分则的解释原理》，中国人民大学出版社2004年版，第5页。

〔3〕杜宇：《刑事政策与刑法的目的论解释》，载《法学论坛》2013年第6期；劳东燕：《风险社会与变动中的刑法理论》，载《中外法学》2014年第1期。

体。”[1]言语行为理论从行为入手研究语言，注重语言的动态特征，超越了诸如语音、语素、句法、句义等传统的研究领域。由此，语用学对言语行为的研究，必然导向人类行为或交往行为之规范及其构成的研究，也势必会形成“规范语用学”。“规范语用学”将法律看作是一种言语行为活动，它由事实世界进入规范世界，视法律实践活动为一种多主体（法官、原告、被告、律师等法律符号的交往者）参与的一种多主体的交往行为活动。[2]与语义学解读文本不同，语用学主张，词语解释中需体现多元主体的参与色彩，并在解读者、参与者的共同努力下达致视域融合，使文本解读具有明晰的多元化主体的合唱映像，基于此，从语义学到语用学的转变也是语言认知主客体间性向主体间性的转变。在刑法解释方法中，不论是哪种解释方法，都是基于主客体二分的观念解读刑法文本，也即，在规范解读者的视野里，刑法文本只是解读的客体，通过解释工具的运用完成对规范客体的认识就是刑法解释的运行过程。在这种解释模式下，主体单一性色彩明显，缺乏多元主体的共同参与，并将解释视为文本解释的工具而非解释本体，对于文本解读过程中的解释循环、视域融合及历史效果等问题都缺乏关注。由此，根据刑法解释方法，其对刑法文本词语文义的揭示，依然呈现出单一性与孤立性色彩，这与当下多元化的价值观与文本解释主体能动性的侧重是不尽符合的。

更为严重的是，这种刑法文本解读模式与实践当中的庭审模式基本背离。在刑事个案的庭审格局中，包括法官、检察官、辩护人、代理人等法律共同体需共同完成对刑法规范文义的解读和揭示，并将刑法条文对接个案事实，唯有如此，才可以充分完成刑法规范的合法、合理适用。所以在整个庭审过程中，任何法律共同体成员都可以对文本词语内涵做出自己的理解，并形成与其他法律共同体成员论证、辨析的局面，最终达到语词文义揭示视域融合的效果。“解释是一件共同的事情，在这个过程中，审判程序结构主体各方的意见作为不同的视域发生了融合，最终的法律事实结论既非控辩双方之一方

[1] Asher, R. E., *The Encyclopedia of Language and Linguistics*, Vol. 2, Oxford: Pergamon Press, 1994, pp. 732-733.

[2] 参见张斌峰：《法学方法论研究的语用学转向》，载《深圳大学学报（人文社会科学版）》2013年第6期；张斌峰、陈绍松：《法学方法论研究的语用学转向（下）——法学方法论研究的语用模式及其新开展》，载《政法论丛》2014年第2期，第114页。

的意见或主张，也非法官（或陪审员）的独断之见。"[1]在这里，诉讼证据规则与语用学有效性条件是相互因应的。[2]由此，法律文本解读主体的单一性不符合法庭审理要求，与现代法治下的庭审精神相背离。

总的来看，在语用学的内容里面，完全涵盖了语义学文本解释方式，又发展出其独特的理论体系，因此，语用学不是对语义学的抛弃，而是对语义学的超越。易言之，语义学坚持词语文义的观点在语用学那里得到了传承，语义解释的分析模型在语用学那里得到了创新和发展。基于此，以语义学为分析框架的刑法解释方法都可以在语用学的内容中找到原型，比如，规范文义是语用学的目标指向，语篇分析包括体系解释，关联推理涵盖了历史解释、体系解释及目的解释的内容。不过，语用学中的语境分析与言语行为理论显然是语义学不具备的，也正是这两个要素使语用学超越语义学，完成了语言学分析模型的转变。但是，在语用学的理论发展中，我们看不到语用学对各解释方法的提炼与排序，只是根据不同语境与结果需求对解释方法的贯通适用。也就是说，在语用学这里并不存在独立的解释方法，任何一种解释结果都是多种因素共同促成的。"解释法律必须考虑到的因素，它根本不是解释的方法。它们各自在整个法律解释过程中担任不同的任务，发挥不同的功能，从而共同在协力下完成发现法律的规范意旨的任务"。[3]至此，在语用学分析模型下，解释方法位序问题没有存在的空间，也没有探讨的价值。

三、语用学进路的运行机制构建

在刑法理论界，学者在解释方法上做出排序往往基于特定目的的考量。就文义解释优位来说，一般是学者基于形式法治而做出的判断。形式法学认为，只有坚持文义解释优先才可以保证规范解读的合法性，尤其在法官素养不高、守法意识不强及法律认同不足的社会转型背景下，更应该努力维护规范的稳定性，对实质法治的声音应保持谨慎。相反，目的解释优位的观点坚持，规范文义揭示应跳出形式逻辑的束缚，将目光更多的投放到规范文义之

---

〔1〕 李力、韩德明：《解释论、语用学和法律事实的合理性标准》，载《法学研究》2002年第5期，第15页。

〔2〕［德］于尔根·哈贝马斯：《后形而上学思想》，曹卫东、付德根译，译林出版社2001年版，第60页。

〔3〕 黄茂荣：《法学方法与现代民法》，中国政法大学出版社2001年版，第272~288页。

外，以此获得规范文义的生长点，并藉此保证规范的有效性。既然解释方法位序论是为了获得刑法规范适用中的稳定性或有效性诉求，那么，如果放弃解释方法位序论，是否会导致刑法文本解读不足或解读过剩的现象呢？前者是指文本解读过于局限于规范自身，致使规范解读稳定性有余而有效性不足，后者则指文本解读过于关注法外因素，致使规范解读有效性有余而稳定性不足。对此，需要构建语用规则，以保证规范解读既符合规范文义又切合社会需要。“对与意义相关联的语用规则，维特根斯坦非常重视，他充分肯定了语言的运用需要遵守特定的规则，也就是说，理解意义就是理解它们在各种语用活动中的用法规则。”〔1〕

首先，构建语境边界。在语用学中，解读者需根据不同语境而对规范文本做出不同解读，除了发现文本的既定内涵，还要探寻文本的文义变迁。不过，如何保证文本解读在具体语境中不会超出词语文义，则需进行认真思考。“‘语境化运动’的一个重要方面，就是要寻找一个有前途的语义分析方法恰当运用的领域、范围或者边界。离开了这个边界，一切意义理论的谈论都只能是抽象的和不可言说的。”〔2〕及至刑法解释领域，这个问题也非常突出，既要顾及刑法文本解读的语境色彩，又要保证刑法文本解读的合法性。对此，我们认为，需要对语境的边界进行明示，构建语境发挥作用的边界，以限制其可能导致的刑法文本解读不当的负向效应。从语言学的角度考察，语境的边界设定可从语义、语形及语用三个维度展开。

从语义上分析，语义边界是特定语境下词语的语义辨析与价值判断的统一，即语义边界就是语境边界的意义规定。根据语义的构成性原则，一个词语表征的意义就是词语的构成部分与构成这些部分的方法之间的意义函项。也即，“离开了使用语言的时间、地点、场合、使用语言的人以及使用语言的目的等语境因素，便不能确定语言的具体意义。”〔3〕于是，语义的构成性原则规定了在特定语境下语义解释的张力范围，确立了语义解释的伸缩度，以及相关的语义解释的意向价值。进一步讲，正是语义的构成性原则实现了特定理论表征的语词和命题与指称对象之间的内在关联。正是从这个角度上讲，

〔1〕 郭贵春、刘伟伟：《博弈论语义学的方法论特征及其意义》，载《中国社会科学》2012 年第 2 期，第 55 页。

〔2〕 郭贵春：《语境的边界及其意义》，载《哲学研究》2009 年第 2 期，第 100 页。

〔3〕 Lyons，J.，*Semantics*，Vol. 1，Cambridge University Press，1977，pp. 572-603.

意义就是语境，一个特定的语境也就是一个相关的给定边界的语义解释的“单位”。所以，语境意义就成为这个新的语言学单位的约定意义。[1]由此，根据语义的构成性原则构建的语义边界为语境作用的发挥进行了限制，也即，不论语境如何变化，词语语义的解读结果都不能超出语义的张力范围，更不能突破词语与指称世界之间的对应关系，而进入其他词语文义的范畴。

从语形上看，语形主要是指语法样态与逻辑结构。语形结构与符号表征的语境是一致和统一的，不能离开这种统一去看待语境。也就是说，语境离不开语形结构，语形结构表现了语境意义。在这里，语形边界就是语境边界的表现形态，就是语境的语形洞察与结构洞察的统一。语境边界的确定首先就在于语形边界的确定，基于此，有人认为“语法的范围”就是语境的边界。[2]根据论者的观点，语境只能在语法限制下发挥作用，也即，不论在何种语境当中，对词语文义的解读都需符合语法结构，在文义上不能超出词语的文义射程，在形式上不能背离词语的逻辑结构。由此，语形为语境发挥作用提供了适度限制，以保证文义解读结果处以文本涵摄的范围之内。另外，正是形式逻辑约束了语义的表征范围，确立了语义使用的不同层次，从而也就规定了语义价值趋向所要求的表征界限，给定了相关语义分析所能实现的语境的形式边界。所以，一切语境都有认识的局限所给定的形式边界，并在这个界限内去发挥语义和语用的功能。

从语用的角度看，语境是一种解释文本文义的特定行为方式，通过在解释中引入语境要素可以帮助解读者更好地揭示词语文义。易言之，利用语用学解读词语，还需要将语境构建与词语意义结合起来。由此可知，语境不是凭空出现的，它也需要进行解释和建构，同时，解释也不是任意的，而是需要语境进行限制的，必须在特定语境下进行文义解释才是有意义的。据此，语用边界就是语境边界的使用范围，是语用洞察和背景洞察的统一。所以，通过考察语境的语用边界可以发现，语境是在特定的时间、空间及特定的形式范围中发挥作用的，也是作为一种方法论模型被建构的。[3]因此，对语用边界的确定，不但是语境分析模型的方法论要求，还为词语解释设定了适用

〔1〕 郭贵春：《语境的边界及其意义》，载《哲学研究》2009 年第 2 期，第 100 页。

〔2〕 András Kornai, *Mathematical Linguistics*, London: Springer, 2008, p. 77.

〔3〕 郭贵春：《语境论的魅力及其历史意义》，载《科学技术哲学研究》2011 年第 1 期，第 4 页。

的空间和边界。事实上，“语用学不是对句法和语义的排斥，而是兼容。返回到语用学也就返回到了具体”。[1]

其次，对话商谈理论。在语用分析模型中，言语行为理论主张规范文义探索的多元主体性，也即，解读者揭示文本文义时需与参与者、旁观者共同完成。其实，这已经来到法律商谈理论的层面。法律商谈理论主张语用学预设，力求在文本适用过程当中寻求法律共同体的一致看法。在我国的刑事司法实践上，法律商谈理论愈来愈受到司法主体与当事人的认可，这与其符合司法发展规律密切关联，更反映出现代法治下的权利多元化诉求与价值多元化判断的时代特征。“审判即是这样一种交往性场合，在此，控辩双方陈词，法官倾听并适时提问，最终法官基于事实、根据法律宣判，事实结论形成。我们可以将审判程序这一交往性行动结构的主体要素列明为控、审、辩三方(其他诉讼参与人，如证人、鉴定人、律师等总是依附于原告或被告一方)，三方主体形成了一个交往行动的耦合结构。”[2]

鉴于不同主体的看法往往不同，为了达致认识的一致性，就需要在某些问题上展开内部与外部的论证或辩论，并通过论辩获得词语认知的统一。不过，在这个过程中存在两个隐患，第一个是论辩是否会陷入无限式递归状态，如果陷入无限式递归，法律共同体在词语文义认识上达致一致将变得遥遥无期；第二个是法律商谈的结果是否有强制性要素介入，从而有损规范词语解读的合法性与公平性。上述两个问题是诠释学也是语用学共同面临的问题，所以需构建恰当的问题解决机制，以保证对话商讨的顺利进行，且获得合法的语义结论。为了防止法律商讨上的无限式递归，必须为法律论证设置合适的条件与特定的场景，这些特定条件或者特定场景会以理想的方式确保在特定时刻，某一给定问题有关的理由和信息能够充分地发挥作用，并为结束共同体之间的法律商谈或者法律论辩提供合适的场景预设。“一种趋向于某个极限的无尽的论辩实践的观念，也要求我们具体说明在什么样的条件下这个过程至少从长远来说是有方向的展开的，并使一个学习过程的积累进步成为可

---

[1] 盛晓明：《话语规则与知识基础——语用学维度》，学林出版社 2000 年版，第 2 页。

[2] 李力、韩德明：《解释论、语用学和法律事实的合理性标准》，载《法学研究》2002 年第 5 期，第 16 页。

能。”[1]另外，寻求真理的论辩过程只能在一种理想的言谈情景中进行。在这种言谈场景中，每个人都是自由、平等的，通过辩论的方式消除彼此之间关于有效性主张的分歧。并且，法律共同体之间的论辩是非强制且有秩序的互动，其追求的理想目标是以最好的信息和最好的理由说服那些理性的听众。毋庸置疑，在这样一种没有“形而上学”强制的对话中，主体之间平等的内在对话是自由的、有创造性的和易于统一的，这标志着分析哲学传统在认识方向上的一次根本性的转折。[2]所以，商谈理论将每个参与者的视角以一种不强制也不扭曲的方式整合起来，因此，论辩实践的作用就在于这样一种共同实践的普遍化的理想的角色担当，并借此排除论辩过程中的意识形态要素与强制性观念。

最后，后果考察理论。德国著名学者库珀教授在其法学思维小学堂中提出刑法目的解释的后果考察理论。该理论不断为我国学者引用，并将其作为观点论证的分析模型。劳东燕教授与姜涛教授在探讨目的解释时都援引了后果考察理论，为其理论预设提供分析模型。周光权教授也在关于刑法解释方法位序的相关文章中，利用后果考察理论证立其解释方法无序论的观点。库珀教授指出，任何解释结果都需要考察，在其达到合理辨析规范语词的文义且帮助规范对接事实的同时，是否还产生了其他负面效应。需要辨析的是，这种负面效应是否抵消了解释行为产生的正面效应，或者是否超出了正面效应而导致解释的无效或无价值。实质上，后果考察符合利益衡量理论，也即，需根据结果可能产生的正面效应与负面影响进行对比分析，然后得出优劣判断并做出具体选择。“也就在说，在特别的程度上，后果考察必须能够用有益性的标准来衡量。”[3]在刑法解释方法上，不仅仅是目的解释，其他解释方法也都存在类似问题，因为只要有解释就存在不同，只要有解释不同就会导致不同结果，这就为利用后果考察理论分析解释结果优劣提供了前提。由此，后果考察理论不但在语义学范畴上揭示词语文义发挥着作用，在利用语用学

---

〔1〕［德］哈贝马斯：《在事实与规范之间——关于法律和民主法治国的商谈理论》，童世骏译，生活·读书·新知三联书店 2011 年版，第 279 页。

〔2〕殷杰、郭贵春：《从语义学到语用学的转变——论后分析哲学视野中的“语用学转向”》，载《哲学研究》2002 年第 7 期，第 78 页。

〔3〕［德］英格博格·普珀：《法学思维小学堂：法律人的 6 堂思维训练课》，蔡圣伟译，北京大学出版社 2011 年版，第 74 页。

分析词语文义时也有重要的借鉴意义。

语用学为词语辨析提供了更多选择，并重视解释的语境色彩和商谈理论，这对于刑法目的解释发挥勾连社会现实与规范文本的作用无疑产生了重要推力。当然，在词语的动态性、开放性、非同一性受到重视时，规范语词文义的多元性也会出现，也即，依照语义学模型解读刑法文义得出的结论是统一的和稳定的，在语用学的分析框架中，这种统一和稳定的特性将会被打破，文本词语的可能文义会被逐渐揭示出来。对于新的解释结论，可能有利于阐释新的法律事实，也可能有利于发展规范的文义，这些是刑法解释的正面价值。但是，还需要关注的是，解释结果是否附带产生了其他负面效应，比如，解释结果是否符合立法的精神、是否符合宪法的宗旨及是否有利于权利保障等，如果对这些问题的回答是否定的，就需对该负面影响进行综合考察，以判断其与解释结果中正向价值的关系，并最终做出正确的取舍选择。总的来说，在刑法解释方法的关系上看，需要从以下几个方面进行关注和分析：

第一，在刑法解释方法体系中，解释方法位序论没有哲学层面上的支撑，只是刑法解释理论上的排序而已。解释方法位序否定论者主张，根据实用主义需要选择解释方法的观点也不可行，有肆意夸大刑罚必要性在解释方法适用中作用的嫌疑。更为关键的是，否定论者并没有为保证解释结果合法性构建有效的运行机制。

第二，考察各刑法解释方法，都是最终指向文本词语文义，并在文义揭示上体现出静态性、封闭性、主体单一性及统一性的特性，就各解释方法的目标指向与表征来看，其完全符合语义学的分析框架。

第三，从语用学的哲学层面观察，各解释方法在发挥作用时是融会贯通的，解释方法之间没有明晰的适用界限。换言之，各解释方法都可以在语用学的理论体系里找到归宿，且各自之间不存在位序分明的排列组合。

第四，刑法解释方法之间没有位序，解释主体在语境分析、前见引入、视域融合、交流商谈等语言运行机制上完成对刑法词语文义的揭示。为了保证文义解析的合法性，需要通过设定语境边界、法律商谈及后果考察等几个层面进行合法性与合理性考量。

CHAPTER3 第三章

刑法解释边界分析

刑法文本是立法主体制定出来应对实践需要的规范条文，文本自身承载着立法主体的精神内涵，是对以往立法经验的规范认可，也是对社会需要的理性回应。有鉴于此，当我们面对刑法文本时，总是希望通过探寻立法意图以获得文本意义。当刑法规范有未能规范之处，社会就会期望立法主体尽快给予回应。

第一节　刑法解释边界的内涵

一经立法完毕，刑法文本就开始在司法实践中寻找其存在的价值。易言之，唯此，在司法适用中，立法文本才有发挥起作用的空间和地方，如果立法文本不能与实践对接，其则没有存在的必要，规范价值与社会意义也就不能彰显。当然，刑法文本一旦适用于司法实践，其规范主体行为、保障社会秩序的功能就会得以显现。同时，一旦对接司法个案，刑法文本存在的问题也随之浮现，既有因规范文本滞后而不敷沿用的情形，也有因规范文义多元而选择艰难的情况，还有因文义夸张过度而导致类推适用的结果。

通过观察刑法文本的司法适用，就能发现刑法文本在实际使用中存在的不同问题，其中，如何保障在刑法文本之内解读规范显得尤为重要，这既是遵循罪刑法定原则的内在需要，也是保障公民合法权利的外在诉求。从刑法发展的维度看，刑法规范边界研究从来都是一个重要问题。在刑事古典学派时代，罪刑法定原则成为刑法的基本原则，刑法规范的确定性与稳定性是最典型的特征，确保在规范之内阐释规范文义成为对司法主体最低限度的要求。及至新古典刑法时期，虽然有学者提出刑法解释边界不易探究，但在规范文义内阐释文义的传统得以延续。在刑事社会学派时期，罪刑法定原则的刚性逐渐被削弱，公民权利保障开始不再是司法主体的必选项或者首选项，社会秩序的重要性逐渐为司法主体关注和侧目，刑法规范的政策性与灵活性开始占据重要位置，尽管如此，对规范文义的解读还是没有脱离规范文本。及至新社会防卫理论问世以来，刑事政策刑法化色彩更为浓厚，在调和传统刑法思想的同时，新社会防卫理论更为关注科学方法论与理论批判，在规范文义解读上，西方社会虽然不断出现赞同类推解释的论调，但主流刑法理论依然主张在规范文义内探究词语文义。

从解释学的角度考察，在文义解释之下有扩张解释与限缩解释之分，前者是指，为了规范新出现的危害行为，解释主体突破规范文义的传统内涵，对规范语词做出的扩张性诠释，比如，将电子邮件、手机短信、微信等新的通信方式纳入侵犯通信自由罪的规制范围；贪污罪犯罪对象的财物内涵也随着社会发展而发展，两高将传统财物概念之外的赃款赃物、保险基金、社会捐助等内容解释为贪污罪的对象；组织卖淫罪中卖淫的内涵也不再局限于异性之间，而是扩展至同性之间以营利为目的的性交易活动等。就扩大解释而言，是在词语文义之内进行的解读，并未超出规范的文义范畴，因此，符合罪刑法定原则，为主流刑法理论认可，并经常在司法实践中为司法主体采用。不过，虽然理论界对扩大解释的合理性没有太多异议，但与之密切关联的解释概念，即类推解释则为理论界与司法界的警惕和反对。同样是在规范语词传统文义基础上扩张，类推解释比扩大解释又往前推进了实质性的一步，易言之，类推解释突破了规范文义能涵盖的范畴，在规范文义之外进行诠释，导致解释结果不能为规范词语文义涵摄。鉴于类推解释是在规范文义之外进行文义创设，故不再属于规范解释而进入规范续造范畴。从刑法文本的内在价值看，其实质是从限制公权力的维度保障私权利，防止公权力肆意扩张而损害公民权，进而在法律解释上要求解释主体保持谦虚和内敛，由此，即使是扩张解释也需要谨慎适用，以保障公权力在规范文义之内运行。鉴于类推解释文义突破的欲望和属性，刑法解释往往将其拒之门外。比如，行为人投放虚假炭疽杆菌被判定构成以危险方法危害公共安全罪、购买不符合标准的医疗器械被认定构成销售不符合标准的医用器材罪、军警人员抢劫被认为构成冒充军警人员抢劫等。

扩大解释与类推解释都是在规范文义基础上的文义阐释，前者被认为符合刑法精神，后者被认为背离刑法原则。既然两者是不同的解释技巧，在刑法解释中承担着不同的解释机能、具有不同的地位，那么，如何对两者进行区分显然成为一个亟待解决的问题。从刑法理论上看，扩大解释与类推解释的区分也是存在分歧的，比如，木村龟二提出，扩大解释与类推解释的区分是困难的。〔1〕考夫曼教授认为类推解释无处不在，刑法解释中不可能禁止类推。〔2〕国内也不断有学者质疑并反对类推解释的合理性与可能性；德沃金认为，法律规则不能涵摄的事情可由法律原则规制，即通过建构法律原则，则无需考虑类推解释问题。〔3〕不过，国内外主流刑法理论依然认为，只要根据文义可能性就可以将两者区分开来。从语义哲学上看，扩大解释与类推解释的区别又是微妙的。质言之，在语义学层面，如何区分两者并不困难，也即词语的文义可能性。但遗憾的是，词语的语义并不像语义学认为的，有固定的界限、有明确的范围。比如，放在语用学层面进行考量，两者之间并没有严格的界分界限，作为语言载体的词语，其文义是呈流动性的，在不同的语境中适用，其表征的内涵也会有不同。既然词语文义解读的重要参数，语境是变化的，文义解读结果也不会是变动不居的。从解释实践上看，将两者区分也存在诸多障碍，如何确定文义的界限，及刑法文本的解释边界从来都不是一个轻松的话题，并导致在解释实践中不时出现有争议的解释结论。当然，在实践上之所以出现对解释结果持不同意见的声音，根本原因还是源于理论上对刑法解释边界的不同看法。

总之，在对刑法规范做文义解读时，需要为解释主体提供一个可以参考的边界，以确保解释结果符合罪刑法定原则。由此，刑法解释边界的内涵就是，解释主体在对文本词语进行文义诠释时，解释权利抑或解释权力能达到的最远距离，规范文本能涵摄的最大范围。

第二节 刑法解释边界的属性

在刑法解释活动中，解释边界是解释主体需要关注的重要问题，也是构

---

〔1〕［日］木村龟二主编：《刑法学词典》，顾肖荣、郑树周等译校，上海翻译出版公司1991年版。

〔2〕［德］亚图·考夫曼：《类推与“事物本质”——兼论类型理论》，颜厥安审校，吴从周译，新学林出版股份有限公司1999年版，第9~11页。

〔3〕［美］德沃金：《法律帝国》，李常青译，徐宗英校，中国大百科全书出版社1996年版，第196页。

建刑法解释理论绕不开的话题。对于不同的诠释主体而言，对刑法解释的边界理解可能会有不同：有人认为，刑法解释边界是清晰可辨的，有人则认为，刑法解释边界是模糊的；有人认为，刑法解释边界是语义学的内容，有人则认为，刑法解释边界属于语用学范畴。尽管认识上有不同，刑法解释边界有些特性却是共通的，比如，刑法解释边界的稳定性、刑法解释边界的变动性、刑法解释边界的可辨性，等等。

第一，刑法解释边界的稳定性。刑法解释的边界具有稳定性，这与刑法规范的稳定是相通的。刑法规范在制定完毕之后，在一段时间内是保持稳定的，这种稳定不仅指立法主体不必在短期内对规范条文进行修改，还包括规范解释主体对规范条文的含义诠释具有延续性。首先，从刑法规范之身看，稳定性是其规范社会主体行为的重要指数，唯有保持规范内涵稳定，才能保证公民行为预期，在一段时间内推动社会秩序的有序运行。比如，刑法中的故意杀人不包括见死不救，对此，除非做出立法修改，一般意义上的见死不救行为是不能解释为故意杀人。鉴于此，刑法解释的边界也会具有一定稳定性，解释主体在规范文义诠释时需密切关注解释边界的稳定性，以确保司法行为的连续性和一致性。

其次，从社会学看，语言是社会主体交往的工具，是社会发展的润滑剂，社会发展是连续性与变动性的统一，因此，语言在一定期间内也具有稳定性。比如，枪支具有特定内涵，枪支管理办法对枪支做了详细、具体界定。在一定期间内，枪支的内涵是保持不变的，与其不同的大炮无论如何是不能混为一谈的。再如，车票、船票的内涵是有社会含义的，飞机票的社会意义与之明显不同，不能等同视之。

最后，从语言学上看，作为语言载体的规范文本在语义上具有内涵特指。根据哈特的语言开放结构属性可知，词语结构可划分为三个层面：核心区域、中间区域与边缘区域。[1]根据词语的逻辑结构，其含义揭示常常发生于核心区域，中间区域则是词语的含义模糊区域，这个区域常常是词语界分困难的区域。至于边缘区域已经超出词语的涵摄范围，如果在边缘区域解读词语往往发生语言创设功能，在刑法领域不被容许和提倡。质言之，虽然规范词语结构有三个区域，但经常为我们所见且经常适用的是核心区域，而非中间区

〔1〕［英］哈特：《法律的概念》，张文显等译，中国大百科全书出版社1996年版。

域，更非边缘区域。由此，在理论和实践上，对核心区域的关注应该是一种常态，构成司法实践的主要部分。当然，在词语结构的核心区域，其文义是固定，也是为公众所知的，基本不存在认识上的差异，正是词语的核心文义构成我们适用法规规范的主要领域，核心文义往往是稳定的。

第二，刑法解释边界的变动性。刑法解释边界的稳定性是相对的而非绝对的，在一定情形下，刑法解释边界会发生变动，这种变动的发生不是常态的但却是重要的，尤其是在处理刑法疑难案件时，经常能看到刑法解释边界发生变动的情况。总的来看，刑法解释边界变动主要表现为两种情况：

第一种情况是，在语言的核心区域不能做出合理解释，只能在中间区域进行合理诠释。突破规范文义的核心区域到中间区域诠释规范文义，这种突破并没有超出词语文义的可能范畴，与社会主体的一般认识具有一致性，还属于规范文义解释，并未进入规范创造领域，往往能得到允许和认可，这在解释理论与司法实践上都较为常见。比如，财产犯罪的对象是否包括无体物，诸如天然气、电、液化气等，比较早的司法实践认为，盗窃罪的对象是有体物品，但随着有价值、可控制界无体物的出现，也都相继被纳入财产犯罪对象范畴。再如，刑法意义上的武器，早期的司法实践认为武器是指具有杀伤力的枪支、刀具、棍棒等工具，后来随着利用硫酸、盐酸、病菌伤害行为的发生，武器的内涵开始被进一步扩展，将其他具有伤害功能的工具都归入武器范围。从社会效果上看，财产犯罪的对象与伤害罪的工具在内涵范围上的扩大，是从词语核心区域到中间区域的发展，尽管突破了传统的公众认知，但依然获得了社会主体的认同，并且从实质意义上考察，并没有突破的词语的可能文义，由此，这种含义变动是在规范文义之内的变动，也是获得社会认可的变动。

第二种情况是，在语言的边缘区域进行的变动，也即，从解释结果看，已经从语言的中间区域来到边缘区域，在变动的幅度上远大于第一种情况中的语义变动，因此，这种变动也经常导致在理论界的分歧与纷争。当然，这种语义变动往往是源于刑法规范的缺陷或滞后，在未对刑法规范做出立法修改的情况下，如果不能在语义上进行适当突破，就会造成刑法规范适用的不足，从而导致实质正义的缺失。从法理上看，这种语义变动已经突破语义的可能范围，进入规范续造阶段，但是源于社会现实需要及社会秩序的维护，这种变动也往往能得到社会主体的认可。从实践来看，这种语义变动较少，但在司法解释上也不乏个例。比如，受贿罪的犯罪对象是财物，从语义考察财物，可以理解为具有价值、可控制的各种有体物或无体物。随着社会发展，受贿对象也发生变化，各种与财物有较远距离的财产刑利益进入司法视野，比如，免费提供房屋居住、免费提供车辆使用、免费提供旅游、提供各种干股等，这些财产性利益与财物具有密切关系，与财物又有明显区别，并不能将其轻而易举归入财物涵摄范畴，但是，为了应对实践上越来越多的财产性利益受贿行为，司法解释主体显然等不及立法主体对行贿罪的修订，而是通过解释将财产性利益纳入财物的文义范围。从外国或其他地区的刑事立法看，单纯规定贿赂是财物的国家也不多见，而且多数国家都把财产性利益以外的不正当利益作为贿赂的对象，如《格陵兰刑法典》第 27 条规定了公职人员非法要求或答应接受财物或其他利益者，构成受贿罪。我国台湾地区“刑法”规定了公务员或者仲裁人对于职务上的行为、要求、期约或者收受贿赂或其他不正当利益者，可构成不违背事务之受贿罪。〔1〕

再如，交通肇事罪的主观罪过是过失，根据刑法总论的规定，过失不能构成共同犯罪，也即，交通肇事罪不存在共同犯罪。不过，在实践上会出现一种情况，行为人发生交通肇事往往与车主、乘车人或其他人的指示、指使、命令、劝导等行为有关，且其对行为人违章驾驶具有重要的推动和影响，但是，根据刑法规定，类似行为虽然危害性非常严重，却显然不能纳入刑法规范范围。两高遂发布司法解释，对上述行为导致交通肇事罪发生的，对车主、乘车人或其他人以交通肇事罪进行处罚。虽然没有司法解释明确指出与交通肇事主体构成共同犯罪，但显然是根据共同犯罪理论对上述行为进行的认定。对此，理论界虽有异议和批判，但依然得到理论上与司法上的一定认可，且未引起其他社会主体的广泛的反对与指责，并在司法实践中得以实施。显然，司法解释主体对交通肇事罪主体做了超出词语内涵文义的解释，是超出刑法解释边界的典型表现，已经构成刑法理论上类推解释，但从结果看，这种解释边界的变动并未引起社会规模化的反对。

第三，刑法解释边界的可辨性。刑法解释边界如何确定是理论界一直争议的话题，也即扩大解释能将规范文义延伸到哪里，才不会沦落为类推解释

〔1〕 参见伍柳村主编、赵长青等编著：《贿赂罪个案研究》，四川大学出版社 1991 年版，第 10 页。

并受指责。针对刑法解释的边界，不断有学者从不同纬度构建辨析标准，比如，文义射程、大吃一惊、罪刑法定、逻辑内涵、犯罪构成等。〔1〕分开来看，每种界分标准都有一定程度的合理性，且辨识角度各异，分别为解释主体、刑法规范、社会大众、犯罪构成等。但是，各种标准同时暴露出一个问题，即单个标准都不能较好完成规范文义的界分功能。基于此，有的学者提出综合说，也即，将各个标准进行分别组合，构建不同的综合标准。〔2〕综合标准似乎较好兼顾了单个标准的优点，但通过分析可知，综合标准将标准简单组合，并未起到明显的优化效果，反而给人以生拼硬凑的印象。

纵然刑法规范文义具有流动性，词语文义具有语用性，词语结构具有开放性，但立足于主客观两个方面，依然可以为界定词语文义提供好的参照标准。首先，从客观的词语文义出发，探寻文本内涵。刑法文本是语言的载体，在一定时空下，文中的词语文义是确定的、明确的，可以为诠释主体认知并揭示的，比如，盗窃、绑架、贩毒、贪污、知识产权，等等。根据语言的社会联系功能，在一定的社会形态下，词语涵摄的语义应该是清晰的，惟此，才可以成为联系社会不同之间的纽带，因此，不管是语言的核心含义，或者语言的开放区域，基本都是达成社会共识的。所以，在对规范语词内涵进行揭示时，需先基于词语本身，对词语文义进行解读和诠释。其次，从社会大众的角度出发，探究规范文义内涵。就规范文义揭示主体而言，须从规范文义开始进行内涵分析，然后，基于社会民众的一般看法，对规范的文义进行认识、调试、裁剪和揭示。刑法规范既有较强的专业性，也有大众性，规范文义解读需要解释主体立足于规范文义，但这仅是基础，还需要考虑社会民众的感受，否则，即使规范诠释符合词语文义，但也不能获得民众认可，比如，正当防卫、非法持有枪支、非法猎捕珍贵动物、盗窃金融机构，等等。因此，就文义解释而言，必须立足于规范自身，再认真考量社会民众的意见，在规范文本与民众意见之间循环往复，不断达致对规范的精确解读，在解释主体、规范文本与社会民众之间形成视域融合，通过不同主体之间的商讨机制，最后达致对规范文义的精确透视和解释。

---

〔1〕吴丙新：《扩张解释与类推解释之界分——近代法治的一个美丽谎言》，载《当代法学》2008 年第 6 期。

〔2〕张明楷：《刑法学》（第 3 版），法律出版社 2007 年版，第 49 页。

第三节 刑法解释边界判断因素

刑法规范边界的认识和分析是刑法解释的基础，如果不能对刑法解释边界有科学、合理的认识，就不能在实践上完成规范类推解释和扩大解释的区分，也就不能做到准确、正确、科学诠释规范文义。从实践上看，在辨析和判断刑罚解释边界时，常常受以下因素的影响和制约，如社会背景、解释立场、解释理念、解释方法、解释理论等，上述内容会对刑法解释边界认识和判断产生或多或少的影响。

首先，从社会发展背景看，不同社会形态对刑法规范认识具有重要影响，对刑法解释边界的判断具有重要意义。在西方现代社会语境下，刑法机能主要集中于公民权利保障。鉴于刑法教义学与刑事政策学之间存在距离，法外因素对刑法规范发展和司法适用的影响有限，由此，刑法规范的边界在一定期限内保持相对稳定，除在个别条款中有所变动之外，刑法解释边界整体上呈现稳定态势。这种态势可以透过德、日等国的刑法立法发展状况获悉，也可以通过规范适用状况及刑法理论发展情况获知。

随着西方社会从现代社会进入风险社会，风险开始在各个领域呈高发态势，传统工业社会下的自由保障开始向秩序安全侧重。反映在刑事立法当中，新的个罪罪名不断出现，处罚预备犯成为常态，过失危险犯开始受到关注，帮助犯日益正犯化。在刑法理论上，法益抽象化、刑事处罚早期化、积极的一般预防、机能理性主义等开始主导理论发展。既然在刑事立法与刑法理论上，刑法的规范内容都在不断发生变化，刑事处罚的界限不断前移，犯罪构成的门槛不断降低，反映在刑事司法上就是，刑法解释边界也随之变化，解释主体开始尝试从行为手段、行为对象、行为主体等层面减少犯罪构成认定的难度，积极主张将政策因素融入刑法规范并对案件认定构成影响，努力为秩序保障提供更为充分有力的规范性措施。于是，在风险社会中，呈现给世人的是风险刑法，犯罪构成的标准不断前移，犯罪构成的门槛不断降低，犯罪构成的要素不断减少，致使刑法解释边界也不断随之前移。[1]

我国当下的社会形态较为复杂，总体处于社会转型阶段，既有前现代社

〔1〕 劳东燕：《公共政策与风险社会的刑法》，载《中国社会科学》2007 年第 3 期。

会的特征，也有工业社会的属性，并呈现出风险社会的表征。也即总体看来，我国社会属于压缩性的社会形态，各种社会背景要素共存，因此，不但有我国特有的历时性社会要素，还有国际范围内的共时性社会背景，呈现出比西方社会更为复杂的社会形态。“中国社会的现代性是后发的、复合的，具有典型‘时空压缩’特性，从历史角度来理解，传统、现代和后现代三种不同时代因素已压缩到同一时空之中，使得中国社会风险的来源更加复杂和多样。”〔1〕鉴于此，我国社会中不但具有前现代社会下的传统风险要素，还具备工业社会下的现代风险，诸如环境风险、食品风险、交通风险、核设施风险、股市风险等，各种传统风险、制度风险、技术风险无不体现在我国社会主义市场经济建设当中，与西方社会中的风险因素相比，有过之而无不及。由此，在我国的社会治理体系当中，刑法也成为整个拼图体系中的重要组成部分。同样，为了抑制和应对各种社会风险因素，刑法理念开始发生转变，犯罪观、刑法观及责任观都在发生变化，以契合风险社会下秩序保护的需要。与此对应，刑事立法在新的刑法修正案中发生诸多变化，体现出刑事处罚提前的立法属性。基于此，刑法解释层面也随之发生改变，刑法边界在新的解释理念冲击下不断发生变化，以回应刑事立法与刑法理念在风险社会下呈现出的特性。

其次，从解释立场、解释理念、解释方法看，不同的立场、理念、方法都会对刑法解释边界产生不同影响，并最终影响规范解释结果。

第一，刑法解释立场有主观说、客观说与折中说三种观点。主观说主张探寻规范文义应立足于立法原意，探寻立法原意的渠道有立法材料、立法说明及法条本身。根据主观说，其将规范文义诠释依托于立法意图与法条本身，反对用发展的眼光看待规范条文，排斥规范条文自身的成长和完善。从主观说理论可知，其更倾向于法条原意与规范本身，对规范之外的因素不感兴趣。该种观点的长处是可以保证规范的稳定性和确定性，不足则是缺乏对规范条文灵活性与变动性的关注。也即，根据主观说诠释规范条文，在解释边界上往往是确定的，不易变化的。相反，客观说则主张，规范条文是文义揭示的重要基础，除此，还需关注社会发展与现实需要，包括公共政策、民众诉求及风俗传统都是解读规范文义的参考因素。由此，根据客观说，规范条文的

〔1〕 夏玉珍、吴娅丹：《中国正进入风险社会时代》，载《甘肃社会科学》2007 第 1 期。

文义不但具有稳定性，还有变动性，会根据社会发展及时成长和完善，规范成长的路径则是通过诠释主体文义揭示的过程完成的。当然，根据客观主义诠释规范文义，鉴于各种法外因素对规范诠释的影响，诠释结果往往会根据立法目的、政策需要、民众诉求而发生改变，也即，刑法规范解释边界会因势而动，以确保刑法规范的合理性与科学性。当下来看，客观主义的解释立场已经获致主流理论认可，并成为解释主体诠释规范条文时重要的立场选择，这在司法解释、法官解释及理论解释中刑法规范的实践现状可以发现，表明从社会发展维度探寻刑法规范文义是符合法律发展规律的。

第二，刑法解释理念有形式解释与实质解释两种理论，形式解释论主张从犯罪构成出发诠释罪名成立与否，坚持形式主义逻辑的司法模式；实质解释论主张从刑罚妥当性出发分析和选择犯罪构成，构建的是辩证主义的司法逻辑。从理论发展历程看，解释理念之争是中国刑法理论上的特有现象，与我国罪刑法定原则形式、实质两个侧面理论有关，也与形式的犯罪构成与实质的犯罪构成有关，并和法理学上形式正义与实质正义相连。经过数年来的发展，刑法解释理念之争已经成为我国刑法理论上的重要学术聚讼，参与争议的学者、争议的时间及争议的强度都达到了新的历史高度。从形式解释看，其主张传统的从罪名到刑罚的诠释路径，也即，先分析危害行为是否符合犯罪构成，据此判断是否需要给予刑事处罚，这是一个完整且典型的三段论司法逻辑。形式主义司法逻辑，坚持犯罪构成分析立足于犯罪事实，而对之外的政策要素、司法目的、社会舆论都持排斥态度，因此，在刑法规范诠释上往往是基于规范本身，对规范之外的因素则没有兴趣，刑法规范诠释结果往往能保持一致性与稳定性。〔1〕相对地，实质解释的理路则是相反的，其主张刑法规范适用至疑难案件时，需从刑罚必要性出发进考量犯罪构成选择，这个路径与形式解释不同，坚守的是从刑罚到罪名的反三段论司法逻辑。在实质解释这里，刑罚必要性考虑常常与公共政策、政治判断、民众诉求、风俗传统等要素联系，因此，在犯罪构成要件分析及犯罪构成选择上会有更多法外因素的痕迹，并最终影响司法认定结果。〔2〕鉴于实质解释与法外因素的联系，在刑法规范诠释时，规范文义的解释往往带有鲜明的时代特色与政策属

〔1〕 陈兴良：《形式解释论的再宣示》，载《中国法学》2010 年第 4 期。

〔2〕 张明楷：《实质解释论的再提倡》，载《中国法学》2010 年第 4 期。

性，于是，在刑法解释边界层面也会发生同样的事情，会根据时代需求、政策判断等因素而发生变动。

第三，解释方法有文义解释、历史解释、体系解释与目的解释的主流分类。根据不同的解释方法诠释刑法规范，会得到不同的解释结果，其中，以文义解释与目的解释表现尤为明显。国内法理学界与刑法学界都曾就刑法解释方法排序问题做过争论，主要就是文义解释与目的解释之间的关系该如何定位，对两者定位不同会影响到规范诠释结果，自然会影响到刑法解释边界的判断问题，所以，这里需要对文义解释与目的解释之间的关系进行阐述并做分析。文义解释主张，从规范自身出发诠释规范文义，文义解释居各种解释方法之首位，其他解释方法都是为揭示文义而存在的，且解释规范需要以规范文义为开始，至规范文义为结束。根据文义解释论，文义解释是首要的解释方法，其他解释方法都需要围绕文义解释展开。鉴于文义解释相对崇尚规范的独立地位，即使考虑规范目的、立法背景及法律体系等要素，也是为了规范文义揭示而进行的。由此，在文义解释这里，规范诠释的独立性、稳定性及一致性是最重要的，也是推动法治社会建设的重要路径。反观目的解释，与文义解释的思路不同，目的解释观认为，文义解释为规范文义揭示提供了基础，但最终决定规范文义的是立法目的。也即在所有的解释方法里目的解释地位最为重要。鉴于目的解释论相对青睐规范目的探寻，就会与社会发展、公众判断、政治考量等政策要素紧密相关，并通过目的解释进入规范诠释当中，进而改变规范自身的含义，以推动刑法规范成内部生长，因此，目的解释观下的规范解释往往呈现出变动性、时代性及灵活性等特征。反映在刑法解释边界上，也是征表出灵活性、流变性的一面。

刑法解释边界是解释学上的重要问题，但从理论发展看，学者对该问题并未给予充分关注，即使有学者谈到这个问题，也往往是从探讨刑法解释限度、角度着手的，并对该问题本身进行充分有效的考察和论证。因此，应对刑法解释边界应给予足够多的侧重，既要充分阐释刑法解释边界面临的问题，还要为下文构建刑法解释边界理论提供论证基础之目的。

CHAPTER4 第四章

刑法扩大解释研究

基于现代刑法的精神和宗旨，类推制度和类推解释在我国刑事立法和司法实践中已经没有生存空间，理论界对废除类推制度也持赞成态度。但是，与类推解释有着紧密联系的扩张解释却很幸运，一直受到司法界和理论界的垂青，并在司法实践中发挥着重要作用。我们认为，作为一种解释方法，扩张解释有其积极意义和正向价值，不能否认其在维护社会秩序、保障刑法稳定方面的作用。但是，也应看到扩张解释的消极作用和负面价值，并需对其司法适用做相应的规范和限制。

第一节 罪刑法定与刑法解释

罪刑法定是近现代社会公认的刑法基本原则，从诞生到现在，经历了绝对罪刑法定向相对罪刑法定的历史嬗变。绝对罪刑法定由刑事古典学派所倡导，刑事古典学派主张主观解释论，坚持绝对罪刑法定，严格限制刑法解释，要求在解释中只能就刑法条文进行阐释，而不能进行规范意义的解释。在严格解释体制下，刑法解释要求再现立法者的立法原意，否认法官解释，把法官的角色定位于法律的机械执行者。如贝卡利亚（Beccaria）曾提出："严格遵守刑法文字所遇到的麻烦，不能与解释法律造成的混乱相提并论。这种暂时的麻烦促使立法者对引起疑惑的词句作必要的修改，力求准确，并且阻止人们进行致命的自由解释，而这正是擅断和徇私的源泉。"〔1〕随着刑法理论的

〔1〕［意］贝卡里亚：《论犯罪与刑罚》，黄风译，中国大百科全书出版社 1993 年版，第 3 页。（此书作者在本书中统一译为了"贝卡利亚"。）

进化，绝对罪刑法定原则不断得到修正，形成当前为刑事实证学派倡导的相对罪刑法定原则。刑事实证学派从社会本位出发，主张客观解释论，认为刑法解释是时代和社会的需求，对法律应作出灵活的自由解释。“如果没有好的法官来实施，最有学术价值和崇高的法典也不会产生多大的效果。但是，如果有好的法官来实施，即使法典或法令不太完善也不要紧”。〔1〕但是，司法本身的性质决定了它对立法的一定从属性，如果过分强调刑法解释的自由性和司法的自由裁量权，就可能造成司法擅断。因此，刑法解释的自由必须有限度，这是罪刑法定原则自身所具有的限制机能决定的。

刑法是一个相对封闭的规则体系，刑法典一经制定就具有了稳定性，因此，若要获得持久的生命力，就需要通过解释对刑法典予以补充与完善。“成文法犹如一个法律的编织物，如果有编织者的话，它在任何程度上也不影响成文准则的变化形式，即使有也难以用案例来验证那些不成文准则是否符合实际情况。”〔2〕作为法律这个“编织物”的使用者，法官享有一定程度的自由裁量权就成为必然。但鉴于刑法保障机能的重要性与罪刑法定的原则性，对刑法解释权限应予以限定，否则，解释主体会借刑法解释之名而行侵害公民权利之实。一般认为，立法权与解释权分属两个不同领域，不能相互僭越和代替。在由绝对罪刑法定主义转向相对罪刑法定主义过程中，经历了一个由严格解释到自由放任再到限制解释的过程，伴随的则是司法自由裁量权限制与扩张之间的博弈。就刑法解释的两种基本论点而言，主观解释论与客观解释论各有特色。主观解释论主张探寻立法原意，解释者只需阐明刑法规范的立法原意，一切超越立法原意的解释皆违反解释精神，也与罪刑法定原则相背离。客观解释论则要求解释者诠释刑法的规范意义，阐释刑法条文的客观内涵，而不仅仅局限于刑法条文之立法原意。梅因曾指出：“成案和先例先于规则、原则及差别存在，法律适用于一致、连续和类似。在法律规则的静态使用中，无例外地一致和类似地适用没有问题，但在发展的过程中如何保证既不违反一般规则又能使‘断裂’连接?”〔3〕也就是说，在法律进化过程中，如何通过司法适用发展和完善法律，以弥补法律的缺陷和漏洞?如果允

〔1〕［意］恩里科·菲利：《犯罪社会学》，郭建安译，中国人民公安大学出版社2004年版，第2页。

〔2〕［美］E. 霍贝尔：《原始人的法》，严存生等译，贵州人民出版社1992年版，第26页。

〔3〕［英］梅因：《古代法》，沈景一译，商务印书馆1959年版，第5~6页。

许解释对刑法的漏洞予以填补，对立法予以发展，则有可能突破立法，造成司法权对立法权的侵犯；如果不允许解释完善立法，则又会导致立法的滞后，解释仅有统一司法和执法的功能，而没有对立法的发展和促进作用。因此，就会出现一种两难情势：若在司法实践中不能使解释发展立法，就不能及时应对社会变迁，更不能为刑法的修改和完善创造条件；若在司法实践中允许解释突破立法，则会导致解释代替立法，并进而导致解释机关利用解释扩大刑罚权的适用空间。在现代刑法的机能理论中，权利保障机能应优于权力保护机能。因此，立法权与司法权应当具有明确的界限，刑事立法的缺陷和漏洞只能通过立法予以完善，不允许将模糊的罪与非罪的边界交由司法主体来界定，更不允许通过刑法解释将非罪行为纳入刑法的规制范畴中，法官则只能依据法律的明文规定，如果法律没有规定某种行为为犯罪，就应作无罪处理——即使这种行为具有社会危害性，司法机关也只能“望罪兴叹”，无所作为。[1]在法律没有将某种具有社会危害性的行为视为犯罪的情况下，实施该行为就不具有刑事违法性，司法机关就无权进行处罚。正如英国学者丹宁（Danny）所言：“一个法官绝对不可以改变法律编织物的编织材料，但是他可以，也应该把皱折熨平”。[2]在论者看来，“熨平法律皱折”属于司法机关的自由裁量权，可以由法官根据条文予以解释，而“改变法律编织物的编织材料”则超出了法官自由裁量的权限，有破坏罪刑法定之虞。那么，如何才能使刑法解释尤其是扩张解释与罪刑法定原则相一致，即扩张解释的限度究竟如何限定、理论界并没有给出明确、统一的标准。

第二节　扩大解释边界理论评析

扩张解释是对超出刑法条文通常字面含义进行的解释，但并不可以无限地超越字面含义进行随意解释，“扩张”必须有一定的合理限度。刑法学界在扩张解释的限度问题上提出了各种观点，每种观点都有一定的合理性，又兼具一定的缺陷，适用任何一个观点都不能达到准确界定扩张解释边界的目的。

---

〔1〕周少华：《罪刑法定在刑事司法中的命运——由一则案例引出的法律思考》，载《法学研究》2003年第2期。

〔2〕［英］丹宁勋爵：《法律的训诫》，杨百揆等译，群众出版社1985年版，第10页。

对于理论界的各种观点及其不足，下文将逐一介绍，并在此基础之上提出适合于界分扩张解释与类推解释的观点。

一、可能含义说

该说认为，扩张解释应以文义“射程”为限；超出“射程”之外，不属于扩张解释；扩张解释可以超出刑法规定用语的应当含义，但不能超出法规定用语的可能含义。或者说，刑法解释是否属于扩张解释，是以是否超过刑法的通常的、普遍的、一般的含义为标准来划分的。“从法制国家理由出发，可能的词义标准是不可缺少的。因为它提供了唯一的在客观上可以检验的特征。而该特征从可能达到的可能性加以认识，由此使得法官对自己创造之法律开始负责。”〔1〕但在具体的案例中，对于词语的解释是否超出了“词语可能包含的意思”，往往争议很大。例如，司法实践中的抢劫借据、伪造身份证、变造邮票〔2〕等，在这些案件中，借据能否解释为财物、购买伪造身份证者能否构成该罪主体、编造能否解释为伪造等，在理论界存在很大争议，利用“可能含义说”标准并不能解决这些疑难问题。

二、合法合理标准说

有的学者认为，扩张解释应以不违背立法基本精神（合法限度）和字义所能扩张的合理程度（合理限度）作为限度，凡超出刑法立法基本精神和字义所能扩张的合理程度的扩张解释就违背了罪刑法定原则，不违背刑法基本精神和不超出字义所能扩张的限度的扩张解释则符合罪刑法定原则。可见，论者在扩张解释的限度上采取了合法限度标准和合理限度标准两个标准。〔3〕合法合理标准说的主要不足在于将“合法限度标准”界定为“合乎刑法立法

---

〔1〕［德］汉斯·海因里希·耶赛克、托马斯·魏根特：《德国刑法教科书》（总论），徐久生译，中国法制出版社2001年版，第197页。

〔2〕2000年11月15日最高人民法院通过的《关于对变造、倒卖变造邮票行为如何适用法律问题的解释》的规定，“对于变造或者倒卖变造的邮票数额较大的，应当依照刑法第227条第1款的规定定罪处罚”。即对于变造和倒卖变造的邮票行为，依照《刑法》第227条的“伪造、倒卖伪造的有价票证罪”定罪处罚。

〔3〕赵秉志、张军主编：《中国刑法学年会文集（第2卷）：刑法实务问题研究》，中国人民公安大学出版社2003年版，第117~122页。

的基本精神”，而这是非常抽象的，也是难以把握的，也给借扩大解释之名行类推解释之实的行为提供了可能。此外，论者谈到的“合理限度标准”并未具体展开，即其并未对解释到多大程度属于合理给出具体的标准，而且对如何协调其所提出的“合法限度标准”和“合理限度标准”之间的关系也未能具体言明，两者出现矛盾时应如何处理也没有予以明确。

三、核心属性说

该说认为，凡是所解释的事项，具有被解释的概念所需要的核心属性的，就是合理的扩大解释，二者的区别仅仅在于解释结论是否超出刑法规范本身的蕴涵范围。[1]解释结论是否超出了刑法规范的核心属性，必须考察法律语词的含义。法律用语可能具有的含义分为三种情况：①一般人都能预想到的含义（核心部分）；②一般人都难以想到的边缘部分；③上述两者的中间部分。在第①种情况下应当肯定构成要件符合性，在第②种情况下原则上应否定构成要件符合性，司法实践中这两种情况比较容易判断，而对于第③种情况，则应通过考虑处罚的必要性来决定，但是，某种行为是否具备处罚必要性往往会出现分歧。比如使用轻微暴力抢劫他人少量财物，是否符合抢劫的核心属性？从处罚必要性上看，不同的司法主体可能会有不同观点。另外，不同时期也会有不同的处理方式，在严打时期对这种行为可能会入罪处理，而在非严打时期，则可能仅将这种行为视为一般违法案件处理。因此，处罚必要性并不是一个确定性概念，根据处罚必要性并不能达到准确判断解释事项是否符合规范核心属性的目的。

四、国民预测可能性说

日本学者西原春夫认为，划分扩张解释界限的基准不是国家维持治安的必要性，而应求诸于国民的预测可能性。如果把国家维持治安的必要性作为基准，就会发生无穷尽地剥夺国民行动自由的危险。因而，基准应该限定在以下场合：一般人会认为，如果那个行为按这项条文加以处罚的话，那么这个行为也按同样的条文加以处罚是理所当然的。但在司法实践中，对于一些

〔1〕 刘志远：《刑法解释的限度——合理的扩大解释与类推解释的区分》，载《国家检察官学院学报》2002年第5期。

案件的解释是否超出了国民的预测可能性，理论界和实务界有时会有很大分歧。例如，对于“拖拉机”是否属于《刑法》第116条破坏交通工具罪中的“汽车”，颇有争议。有的学者认为，应该对这里的“汽车”作扩大解释，即包括大型拖拉机。[1]有的学者认为，“将汽车作扩大解释，包括拖拉机在内不适宜，因为拖拉机无论是哪种类型，其工作原理与结构都与汽车不完全相同，将拖拉机包括在汽车中，只能说是一种不严肃地解释，而且会破坏‘汽车’固有的内涵。”[2]

五、逻辑含义许可范围说

该说认为，扩张解释必须在符合立法原意，并在原有法律条文的逻辑含义许可范围内进行。“逻辑含义许可范围”的具体判定标准是：所要解释的条款或用语与被解释对象应当是种属关系或包含与被包含关系，而不能是并列关系。在扩大解释的场合，所解释的两个事项间的关系是一定的种属关系，如“交通工具”和“推土机”；而在类推解释的场合，两个事项间的关系是同级并列的，正因为它们是同级并列的关系，才能得以比较它们的相似之处。[3]根据论者的观点可知，扩大解释应以立法原意为基准，并通过判断刑法规范语词与解释对象之间是否属于种属关系来界定扩张解释的边界，任何超出刑法条文逻辑许可范围的刑法解释都是违背罪刑法定原则的。总的来看，逻辑含义许可范围说比较合理，因为视立法原意为扩张解释的限度，不仅具有规范性与可操作性，而且与罪刑法定原则相一致。既然立法原意是扩张解释的边界，那么探讨刑法规范立法原意成为必要，但是，这也是逻辑含义许可范围说的不足之处，因为论者虽然提出立法原意与种属关系为扩张解释的边界，但是，其并没有给出如何获得立法原意的方法与路径。

第三节　扩张解释的价值诠释

从经济学意义上讲，价值有正价值和负价值之分。正价值是主体赋予客

---

〔1〕张明楷：《刑法学》（第2版），法律出版社2003年版，第546页。

〔2〕林亚刚：《危害公共安全罪新论》，武汉大学出版社2001年版，第151页。

〔3〕王勇：《定罪导论》，中国人民大学出版社1990年版，第202页。

体的满足主体需要的属性，负价值是客体中存在着与人的需要相对抗的属性。现实社会中，负价值的广泛存在使得正价值与负价值的对立为理论界所承认。正价值与负价值的对立首先表现在人们实践的不同结果方面。正价值是人们实践的目的，负价值则与人们实践的目的相反，是人们实践中力图限制消除的内容，但负价值的产生不可避免。

反映到法律层面，我们需要关注法的正价值，但也不能忽视法的负价值。尽管从自然法学的观点来看，法的价值只能是应然的价值，因而法只有正价值而没有负价值，即恶法非法。但是，自然法不过是法的一种理想状态，更多的时候是实定法在发挥作用，自然法不过是起到一种宏观指导和价值判断作用。基于实定法和社会实践的紧密联系，它也像其他事物一样会对社会产生正、负两种价值。尽管有些学者不愿承认法的负价值，但它确实存在着。“法的价值理应是正的，为零、为负都是不应有的异常状况。然而，社会历史实际中又实实在在地存在着法的零价值和负价值。相对于故意掩饰法律客观的零价值和负价值，倒不如明确承认法律客观上的零价值和负价值。因为只有客观地承认了它们，才可能努力地避免它们，克服它们，争取法的正价值。”〔1〕

作为刑法理论上的概念，扩张解释的价值体系也应由正价值和负价值构成。但在学者的论著中，谈到的都是扩张解释的正价值，很少有学者论及其负价值。由此，作为刑法解释方法，扩张解释对社会产生的积极意义和正向影响是需要关注的，但我们也应该认真探讨和分析扩张解释的负向价值。

一、扩张解释的正价值

扩张解释的正价值主要反映在维护秩序安全和保障刑法稳定两个方面：

首先，扩张解释的维护秩序安全价值。秩序是法律的基本价值，也应该是刑法的基本价值。英国法学家彼得·斯坦（Peter Stein）和约翰·香德（John Shand）在《西方社会的法律价值》中阐述的西方社会法律制度有三大基本价值：秩序、公平和个人自由。在他们看来，一切法学都只不过是用各种各样的方式，描述法律能够在社会程度上实现秩序、公平和个人自由这些

〔1〕卓泽渊：《法理学》，法律出版社2004年版，第111页。

基本价值。[1]其实，无论是正义价值的追求还是自由价值的诉求都和秩序密切相关。如果社会秩序处于混乱状态，则企图实现正义和自由等价值的想法都是幼稚的。只有当社会秩序处于稳定的情况下，才为我们追求正义、自由等价值提供一个基本的前提和平台。因此，对秩序的维护是我们刑法重要机能之一。在司法实践中，很多情况下法官只需根据刑法文本的含义理解法条、处理案件就可以达到处罚犯罪、维护秩序的目的。但是，由于社会处于发展之中，新事物层出不穷，如果仅仅拘泥于刑法条文的字面含义解释法律、适用案件，刑法就会滞后于社会发展，规制犯罪行为、维护社会秩序的目标就会落空。就像有的学者所言：当前我国正处于社会发展变革时期，社会矛盾较突出，立法的滞后性等多种因素的存在，使得许多严重危害社会的行为在刑法上往往不能及时得到反映，如果对这些行为一概放任不管，不仅有违刑法立法初衷，也难以实现刑法的功能。[2]刑法作为其他部门法的保障法，作为维护社会秩序的最后屏障，应如何应对和处理各种新事物、新情况，扩张解释在一定程度上解决了这个问题。“扩张解释就是指法律条文之文义过窄，不足以表示立法真义，乃扩张法律条文之文义，以求正确阐释法律意义内容的一种解释方法。”[3]它可以将新出现的情况纳入刑法条文的规制范畴，以避免因无法可依而导致社会秩序的紊乱。并且，在维护社会秩序的基础之上，又可以实现刑法的正义规制价值和自由保障价值。

其次，扩张解释保障刑法稳定的价值。刑法的条文是有限的，立法者在立法之初，不可能将未来可能出现的各种情况都用刑法条文固定下来，正所谓“法有限、情无穷”。因此，任何希望通过一次立法解决未来所有问题的想法都是不切实际的。但是，法律的一个非常重要的特性就是稳定性。作为保障公民权利、维护社会秩序的刑法，需要在一定时期内具有连续性和稳定性，如果因为社会的变化而对刑法朝令夕改，则公民对行为的可预测性就会大大降低，公民对刑法的认同感和信任感就会严重受损。一方面是需要刑法保持一定的稳定性和连续性，另一方面是社会情势的多样性和嬗变性，如果一味地保持刑法的稳定，则刑法就会落后于社会而成为一纸具文；如果频繁的修

---

〔1〕 转引自许成磊、黄晓亮：《刑法价值新论》，载《云南大学学报（法学版）》2001 年第 4 期。
〔2〕 何荣功：《论刑法扩张解释的根据、类型及适用》，载《中国刑事法杂志》2004 年第 4 期。
〔3〕 董皞：《司法解释论》，中国政法大学出版社 1999 年版，第 1 页。

改刑法，则刑法的威信和尊严将不复存在而成为摆设。对于这种刑法上的二律背反现象需要找到妥协和解决的办法，而扩张解释就是其中之一。“成文刑法是以固定的文字对应现实社会可能发生的犯罪，固守文字通常含义的解释方法必然不能适应社会的发展、犯罪的变化。不能适用社会需要的法律，不是正义的法律；要使刑法不断地满足人们的正义要求，就必须根据社会变化不断地解释刑法，其中不可避免地使用扩大解释方法。”〔1〕通过扩张解释，可以使文本的含义得以扩充，可以重新厘定刑法规范的调整和规制范围。因此，通过扩张解释既可以保证刑法的稳定性和连续性，可以避免因刑法的稳定性而导致的消极现象和负面影响。很多西方国家的刑法典之所以能适用上百年而不进行大的修改，就和扩张解释的适用有密切相关。

二、扩张解释的负价值

扩张解释的价值并不都是积极的、正面的，也有负面的和消极的。对于扩张解释的正价值需要充分的认识和利用，不能因为扩张解释具有负价值及其与类推解释不易区分就因噎废食，如“由于扩张解释和类推解释很难具体区分，有些国家（主要是拉美国家）干脆就连扩张解释也与类推一样纳入禁止之列。”〔2〕但是，对于其产生的负价值也不能视而不见，采取放任政策任其发展和蔓延。

首先，扩张解释具有负价值是源于法官解释的消极意义。司法实践中，对某种行为能不能适用刑法规制可能会产生分歧，而法官对案件作出明确的判决或裁定又是职责所在，于是，他必须对刑法文本进行解读，以领悟刑法规范的目的和精神，然后根据对文本含义的解释作出司法裁判。但是，“法官如果对制定法目的或各种实体价值采取任意的态度，无限制的依靠司法直觉和司法能动主义，就会在法律解释和适用中陷入对目的——评价类解释论点的误用，这也必然严重破坏法治。”〔3〕其实，论者的观点就是如何协调法官解释和法治保障的平衡问题：剥夺法官的法律解释权，就会导致法律的僵化和

〔1〕 张明楷：《刑法分则的解释原理》，中国人民大学出版社 2004 年版，第 17 页。

〔2〕 ［意］杜里奥·帕多瓦尼：《意大利刑法学原理》（注评版），陈忠林译评，中国人民大学出版社 2004 年版，第 31 页。

〔3〕 张志铭：《法律解释操作分析》，中国政法大学出版社 1999 年版，第 117 页。

滞后；赋予法官自由裁量权，又会产生破坏法治的现象。因此，应该如何规范法官的解释权是一个具有争议性的话题。尽管我古典刑事学派对法律解释严格禁止的观点并不妥当，如“严格遵守刑法文字所遇到的麻烦，不能与解释法律造成的混乱相提并论。这种暂时的麻烦促使立法者对引起疑惑的词句作必要的修改，力求准确，并且阻止人们进行致命的自由解释，而正是擅断和徇私的源泉。”〔1〕也即，将法官视为自动售货机或流水生产线的观点，背离了现代司法的内在精神，不利于法官主观能动性的发挥。但赋予法官自由裁量权，又会产生滥用司法裁量权的现象，结果可能是破坏法治进程、违背法治理念。其实这是法官解释的一体两面：不允许法官解释就会抑制法官的能动性，允许法官解释就可能出现背离法律精神的情形。当然，对于扩张解释而言，由于需要更深层次考察法律规范的含义和目的，对法官法律素养和法律经验的要求更高，因此，背离法律精神的情形更是难以避免。

其次，扩张解释和类推解释的界限是理论界的持久论题。有的学者认为类推解释就是扩张解释，有的学者认为类推解释和扩张解释的区别是毫厘之差，其区别的标准也只是想法的不同。〔2〕论者的观点并不科学，但从一个侧面表明对扩张解释的把握和适用具有相当的难度。如果不能正确适用扩张解释，就会混淆其与类推解释的界限，突破罪刑法定原则。类推解释是在法律文本的含义之外对危害行为予以定性，而这不符合现代刑法的基本原则，也背离了公众对行为的预测可能性。因此，如果不能准确理解扩张解释和类推解释的界限，就很容易从合法的扩张解释滑落到违法的类推解释中去，而这对刑法的腐蚀和对权利的危害更为严重，甚至远远超过了类推解释所造成的负面影响。有的学者可能会认为，这不是扩张解释的负价值，而是错误适用扩张解释所带来的负价值，就扩张解释本身而言，其不具有负价值。扩张解释是在罪刑法定原则之内的解释，与刑法的精神和原则相符合，并没有侵犯公民的权利，也没有背离法治的精神。但是，只要允许扩张解释，就很难避免与类推解释适用混淆的情形，就会发生侵害公民权利的现象。因此，将其归为扩张解释的负价值并不是没有道理得。更严重的是，由于刑法上明确禁

---

〔1〕［意］贝卡里亚：《论犯罪与刑罚》，黄风译，中国大百科全书出版社 1993 年版，第 13 页。

〔2〕［日］木村龟二主编：《刑法学词典》，顾肖荣、郑树周等译校，上海翻译出版公司 1991 年版，第 83 页。

止类推解释而允许扩张解释，有些人可能明知是类推解释，却假借扩张解释之名适用刑法条文以达到某种目的。换句话说，为了非法目的和非法利益，解释主体会将那些更像类推解释的做法或者就是类推解释的做法视为合理的扩张解释。“在需要维护某种法益时，只要侵犯这种法益的行为与法律规定的行为实质上相似，都可能发生这种情况，但由于禁止类推，人们就尽力地（如果说不是直接玩弄诡计的话）把一切类推性活动都往扩张解释里塞。”〔1〕

第四节　扩张解释适用规则

就扩张解释的边界而言，理论界多有探讨。有的学者认为，在扩大解释的限度上应当把握这样一条原则：凡是所解释进去的事项具有被解释的概念需要保留的核心属性的，就是合理的扩大解释；如果不具有这种核心属性，就超出了解释的限度，属于不合理的扩大解释，而可能成为类推解释。〔2〕有的学者认为，扩张解释界限应求助于国民的预测可能性：“一般人会认为，如果那个行为按这项条文加以处罚的话，那么这个行为也按同样的条文加以处罚是理所当然的”。〔3〕还有的学者认为，扩张解释限度不能超出文本的可能含义。扩张解释可以超出刑法规定用语的应当含义，但不能超出刑法规定用语的可能含义。〔4〕当然还有其他的观点，但就其实质而言，和上面几种观点相类似。分析上述各种观点可知，基本都是从某一个角度论证扩张解释的标准和界限，如核心从属性说是从行为性质的角度来谈的，文本可能含义说是从刑法文本的角度来谈的，预测可能性说则是从社会公众对解释结果的评价角度来谈的。虽然各种观点都具有一定合理性，但显然都不足以厘清扩张解释的边界。实质上，扩张解释边界的厘定不能仅仅立足于某一个角度，而应从多个角度加以分析和论证，并构建一个厘定扩张解释边界的体系，只有这样才能使扩张解释更为合理、更为科学。由于扩张解释牵涉到危害行为、法律

〔1〕［意］杜里奥·帕多瓦尼：《意大利刑法学原理》（注评版），陈忠林译评，中国人民大学出版社 2004 年版，第 31 页。

〔2〕刘志远：《刑法解释的限度——合理的扩大解释与类推解释的区分》，载《国家检察官学院学报》2002 年第 5 期。

〔3〕［日］西原春夫主编：《日本刑事法的形成与特色：日本法学家论日本刑事法》，李海东等译，法律出版社、成文堂 1997 年版，第 126 页。

〔4〕李希慧：《刑法解释论》，中国人民公安大学出版社 1995 年版，第 112 页。

条文和公众评价三部分内容，因此，关于扩张解释的边界体系应从危害行为、刑法条文和公众评价三个角度予以综合分析和探讨，也就是说应由危害行为、刑法条文和公众评价共同构成扩张解释的边界厘定体系。

一、扩大解释的边界厘定

（一）危害行为

扩张解释是在解释法律条文，但必须在司法适用中对条文进行解读和阐释，是针对具体行为而对刑法条文所作的法律解释。并且，司法主体适用扩张解释的过程也就是将某种行为“入罪”的过程〔1〕。但对危害行为是否应该犯罪化，扩张解释是否合理、科学，就需要从危害行为的性质进行考量。

首先，危害行为需要具有严重的社会危害性。其实，核心属性说中的核心属性之一就是指，行为是否具有社会危害性，该理论认为，行为是否具有严重的社会危害性是判断扩张解释合法与否的重要标准。核心属性应能体现危害性之所在，即在没有近似的刑法规范的情况下，被解释的概念正是凭借这种属性，才能和条文中的其他概念一起反映行为的危害性之有无及其严重程度。〔2〕如果一个行为没有社会危害性，则无论如何也不能被刑法条文的含义所涵盖，只有具备一定程度的社会危害性，并在符合其他相应条件的情况下，扩张解释才能将这种行为解释为犯罪行为。判断行为是否具备刑法意义上的社会危害性，则是依照社会客观价值作出的判断，即该行为在大部分人来看带给社会的威胁是显著的，不能被社会的任何重要部分所认可。〔3〕因此，只有当危害行为不被社会所认可，并给社会带来了显著的威胁和危害时，该行为才具备犯罪化的前提和条件，扩张解释才可以在一定情形下将其纳入刑法文本的内在含义之中。

其次，危害行为需要具备处罚必要性。论证扩张解释的限度，处罚必要性是一个需要认真考虑的问题。“解释的实质的容许范围，与实质的正当性

---

〔1〕 文章中提到的扩张解释是指不利于行为人的解释，而对于一些有利于行为人的扩张解释则不需要进行限制，也没有探讨的价值和必要。

〔2〕 参见刘志远：《刑法解释的限度——合理的扩大解释与类推解释的区分》，载《国家检察官学院学报》2002 年第 5 期。

〔3〕 参见［日］大塚仁：《刑法概说》（总论），冯军译，中国人民大学出版社 2003 年版，第 24 页。

(处罚的必要性)成正比，与法文通常语义的距离成反比。”〔1〕根据论者的观点，扩张解释的限度与行为具有的处罚必要性有一定联系。因此，当行为具备了处罚必要性，又不存在处理该行为的其他合理方法，而且还具备其他相应条件，司法主体就可以适用扩张解释将该行为纳入刑法的规制范畴。并且，行为当处罚必要性越大，扩张解释的触角就越有可能延伸到这个行为。另外，行为之所以存在处罚必要性，不但是该行为具有严重的社会危害性，而且是由于其他社会规范对其不能达到适当调整之目的。因此，作为其他部门法保障法的刑法，才需要考虑将其入罪。

(二) 刑法条文

无论哪种解释，都应立足于法律文本，不能超越法律自身的含义和精神去解释法律规范，就扩张解释而言也是如此。

首先，扩张解释必须在刑法文本的可能含义之内对条文进行解释。日本学者前田雅英认为，“刑法用语可能具有的含义”分三种情况：一是一般人都预想到的含义（核心部分）；二是一般人都难以想到的边缘部分；三是上述二者的中间部分。在第一种情况下应当肯定构成要件的符合性；在第二种情况下原则上应当否定构成要件的符合性；对于第三种情况，则应当通过考察处罚的必要性来决定。〔2〕论者将刑法条文的可能含义分为三种情况的观点值得借鉴，因为其基本上为法律解释主体是否需要适用扩张解释提供了一个大致的框架。第一种情况其实就是指法律文本的字面意义，即严格按照法律条文字面的通常含义解释法律即可。鉴于第二种情况是社会上比较稀少的现象，因此，没有必要用刑法去规制。第三种情况则是适用扩张解释的前提，如果同时符合其他条件则可以适用扩张解释。

其次，扩张解释应该符合刑法文本的精神。因为法律是社会的产物，为了有效发挥法律的功能，则需要根据社会现实的需要，所以，法律精神还可以理解为立法者根据社会现实需要表现出来的价值取向和态度。这里所说的法的价值取向和态度并不是指立法者的意思，而是指立法者赋予法的意思，并且法的意思不是固定不变，而是随着社会发展而发生相应的变化。扩张解

〔1〕 张明楷：《刑法分则的解释原理》，中国人民大学出版社 2004 年版，第 18~19 页。

〔2〕 转引自张明楷：《刑法分则的解释原理》，中国人民大学出版社 2004 年版，第 18~19 页。

释所追求的目标和效果，就是发现这种法的意思和精神并将其适用于不断变化的社会之中。正如宾丁（Binding）所言："最好是别去描述立法者的意思，而是表述法的意思，法的意思表现在作为整个法的体系的一个环节的某一条法律原则里，根据内容、权威和企图达到的作用，把法的意思称之为解释这条原则的目标。"〔1〕其实，论者的主张就是追求法的精神和目标，而这和扩张解释的宗旨是一致的。因此，法官根据扩张解释得出的结论必须与刑法的精神和目标相符合。

（三）公众评价

实质上，公众评价和国民的预测可能性密切相关。扩张解释是否超出了国民的预测可能性，要看公众对解释结果的评价，只有当扩张解释和预测可能性具有一致性的时候才能得到社会认可。刑法条文具有抽象性和模糊性，不是每一个人都能对刑法文本作出准确理解和认识。但是，刑法条款的这种特性和国民对行为的可预测性并没有矛盾。当危害行为出现后，其违反了哪个条款、构成何种犯罪、应处以何种刑罚等不是社会大众需要认识的，但其是否具有严重的社会危害性、是否触犯了刑法，社会大众一般是有所了解的。司法主体对法条的解释（尤其是扩张解释）和适用应该顾及国民对刑法的认识、对危害行为的态度，才能作出符合国民意志的司法解释和判决。否则，将会导致公民对刑法的不认同、不信任。有的学者在论证扩张解释是否超出预测可能性时，认为应以国民对解释结果是否"大吃一惊"为标准。"一种解释能否被一般人接受，常常以判断解释结论是否侵犯国民的预测可能性的重要线索。因为当解释结论被一般人接受时，就说明没有超出一般人预测可能性的范围；当一般人对某种解释结论大吃一惊时，常常表明该解释结论超出了一般人预测可能性的范围"。〔2〕论者的观点具有一定合理性，但如果对超出公民预测可能性的扩张解释，理解为解释结果背离了公民的一般认识和道德情感应更加科学。因为何谓大吃一惊，好像并没有统一、科学的标准和模式，并且在语言的运用和表述上也不规范。因此，如果扩张解释的结果和社会公众的认识和情感相符，那么解释就是合理、合法的，否则，就可能是突破了扩张解释的界限，而沦为类推解释或其他非法解释。

---

〔1〕 转引自陈金钊等：《法律解释学》，中国政法大学出版社 2006 年版，第 14 页。

〔2〕 张明楷：《刑法分则的解释原理》，中国人民大学出版社 2004 年版，第 17 页。

总之，在判断司法主体的解释是否符合扩张解释的标准和界限时，首先考虑危害行为是否具有严重的社会危害性和处罚必要性；其次从刑法文本的角度考察解释是否超出了文本的可能含义、是否背离了刑法精神；最后还要论证解释结论是否和社会公众的评价相符合。三个方面共同构筑扩张解释的边界体系，只要坚持这个体系标准，才能更好的适用扩张解释而限制类推解释。

二、扩大解释的适用规则

鉴于扩张解释的负面价值、扩张解释与类推解释的微妙关系，对扩张解释予以规范和限制实属必要。当然，不是不允许扩张解释，而是通过采取相关的措施促进扩张解释更加合理、更加科学，并力求将扩张解释的负面影响降低到最低限度。国内学者也表达过类似观点："在罪刑法定原则下，一般来说，扩张解释应当限于对被告人有利的情形，对被告人不利的情形，应当十分慎重。"〔1〕至于应该在哪些方面对扩张解释作出规范和限制，应从刑法条文、法官素质及立法解释等几个角度予以分析和探讨。

第一，刑法文本应力求准确、清晰。罪刑法定原则是刑法的精神和灵魂，其主旨就是保障私权利、限制公权力，其作用是在国家权力和公民权利之间划出一道边界，以明确哪些领域国家权力可以干预、哪些领域是公民权利的私有空间。为了使刑法对公民权利的保护更加有力，为了避免刑法对私权利的肆意侵害，作为罪刑法定的派生原则——明确性原则逐渐为社会所认可。"刑法的精确性旨在从微观个体上尽量精确地界定刑法打击对象的特征。为此，在刑法立法中，应尽量采用叙明罪状，使用内涵具体、清晰、外延明确的语词。"〔2〕为了尽量避免刑法的负面性，对刑法条文的明确性要求就显得尤为重要。如果刑法条文足够清晰和明确，则公民的预测可能性将会大大增加，从而避免诸多因错误理解法律而犯罪的情形。"法不可知，则威不可测"是古代刑法坚守的原则，目的是压制和剥夺公民权利。但是，今天的刑法本质是为了保障公民权利，因此，"法不可知"的现象应尽量杜绝。而刑法条文模糊、不明确则是导致"法不可知"的重要原因。更重要的是，如果刑法条文

〔1〕 陈兴良：《本体刑法学》，商务印书馆 2001 年版，第 34 页。

〔2〕 储槐植等：《刑法机制》，法律出版社 2004 年版，第 126 页。

足够清晰和明确，司法主体在司法实践中就可以避免过多的自由裁量和扩张解释，就会最大程度降低因扩张解释带来的负面价值和消极影响。当然，刑法的机能除了保障公民权利之外，保护社会秩序也是其不可或缺的功能。如果刑法条文都是非常清晰和明确的，则其社会秩序维护机能将大打折扣。因此，刑法条文的模糊性也是必然存在的现象。对于模糊性条文，若要最大限度地降低其消极作用，应该从立法解释的角度来解决相关问题。

第二，立法解释应做到迅速、及时。立法解释是为了解决刑法条文自身的问题，具有立法性质。立法解释之所以会出现，一般是由于刑法条文本身具有的疏漏，或者既有的条文不能适应社会的发展，出现了新的情况需要刑法进行规制和调整，依照旧的条文不足以将这种行为纳入刑法的规制领域。考察司法实践中有关法律解释是扩张解释还是类推解释的争议可知，都和法条的司法适用问题及法条自身的问题有关。全国人大常委会《关于加强法律解释工作的决议》规定：凡关于法律、法令条文本身需要进一步明确界限或作补充规定的，由全国人民代表大会常务委员会进行解释或用法令加以规定。凡属于法院审判工作中具体应用法律、法令的问题，由最高人民法院进行解释。凡属于检察院检察工作中具体应用法律、法令的问题，由最高人民检察院进行解释。但是，在司法实践中，立法机关进行立法解释的情况却屈指可数。1997 年《刑法》颁布以来，立法机关仅做过 9 个立法解释，司法解释却大量涌现。不是法条自身没有问题，而是司法机关和司法主体热衷于发挥主观能动性，将属于立法机关的解释权归为己有。当然，从另一个角度来看，也是由于立法机关怠慢行使自己的权力，从而致使司法权腐蚀立法权的现象时有发生。其实，只要是没有立法规定或立法解释，司法机关肆意将刑法文本的含义扩张解释到可能含义之外的，就是按照相类似的刑法条文处理刑法上并没有规定的行为，属于类推解释。如果立法机关认为某种行为具有一定的社会危害性，需要对其予以刑法规制，并将其解释到刑法文本的含义之内，应该是立法解释。有的学者将这种立法解释定位为立法上的扩张解释。〔1〕立法上的扩张解释，是指立法机关对刑法条文或用语所作的大于其字面含义的解释。立法上的扩张解释权如果由司法机关或法官行使就成为类推解释，其不但腐蚀立法权，而且违背罪刑法定原则，是应该严格禁止的。当然，对于

〔1〕 何荣功：《论刑法扩张解释的根据、类型及适用》，载《中国刑事法杂志》2004 年第 4 期。

法条在司法适用中的问题，由司法主体进行扩张解释是合理、合法的。因此，立法机关对法条本身的问题应该给予及时、迅速的明确，只有这样才能避免由司法主体积极代行解释权，而带来相应的消极后果和负面影响。

第三，司法机关与司法主体应提高自身的法律素养。无论是由司法机关作出的扩张解释，还是由司法主体作出的扩张解释，都应该是合理、合法的，而不应该背离刑法原则和刑法精神。由于扩张解释和类推解释的相似性，司法主体在进行扩张解释的时候，是否能很好地将自己的解释限制在扩张解释的边界之内显得非常重要，而这和司法主体是否具备较好的法律知识储备、较高的法律修养及较强的法律职业道德紧密相连。"即使法官是自由的时候，他也仍然不是完全自由的。他不得随意创新。他不是一位随意漫游、追逐他自己的美善理想的游侠。他应从一些经过考验并受到尊重的原则中汲取启示。他不得屈从于容易激动的情感，屈从于含混不清且未加规制的仁爱之心。"〔1〕论者的言论表明，司法主体在法律解释和适用中应保持的态度和精神，也阐明了司法主体所应具备的基本法律素质和修养。近年来，理论界对司法主体作出的一些扩张解释质疑不断，表明一些扩张解释并不符合刑法的原理和精神，而是超出了刑法的基本原则和范畴。从另外一个角度考察，也可以发现，有的司法主体由于不具备相应的解释能力，而导致其解释结论为理论界所质疑和批评。因此，在法条的解释和适用过程中，"重要的是法律的适用者要努力查明法律的理智的意思。"〔2〕"如果刑法规定不甚明确，或者刑法的规定有可能作多种解释时，法官应当努力深入理解法律规定的真实含义，并按其意义来适用这些规定。"〔3〕上述论者的观点都谈到一个问题，在法律适用和法律解释中对司法主体的基本要求，司法主体只有努力达到这种要求，司法适用和司法解释的结果才会与刑法的精神、原则相一致。

第四，对有权司法解释，应设置违宪审查机制。有权司法解释是两高的法定司法权，其可以根据司法实践的需要对刑法规范进行细化和诠释。从权力运行的规律看，没有限制就会导致权力滥用，之于司法解释权也不例外。

---

〔1〕［美］本杰明·卡多佐：《司法过程的性质》，苏力译，商务印书馆 1998 年版，第 88 页。

〔2〕［德］汉斯·海因里希·耶塞克、托马斯·魏根特：《德国刑法教科书》（上），徐久生译，中国法制出版社 2017 年版，第 196 页。

〔3〕［法］卡斯东·斯特法尼等：《法国刑法总论精义》，罗结珍译，中国政法大学出版社 1998 年版，第 139 页。

从权力分立、民权保障及民主立法等角度看，解释权的拥有及行使主体只能是立法者，包括司法主体在内的任何机关、组织及个人都无权僭越立法权，不能随意修改刑法规范的内涵及立法精神。但是，从司法解释现状看，事实并非如此，司法解释超越固有权限进行准立法的情形屡屡出现。

刑法规范的抽象性及模糊性，决定在其适应时代需要、与社会变动及个案性相契合之同时，必须对其做规范性解读和阐释，否则，就不能适应社会发展或者没有可操作性。基于该客观情势，立法上授予两高为解释主体，专负刑法规范的解释职责，且解释是在刑法规范含义内的解释，而不能作法外解读。不过，从解释现状看，司法主体似乎没有遵循自己的职责，习惯于突破罪刑法定原则及立法精神解释规范，不断利用解释刑法规范的权力便利进行不利于被告人的扩大解释。“但一些刑事司法解释亦在相当程度上突破、创新了罪刑规范，呈现出‘二级立法’或者‘准立法化’的趋势，司法实践中，普遍出现越权性刑事司法解释优先于刑法文本适用的反法治现象，造成了法官过于依赖司法解释，甚至没有司法解释就拒绝根据自己对刑法规定的理解裁判个案的刑法机制障碍。”[1]在历年的司法解释中，超出既有规范进行解释的现象经常出现，比如，关于对变造、倒卖变造邮票行为如何适用法律问题的解释，关于交通肇事罪逃逸的解释，关于《刑法》第144条规定的犯罪主体的适用范围的联合通知，对受贿罪财产的解释，等等。虽然从解释效果上看，它确实为解决实践中的新问题提供了法律依据，但同时侵蚀了立法权，导致司法权代替立法权而形成司法上的立法效应。本质上，司法机关不得以任何方式对法律生效后出现的新情况，通过法律解释改变法律规定的原有含义，使之能够予以适用。这种情况下的法律解释权限专属于作为立法机关的全国人大常委会，刑法的解释当然也是如此。[2]对此，理论界多有指责，并从不同角度提出了避免二次立法的措施，但并未引起立法主体的足够重视和关注。目前来看，司法解释权并未被立法主体撤销，无论引起多大的批判和异议，都能顺利实施。对此，为了保护刑法规范的尊严、保障国民的预测可能性，对越权的司法解释进行审视和规制是亟需的，也是合理的。

违宪审查机制的理论来源之一是凯尔森的规范位阶理论。该理论主张：

[1] 梁根林：《罪刑法定视域中的刑法适用解释》，载《中国法学》2004年第3期，第125页。

[2] 梁根林：《罪刑法定视域中的刑法适用解释》，载《中国法学》2004年第3期，第128页。

一条法规范的有效性来源于另一个处于更高位阶的法规范的授权，同时，上位法由下位法得以具体化。[1]在我国，缺乏司法解释的违宪审查机制，也是司法解释越权但仍然能得以贯彻的重要原因。基于此，需构建科学合理的违宪审查机制，以防止和抑制司法主体的越权解释行为。目前来看，违宪审查机制的构建主要包含两个方面：

首先，违宪审查主体的确定。有人认为，违宪审查主体应是两高，因为是两高发布的司法解释，所以应由两高进行审查以判断其合理性与否；也有人认为，违宪审查主体应是立法主体，因为两高解释的是立法条文，所以应由立法主体检视其解释是否合理。针对此种争议，立法机关已经开始有所行动。2005 年 12 月 16 日，十届全国人大常委会第四十次委员长会议通过了《司法解释备案审查工作程序》，以进一步建立健全法规和司法解释备案审查制度，维护国家法制统一。同时，全国人大常委会已在法制工作委员会增设了法规备案审查机构，对司法解释的合法性进行审查。我们认为，为了解决司法解释的合法性审查问题，在人大常委会下面设置专门的机构负责审查司法解释是相对合理的。这样既可以保证审查主体有充足时间关注和审查两高的司法解释，还可以避免立法权与司法权归于一身之尴尬，可以有效、快捷的解决司法解释当中出现的越权行为。

其次，违宪审查程序的设定。其一，确定违宪审查对象。从司法解释现状看，绝大部分解释都是合理的，是不需要审查的。对于那些颁布后引起理论界或实务界热议的司法解释，则需要审查主体做详细审查。当然，违宪审查主体的职责就是保证司法解释的合法性，并对违法解释及时撤销。因此，违宪审查主体应对司法解释积极关注。如果发现司法解释违法，可以直接撤销并要求解释主体重新解释。其二，建立形成反馈机制。在公民和其他组织对扩大解释是否合理提出建议后，全国人大常委会的法规审查机构是否受理、是否启动审查，应当及时反馈给建议人与社会公众。其三，启动违宪审查机制。就立法主体而言，应真正开启扩大解释违宪审查机制，向社会定期公布审查结果。每年在全国两会期间，向全国人大代表和全国民众汇报上一年度的审查结果。一共受理了多少建议和要求，最后是怎么处理的，存在立法冲突的，立法机关自行纠正了多少，撤销了多少司法解释，分别占多大比例，

---

〔1〕［日］芦部信喜：《宪法》（第 3 版），林来梵等译，北京大学出版社 2006 年版，第 330 页。

等等。

第五，对于个案司法解释，应发挥二审与再审的效用。个案司法解释由于不具有规范性与普遍适用性，不需要专门的违宪审查机构，这并不意味着放任违法的扩大解释，而是寻求更为合理的审查机制。目前来看，能对法官解释评价的主体很多，仅有审判机关能对解释结果产生实质的影响力，并能通过司法程序予以变更。就有些法律条文的解释来说，只要法官谨慎而真诚地履行自己的职责，即使解释结果不同，也不应被认为是违法的扩大解释。并且，当事人或检察机关有权通过上诉或再审程序要求上级法官做出二次解释，并据此改变案件的最终结果。由此，一定程度上，谁享有审级优势，谁就拥有最终的法律解释权。因此，上诉制度和再审制度对于扩大解释的制约相当特殊，它一方面可以促使一审法官在作出扩大解释之前履行审慎义务，另一方面可以通过法定程序改变一审法官的违法扩大解释。

其一，通过二审程序审查法官解释的合法性与合理性。从实践来看，个案法官在遇到疑难案件时，为了照顾民意、政策、压力或者是其他因素，而对刑法条款作出违法的扩大解释。同时，由于这类案件往往能产生较大的社会效应，社会主体对解释效果的关注比较集中，此类案件的上诉率也很高，比如，郑州张金柱交通肇事案、上海投放虚假炭疽杆菌案以及寇平寻衅滋事案，等等。既然一审法官不当解释刑法规范并据此裁判案件，那么，为了维护刑法规范的尊严和权威、保障公民的合法权利，就需要二审法院对刑法规范进行准确解读，并在此基础上对案件作出公正的判决。但是，目前理论界对通过二审纠错机制并不抱太大信心，源于目前我国司法实践中的案件内部请示及司法独立缺位。目前，我国的上诉制度和审判监督制度尚有缺陷，其中最遭诟病的就是请示报告现象。[1]由于存在案件请示现象，一审法官对刑法规范的解读往往是源于上级法院的意图，在疑难案件当中尤其如此，所以二审程序较难起到应有的纠错功效。从我国的法院审理体制来看，一审法官在解读刑法规范中如果存在不当情形，应当通过二审程序予以纠错。因此，为了能达到二审法院修正一审法官不当解读刑法规范之目的，保证个案法官的独立性及禁止案件内部请示都是必然的。其二，通过再审程序对原审法官不当解读刑法规范予以修正。再审程序的启动主体可能是原审法院，也可能

〔1〕 周折：《刑事政策视野中的刑法目的解释》，载《中外法学》2007 年第 4 期，第 493 页。

是上级法院。在再审程序中，应对原审法官如何解读刑法规范进行充分分析和论证，如果发现其有不当解读刑法规范之情形，就应该对其予以修正，并在判决当中体现出来。

第六，从立法上看，加快刑事立法节奏。法律从颁布之日起已经开始滞后，因为立法者只能立足于昨天，但法律却要适用于今天和明天，鉴于立法主体认知的局限性及规范用语的发展性，法律规范总是落后于社会需要。当刑法规范不能适应司法需要，司法主体又不得不对司法个案进行裁断时，突破刑法规范既定内涵进行解释的欲望就会滋生，并在司法适用中通过个案裁判表现出来。随着社会的发展，规范用语的内涵也随之扩展，或者是立法精神需要探寻，或者是刑法文本不能适应需要，这些都会促使司法主体对刑法规范做新的解读。在这个过程中，如果是在规范的逻辑许可范围内进行解读，则符合罪刑法定原则与人权保障机能，但文义解读结果是否能为刑法规范所涵摄，并没有统一的标准，这就为司法主体基于政策需要、秩序维护或其他目的而进行类推解释提供了可能。为了使解释结果名正言顺，司法主体对刑法解释往往冠之以扩大解释。“在需要维护某种法益时，只要侵犯这种法益的行为与法律规定的行为实质上相似，都可能发生这种情况；但由于禁止类推，人们就尽力地把一切类推性适用都往扩张解释里塞。”〔1〕从解释根据上看，类推解释与扩大解释都是基于刑法规范的适用性不足，从解释结果上看，类推解释与扩大解释都属类型化解释。所以在司法实践上，司法主体的类推解释总能通过扩大解释进行遮蔽。从解释主体上看，对刑法规范做扩大解释的主体主要有两类，一类是有权解释主体，即最高人民法院与最高人民检察院。两高担负着刑法规范的解释职责，为了彰显司法解释权，或基于政策需要，或基于实践需要，解释主体往往会扩张规范的既定内涵而作扩大解释。另一类是个案司法主体。在司法实践上，有法律适用就有法律解释。为了将刑法规范适用于司法个案，刑法解释从来都不可避免。当扩大解释与类推解释之界分缺乏明确标准时，当刑法规范因内涵不足或缺失而解释不可避免时，解释主体进行违法的扩大解释便成为现实。

既然刑法规范不足或滞后会导致扩大解释，完善刑法规范则成为减少不必要扩大解释的主要路径。有人认为，严肃性与稳定性决定对刑法规范不能

---

〔1〕 参见张明楷：《刑法分则的解释原理》，中国人民大学出版社 2004 年版，第 16 页。

擅自变动，这也是出于保障法治连续性和国民预测可能性之目的。其实，刑法的稳定性与变动性是相对的，如果刑法规范能适应社会发展，条文内涵较为明确，规范修改就没有必要。如果刑法规范不能适应社会需要，司法主体随时可能作违法扩大解释时，对刑法规范进行修改也就成为必要，这是刑法发展规律使然，中外刑法皆是如此。比如，在相当长时间内，日本立法机关很少修改刑法典（1907—1986 年共修改 10 次），所以，日本刑事法学者称以往立法机关“像金字塔一样的沉默”。可以说，这种沉默根源于日本相对稳定的社会背景。但是，从 1987 年起，日本立法机关开始频繁修改刑法典，出现了刑事立法活性化的现象。由此，刑法规范的变与不变是相对的，是与社会背景和发展概况紧密相连的。近年来，我国立法主体对 1997 年《刑法》屡屡修改，共出台 1 个立法解释、10 个刑法修正案，一定程度上，既保证了刑法规范的适用性，也避免了司法主体因规范滞后而做违法解释的问题。总之，适应社会发展加快对刑法规范的修改，保证其内涵的明确性及与其他规范的界限，可以保证司法主体更准确的适用刑法规范，避免不必要的扩大解释。

第七，从司法上看，强化判决书的说理性，是法官对其所作出决定（判决）的正当性进行解释的一种诉讼活动。说理性不足一直是我国刑事判决书的特点，由此，个案法官的解释方法选择与刑事推理过程一直不为外界熟悉。

首先，判决书说理性不足，为个案法官迎合政策意旨或实践需要，对刑法规范内涵进行违法扩大解释提供了可能。从美、英等西方法治发达国家的刑事判决书来看，规范选择及法律解释等都在判决书中做了详细阐释，根据判决书，社会公众可以了解司法主体的规范解读与推理过程。从总体上看，我国司法制度与欧陆法系相近，刑事司法判决书除了对案件事实和刑法规范做明示外，对刑法规范选择过程、刑法规范内涵解读及法律推理方式都没有涉及。由此，我国的刑事司法判决书仅起到解决刑事案件定罪量刑问题的作用，对刑法规范为何能起到该作用则不做具体诠释和评价。“法官制作裁判文书只需要简单地说明法庭查明或认定的事实及适用的法律即可，并不需要借助于充足、完善的判决理由来支撑自己的判决结论，因此，判决书说理一直没有获得制度化的正当性，而在司法表象上呈现出‘无理’判决的现象。”针对刑事司法判决书说理缺位问题，理论界从不同角度作了评论和建议，判决书的说理虽然有一定程度的改进，但在说理的程度上还需要加强。判决书说理不足往往会导致司法主体过度解释法规范的冲动。在司法实践中，法官的法律素养、司法经验及职业道德都存在区别，如果任其解读法律而不做说理，就是对司法权力的放任，是对法官监督的疏漏，司法主体就可能基于政策需要、政治形势或其他法外因素而做违法的扩大解释，而这会对当事人的权利保障与罪刑法定原则的遵守造成极大威胁，并对权力保护与权利保障的平衡非常不利。所以从抑制个案法官违法扩大解释来看，强化司法判决书的说理性应该是重要路径。正如有的学者所言，“考虑到判决书说理制度通过权力公开化策略所实现的限权和护权功能，对于当前法官司法裁判权尚缺乏理性制约的中国所具有的现实针对性和功效，通过判决书说理制度的引入重新对权力运行作出制度安排，应当说是非常必要的。”〔1〕

其次，刑事判决缺乏说理性，个案法官如何解读法律及推理过程都不明确，这些恰恰是判断是否进行违法扩大解释的重要依据。司法实践中，理论界根据判决结果、刑法理论与刑法规范内涵推测司法主体是否适用违法扩大解释，但对个案法官法律方法选择及其法律思维细节并不清楚。所以，即使理论界对判决结果展开批判，也仅限于判决结果，对个案法官的法律思维进程与法律方法选择过程则无能为力。另外，在审判活动中坚持说明判决理由的原则，可以锻炼和培养法官逻辑思维和理性分析的能力，从而提高其业务素质，改善其社会形象。

最后，个案司法判决缺乏说理，不利于二审程序与再审程序的启动。在我国的司法体制下，上级法院与下级法院是监督与被监督的关系，监督对象是审查原审法院判决的合法性与合理性。如果原审法院的判决书充分阐释了判决理由、法律方法及推理过程，上级法院则可以详细了解个案法官解释权限的使用情况，并可以对其是否超越必要的限度做出准确评价，然后再具体判断是否有必要启动二审和再审机制。可是由于刑事判决书中说理不足，就直接影响二审法院与再审法院对一审判决过程的评价，因此，对规范一审法官的司法解释权及保证判决结果的公正非常不利。

第八，从理论上看，慎重对待实质解释。从刑法理论角度考察，实质解释的倡导会推动司法主体进行扩大解释。当然，实质解释的提出并不是为了促进司法主体实行扩大解释，但它的一个间接效果就是，为司法主体使用扩

〔1〕 万毅、林喜芬：《从“无理”的判决到判决书“说理”——判决书说理制度的正当性分析》，载《法学论坛》2004年第5期。

大解释应对实践问题提供了理论依据。实质解释是与形式解释对应而生的，是在对形式解释进行检讨和批判的基础上发展起来的。实质解释论是实质刑法观的构成要素，倡导从实质正义的角度解读刑法规范，并理解犯罪构成，主张从刑罚适用的妥当性角度考量犯罪构成的符合性。质言之，根据实质解释论，分析行为的刑法属性不是从犯罪到刑罚而是从刑罚到犯罪的判断过程，所以在实质解释论那里，决定犯罪是否构成或构成何罪的关键不是犯罪构成，而是刑罚适用的妥当性与合理性。“为了实现刑罚处罚范围的妥当性，只能对那些值得处罚的行为动用刑罚，这导致对某种行为成立犯罪的判断不可避免地要从处罚必要性和合理性的角度加以衡量。相应地，对刑罚法规和构成要件的解释也应从这种实质角度进行。”〔1〕

从实践上看，判断刑罚必要性的根据往往是法益侵害性，但对法益侵害的解读最后还要回到社会危害性上。“从我国刑法理论的现状来说，一般认为社会危害性是犯罪的本质属性，而犯罪的社会危害性实质上是对法益的侵害性，故社会危害性大体上相当于上述实质的违法性，在我国刑法理论中，违法性仅指形式的违法性，而违法性与社会危害性是统一的。”〔2〕

从以上论述来看，论者是把社会危害性与法益侵害性相等同的。因此行为是否有危害性往往成为其是否构成犯罪的实质标准，而这与犯罪构成是判断犯罪是否构成的标准相背离。另外，从实践上看，实质解释的适用范围往往是在疑难案件当中，也就是说，是在司法主体不能根据司法经验或者对规范不能做通常理解时出现的，既然不能根据通常理解适用刑法规范，那么在实质解释论的推动下，为了迎合政策、民意或其他法外因素，司法主体作出不利于被告人的扩大解释的情形就会出现。并且，从实质解释论的观点可知，也是主张基于实质正义而对刑法规范做扩大解释，将更多的危害行为纳入刑法规范的范畴，以维护社会秩序的安定。尽管实质论一再强调，实质解释论的提出，是为了出罪的需要，但其实从司法实践与价值倾向看，更多的是在发挥入罪功能。正如邓子滨副教授对实质解释论的批判所言：“我不是说它不能导出无罪的结论，而是说它导出了更多的有罪结论，并且不是偶然的”。〔3〕

---

〔1〕［日］前田雅英：《刑法の基础・总论》，有斐阁 1993 年版，第 84~89 页。

〔2〕张明楷：《法益初论》，中国政法大学出版社 2003 年版，第 273 页。

〔3〕参见邓子滨：《中国实质刑法观批判》，法律出版社 2009 年版，第 251 页。

鉴于实质解释为扩大解释的适用提供了理论上的铺垫，实践上司法主体面对司法疑难案件时就会滋生扩大解释的内在冲动，并付诸实施，而不论这种扩大解释是否合理与必要。因此，从限制扩大解释的角度出发，就应该在理论上进一步检视实质解释的合理性，并从理论与实务的角度慎重对待实质解释，而不应过度倡导实质解释在实践上价值与作用。

CHAPTER5 第五章

刑法类推解释诠释

类推解释一直是刑法理论与司法实践中的热点问题，经常能引起理论界和司法界的关注。近年来，随着国内外类推解释理论研究的深入，加之与其关系密切的罪刑法定原则、扩大解释、目的解释、实质解释、后果考察、以刑制罪等相关概念的发展变化，类推解释理论无论是在内涵理解上还是在基本态度上都发生着变化，从传统的绝对排斥到当下的相对排斥，学界在一定程度上对类推解释开始持宽容态度。虽然理论上明确支持类推解释的学者不多，毕竟其与现代法治精神背离，但有学者从解释理念、解释方法及解释立场等层面进行转变，通过为类推解释遮上一层面纱，从而达到扩展规范文义目的之情况并不鲜见。对此，我们需要刺破这层并不神秘的面纱，表明对类推解释的立场和态度，并构建合理、有效的越权解释应对机制。

第一节　类推解释内涵分析

从刑法理论上看，学界在类推解释观上之所以存在不同看法，除了解释立场不同之外，根本原因是对类推解释的内涵解读存在偏差，对此，需要从法学理论上给予充分、有效的分析，才能从根本上认清类推解释的本质属性。具体应从以下三个维度予以展开和梳理：

首先，类推解释是指一种解释结果，不是逻辑思维方法或规范诠释模式。从理论上看，有学者经常把类推解释与类比推理混为一谈，对此，需有明确、合理的认识。类比推理是思维模式，是指规范文义诠释的思维过程；类推解释则是指解释结果，即规范解读超出文义射程。至此，类推解释与类比推理存在本质区别，应该区分对待。

类推解释与类比推理存在以下不同点：其一，类推解释一般是从解读结果角度而言的，即解读结果超出了规范文义的涵摄范围。“刑法中的被禁止的类比行为指的是：逾越了一个具体制定法规则的词义，并通过诉诸于制定法中不利于行为人的基本思想来发展出新法。”[1]与之不同，类比推理往往是指规范解读范式，也即解读主体对接规范文本与法律事实的思维过程。其二，类推解释违背刑法基本原则，与现代法治精神背离，为现代法治国家排斥；类比推理则与刑法基本原则无关，广泛存在于立法、司法当中，是立法主体、司法主体思维逻辑的构成要素。其三，类推解释与扩大解释相对，一般是从规范诠释限度而言的；类比推理与演绎推理、归纳推理等概念相对，是基于现代逻辑角度展开的，一般是指逻辑思维路径。易言之，依照逻辑学的主流观点，类比推理被视为形式逻辑的一种，是理性的。[2]其四，类推解释在刑法中被完全禁止，在行政法中被部分领域禁止[3]，在民法等私法领域中则可适用；类比推理则广泛存在于部门法适用当中，并不违背现代法治精神。其五，类推解释主要存在于司法过程，类比推理兼及司法、立法过程，甚至延伸至执法过程。综上可知，类推解释背离罪刑法定原则，类比推理则是法律规范适用的思维逻辑。正如有学者指出的：对于“类比推理”而言，我国学者基本能达成共识，类比推理作为一种类推思维方法，刑法是不能也不应当排斥的。[4]

其次，类推解释是从事实到事实的判断，不是从法律规范到事实的涵摄。目前，国内有学者持类推解释赞同论观点[5]，主要是受德国学者考夫曼教授类推解释观的影响。对此，需做认真分析。考夫曼教授倡导的类推解释其实是类比推理，包括了从归纳推理与演绎推理的结合，是所有法律人的推论技

---

〔1〕 雷磊：《类比法律论证——以德国学说为出发点》，中国政法大学出版社 2011 年版，第 87 页。

〔2〕 雷磊：《类比法律论证——以德国学说为出发点》，中国政法大学出版社 2011 年版，第 3 页。

〔3〕 类推制度只能存在于给付行政领域，而不能存在于秩序行政领域。刘志刚：《论行政法视野中的类推制度》，载《现代法学》2008 年第 6 期，第 46 页。

〔4〕 杨绪峰：《反思与重塑：刑法上类推解释禁止之研究》，载《环球法律评论》2015 年第 3 期，第 6 页。

〔5〕 黎宏：《“禁止类推解释”之质疑》，载《法学评论》2008 年第 5 期；杜宇：《刑法上之“类推禁止”如何可能？一个方法论上的悬疑》，载《中外法学》2006 年第 4 期；吴丙新：《扩张解释与类推解释之界分——近代法治的一个美丽谎言》，载《当代法学》2008 年第 6 期。

巧，这与通常意义上指称的类推解释有质的区别。“承认类推就意味着承认共相、原型、模型、隐喻等一系列从现象归纳规则，再从规则预测现象的基本认识行为，而这种原型认识模式至今是科学乃至哲学认识活动中的基本模式。”〔1〕

至此，类比推理是目光在规范和事实之间往返流连，坚守的是从规范到事实或者从事实到规范的推理模式。考夫曼沿袭了哈贝马斯在规范解读上的诠释风格，传承了欧陆人文主义哲学价值观，在规范解读上坚持本体论、语用论及后现代哲学解构论，比如，质疑传统法律理论，反对主流解释学观点，尝试用新的理论与视角探讨规范与事实的关系，构建新的规范诠释观。于是，类型、事物本质、描述等概念相继由考夫曼提出，且有别于传统解释理论下的法律概念。根据考夫曼的解释理论，类推解释在规范适用与文本解读过程中无处不在，禁止类推解释的观点是荒谬的，也是不可行性的。“就如同法律的发现过程一样，具体法官判决的取得过程，以及立法的程序，法律规范的形塑过程，均具有类推的特性。”〔2〕

据此，有学者认为，考夫曼教授赞同类推解释观，并为类推解释合理性进行了充分论证。〔3〕其实，考察考夫曼的法哲学思想与理论脉络可知，其坚持的类推解释是规范对接个案的思维过程，也即是否能将个案涵摄到规范当中需进行类比分析。比如，规范可以适用行为甲，那么是否可以适用到行为乙，在这个过程中，是通过分析法律规范构成要素，并对案件事实的法律属性进行判断的，显然，这与传统的类推解释存在不同。与之不同，类推解释则是从事实到事实的过程判断，也即事实甲可以涵摄到规范中，那么，事实乙是否能涵摄到规范，其适用路径往往是，事实甲与事实乙具有某些相同要素，并据此认为两者在法律属性上应相同对待。易言之，将应当被视为相同的两个案件（一是法律已经加以规范的案件，一是法律尚未加以规范的案件）

---

〔1〕 Rosch, E., “Natural Categories”, *Cognitive Psychology* 4, 1973.

〔2〕［德］阿图尔·考夫曼：《法律哲学》（第2版），刘幸义等译，法律出版社2011年版，第147页。

〔3〕 黎宏教授一方面通过论证确立类推解释是一种独立的法律解释方法，认为“类推解释和扩张解释之间，只存在程度上的差别”；另一方面又通过学界一直在类推解释和扩张解释界分问题上举棋不定来质疑禁止说；吴丙新教授也指出，扩张解释与类推解释两者在思维模式上本无实质区别，学术界做的所谓区分工作，仅仅是为了迎合近代法治意识形态的需要。

等同视之，赋予其相同的法律效果。[1]由此可知，类推解释是从事实到事实的比较，类比推理则是从规范到事实的涵摄，二者在思维路径上完全不同。考夫曼教授的类推解释观与类比推理没有差别，所以考夫曼坚称，在各个法律领域都存在类推解释，而这完全符合类比推理的内在特征。“如果我们仔细观察的话，没有任何地方可以真正做到禁止类推，所以严格的禁止类推，结果正与禁止解释一样，历史经验已告诉我们，它完全没有作用。”[2]

最后，类推解释关注事物本然之理，主张从法律规则到法律原则的规范解读路径。类推解释的边界是文本规范，超出规则含义就进入类推解释范畴，由此，主张通过原则达到探寻规范文义之目的显然不妥。近年来，随着西方法律思想的影响，国内学者在法律思维与法理进路上开始摇摆，在规范解读上渐渐偏离传统路径，把规范文义探寻路径从法律规则扩展到法律原则，理论界需及时对这种现象进行反思。

为了应对来自现实主义法学对法律规范确定性的怀疑与指责，新自然法学派代表人物德沃金教授倡导法律融贯论，支持哈特教授的概念开放理论，并在此基础上进一步深化，坚持从规则到原则的事实分析路径。“德沃金的建构性诠释理论回应这种怀疑论的攻击，以原则与政策重构法律的融贯性，捍卫法律的确定性。”[3]根据德沃金的融贯理论与整体性概念，法律适用中不存在类推解释，当法律规则不足以涵摄事实时，可以引入法律原则。所谓法律原则，在德沃金的理论中一般是指公正、正义、公平等价值观。“法律体系因为包含了原则，以至于能形成一个抽象的价值秩序，它因而可以在一切案件中皆让法官可依据价值秩序的指向来做评价、衡量、理论。”[4]据此，当德沃金把事实涵摄从法律规则推进到法律原则时，实质已进入类推解释范畴。也即，当根据正义、公正等自然法价值要素作为事实判断属性时，就已经完全抹去了法律规则边界，模糊了文本语言的意义，类推解释与扩大解释之间的界限也不复存在。由此，国内学者在谈论德沃金建构的法律原则理论时，往

---

〔1〕 黄建辉：《法律漏洞·类推适用》，台湾蔚理法律出版社 1988 年版，第 102 页。

〔2〕［德］亚图·考夫曼：《类推与“事物本质”——兼论类型理论》，颜厥安审校，吴从周译，新学林出版股份有限公司 1999 年版，第 13 页。

〔3〕 郑永流主编：《商谈的再思：哈贝马斯〈在事实与规范之间〉导读》，法律出版社 2010 年版，第 163 页。

〔4〕 林立：《法学方法论与德沃金》，中国政法大学出版社 2002 年版，第 43 页。

往视其为类推解释论，从规则到原则的规范诠释路径，德沃金并不认为是造法，而只是用法；是透过解释，将既有的法律越解释越好，意思就是说越扩大既有法律权利保障的范围。[1]但是，从理论界探讨法律解释的路径看，虽然有学者声称反对类推解释理论，但在解释路径上与德沃金的法律原则理论并无本质区别。在规范解释理念上，也往往向德沃金的解释观靠拢，坚持没有不好的法律文本，只有不会解释法律规范的法官，如果法官能充分发挥法律解释的功能，法律条款就不会存在不足与缺陷，完全可以涵摄行为类型，也即司法主体可以把既有的最佳意涵借着解释不断开发出来。不过，“这种内含于事物之内的意义、道理，即所谓的事物本然之理、或事物的本质是类推适用的前提。”[2]

质言之，在法律规范诠释中，通过事物的本然之理或事物的本质进行对比，充分挖掘出规范蕴含的意义。比如，对比行为的社会危害性，判断其是否符合规范构成，如果危害性轻的行为构成犯罪，危害性重的类似行为也应构成犯罪。在这里，已经是从正义、公平、公正等自然法角度进行事实认定了。比如，张明楷教授曾指出，《刑法》第329条规定了抢夺国有档案罪，但没有规定抢劫国有档案罪，倘若对某个抢劫国有档案的行为不能以普通抢劫罪论处，当然可以认定为抢夺国有档案罪。这并不意味着抢夺等同于抢劫，更不意味着类推解释，而是因为抢劫国有档案的行为，完全符合抢夺国有档案罪的构成要件，如同杀人完全符合伤害的特征一样。[3]论者虽然没有明确提出，根据行为的危害性程度进行行为属性的判断，却通过改变社会主体对法律概念的传统判断，达到对严重危害社会的行为进行刑事处罚的目的，在实质意义上，这并没有摆脱根据危害性大小进行犯罪构成判断的嫌疑，只是在表现方式上有所不同而已。

第二节　类推解释观点考察

理论上关于类推解释的观点泾渭分明，有学者认为类推解释违背罪刑法

〔1〕 林立：《法学方法论与德沃金》，中国政法大学出版社2002年版，第53页。

〔2〕 林立：《法学方法论与德沃金》，中国政法大学出版社2002年版，第53页。

〔3〕 张明楷：《实质解释论的再提倡》，载《中国法学》2010年第4期，第55页。

定原则，应该予以禁止；有学者认为类推解释界定没有明确界限，不可能做到完全禁止。换言之，应该默认类推解释存在的合理性。还有学者明确反对类推解释，却从实质解释入手，达到突破规范文义之目的，颇有明修栈道、暗度陈仓之意。

所谓类推解释，是将法无明文规定的危害行为，比照刑法分则当中最相似的条款加以处罚，即将法无明文规定的行为通过类推将其作为犯罪处理。如何看待刑法类推解释在刑法理论上历来不乏争论，细分下来，主要包括类推解释禁止论与类推解释许可论，下文将分别阐释。

类推解释禁止论坚持，类推解释与罪刑法定原则相冲突，是超出规范文义的法外解释，解释结果会不当扩大刑法规范涵盖的犯罪圈，进而侵害公民的合法权利与法治的内在精神。因此，在司法实践当中，应严格禁止刑法类推解释的适用。为了支持该种论调，主张禁止论的学者，从不同角度提出判断解释结论是否为类推解释的方法。通过对这些判断方法的梳理，主要存在以下几种观点：可能文义说、文义射程说、核心属性说、逻辑含义说、法律精神说、国民预测可能性说、犯罪构成定型说、社会事实符合说等。对上述观点进行分析可知，论者真正从刑法规范用语诠释解释权限的只有文义射程说与逻辑含义说，其他观点都属于规范外的努力与尝试。比如，国民预测可能性说是立足于社会认同，社会事实符合说是立足于社会需要，犯罪构成定型说则是从刑法构成要件的角度构建标准，由于这些标准不是从规范词语得出的判断，都是属于宏观性的标准，比如，是否与国民预测可能性一致应如何界定？是否符合社会事实应如何判断？犯罪构成定型本身尚需做进一步的解读。至于具有规范意义的文义射程说，在提出之初就否定了自身，因为在文义射程判断上从来没有统一的标准。对此，有学者曾明确指出：文义最远射程如何具体掌握仍然是一个难题。由于一般国民的范围本来就难以确定，一般国民有无预测可能性也就很难判断。至于犯罪构成定型说，其对判定有关犯罪成立条件的解释类型有重要作用，但在适用犯罪构成定型说判断加重法定情节时是否存在类推解释具有困难。[1]总之，上述标准都具有弹性且相对模糊，对判断是否构成类推解释没有太大的参考价值。逻辑含义说主张从词语的逻辑结构层面进行阐释：任何超出法条逻辑含义范围的解释，都不符

---

〔1〕 刘明祥：《论刑法学中的类推解释》，载《法学家》2008年第2期。

合法律明文规定的要求，从而属于与类推解释无异的任意解释。〔1〕与其他学说相比，论者在类推解释的判断上提出了较为可行的标准，但从论证内容看，论者并没有做进一步展开，对何为逻辑含义也未作深究，因此，依然未能在类推解释标准的构建上走得更远。词语是逻辑学上的重要概念，对词语逻辑结构的把握是逻辑学的内容，因此，引入逻辑含义说界定词语的内涵外延，必须借助逻辑学的知识进行探讨。逻辑含义说并没有在这方面做深化探讨，这是该说的不足之处。当然，这种不足也为本文在此问题上继续深化奠定了基础，也是本文持续关注类推解释边界的内在动因。

基于理论上为类推解释设定的界分标准缺乏参考价值，对司法适用不能起到有效的指引作用，于是在理论界对类推解释的地位不断出现“杂音”，主张在司法实践中不能规避类推解释，甚至从不同角度阐释类推解释的积极作用，这种赞成类推解释的声音统称为刑法类推解释赞同论。比如黎宏教授认为：虽然从历史经验教训的角度来看，各国在类推解释的适用上有过惨痛的教训，但这并不能说明其就没有存在的价值。只要我们对类推解释的结构作进一步的分析，在类似性的确定上作合理妥当的限定，类推解释仍是有其发挥作用的余地的。〔2〕吴丙新博士认为：类推解释与扩张解释根本就无法区分。这两个概念存在的唯一价值是，它时刻激励法官去根据其价值偏好来运用语词的技巧，并借此消除因类推解释而带给自己的职业风险！〔3〕许发民教授认为：类推是我们刑事司法过程中必不可少的一种思维，刑法解释就包含着类推思维。类推是刑法适用过程的必要之举，在刑法适用领域起着重要作用。〔4〕杜宇博士指出：刑法上绝对之“类推禁止”根本就属于一种虚幻的神话，作为一种思维方式的类推始终蔓延于刑法适用的整个过程，法律适用原本就带有类推的性格。〔5〕

在国外刑法理论上，也有诸多学者赞成类推解释论。比如，日本学者植

〔1〕 游伟：《重申刑法规范的明确性》，载《检察日报》2010年4月29日。

〔2〕 黎宏：《“禁止类推解释”之质疑》，载《法学评论》2008年第5期。

〔3〕 吴丙新：《扩张解释与类推解释之界分——近代法治的一个美丽谎言》，载《当代法学》2008年第6期。

〔4〕 许发民、徐光华：《罪刑法定视野下的禁止类推之解读》，载李明发主编：《安徽大学法律评论》，安徽大学出版社2008年版，第226页。

〔5〕 杜宇：《刑法上之“类推禁止”如何可能？一个方法论上的悬疑》，载《中外法学》2006年第4期。

松正教授认为："法律用语通过解释将其意义扩张，扩展到本来没有涵盖的地方，并对其加以适用的话，由于该扩张解释本来不应当扩张到似是而非的地方，所以其结局上无非是类推解释。这种现象无非是意味着类推在某种程度上被许可。"〔1〕伊东研佑教授认为，扩张解释和类推解释在实质上不可能被区别开来。〔2〕阿部纯二认为：类推解释与扩张解释并无实质的区别，也无法将两者区分开来，因此，允许扩张解释也意味着允许类推解释。〔3〕德国学者萨克斯（Sachs）在专著《论刑法上的类推适用》指出，刑法中根本不存在所谓"禁止类推适用"原则。考夫曼认为，在对法律进行解释进而确定适用的过程之中，必然带有类推的成分，所谓解释与类推之间，与其说具有区别上的困难，还不如说是无法区别。所以，无所谓区分禁止的类推与容许的解释可言。〔4〕

不管理论界学者如何鼓吹类推解释，也不论类推解释边界把握如何困难，都不能成为支持类推解释的理由。"毋庸讳言，司法实践中一直存在着某种由来已久的倾向，即'把一切类推适用都往扩张解释里塞'，以扩张解释的名义偷运自己的类推意图。"〔5〕刑法类推解释与罪刑法定原则相背离，不符合现代法治社会的内涵。因此，从确定罪刑法定原则那天起，就已注定类推解释的命运。由此，从理论上探讨类推解释在实践上的可行性，无论基于何种角度，都是对刑法基本原则的侵犯。易言之，就类推解释而言，我们的立场应是一贯且坚定的，排除类推解释在实践中存在的可能性。因此，对理论上各种为类推解释张目和呐喊的行为，有必要予以有力的回应与反击，以捍卫现代法治的尊严。

首先，类推解释禁止论不能建构行之有效的辨析标准。分析理论上有关判断类推解释界限的理论，主要有可能文义说、文义射程说、核心属性说、

〔1〕［日］植松正：《罪刑法定原则》，载刑法学会：《刑法讲座》（第1卷），有斐阁1963年版，第37页。

〔2〕［日］伊东研佑：《刑法解释》，载［日］阿部纯二等：《刑法基本讲座》（第1卷：基础理论/刑法论），法学书院1992年版，第59页。

〔3〕［日］阿部纯二等：《刑法基本讲座》（第1卷：基础理论/刑法论），法学书院1992年版，第59页。

〔4〕参见［德］考夫曼：《法律哲学》，刘幸义等译，法律出版社2004年版，第79页。

〔5〕杜宇：《刑法上之"类推禁止"如何可能？一个方法论上的悬疑》，载《中外法学》2006年第4期。

逻辑含义说、国民预测可能性说、犯罪构成定型说、社会事实符合说还有学者将上述观点进行归纳整合，提出综合标准说。总的来看，有关区分类推解释的各种学说都存在不足，不能为司法主体界分类推解释提供充分有效的判断标准。其中，可能文义说作为界分类推解释最有力的学说被广泛接受，但反对者也甚众，并有针对性的指出，当提出可能文义说时就已经进入类推解释范畴。“因为当我们说，解释可以及于可能的文义时，其实我们已经处在类推解释之中了，因为这种可能的文义既非单义亦非相当，而只是一种类似。”〔1〕对此，我们认为，论者观点颇有道理。质言之，当读者努力探讨文本的可能含义时，已经随时处于词语的边缘含义了，会随时可能落入类推解释领域。逻辑含义说是从分析哲学角度探讨规范文义，其立足于规范文义，以逻辑实证主义为规范分析路径。不过，自从哲学研究从认识论转向语言论后，形似逻辑作为语言分析范式已经落后于社会需要，语境论、言语行为理论、合作理论等开始成为探寻规范文义的重要工具，也即这已成为逻辑内涵远远不能覆盖的区域。“从排除人本要素的形式语义学到开始考虑语言使用者的语用学，哲学研究迈出一大步，进入一个重要的时期，将一直被形而上学排挤在外的鲜活的人重新接纳进入哲学家的视野。”〔2〕国民预测可能说基本没有规范性色彩，将是否超出规范文义的判断交给预测可能显然是荒谬的。罪刑法定说与构成要件说看似合理，其实，与类推解释之间有循环定义的嫌疑，不能为司法主体提供行之有效的辨析标准。至于有学者提出的综合标准说，不但没有为类推解释提供合理的判断标准，反而把类推解释界限辨析置于更复杂且没有现实意义的境地。

其次，类推解释赞同论违反现代法治精神。在国内外刑法理论上，有些学者赞同类推解释，认为类推解释不能禁止，需承认类推解释存在的客观性与合理性。对此，应该进行批判性分析。分析法学与实证法学都认为，法律是稳定且完善的，司法主体只需根据法律文本裁决事实行为即可，无需对规范文本进行过多解释，目的就是防止因法律解释损害法律文本的意义客观性与确定性。及至后现代社会，现实主义法学、哲学诠释学、语言学都将批判

〔1〕［德］亚图·考夫曼：《类推与“事物本质”——兼论类型理论》，颜厥安审校，吴从周译，新学林出版股份有限公司 1999 年版，第 13 页。

〔2〕王寅：《语言哲学研究：21 世纪中国后语言哲学沉思录》（上），北京大学出版社 2014 年版，第 75 页。

矛头直接指向规范文本的稳定性与确定性，并明确指出，规范文本存在漏洞与滞后性，需通过法律解释完善规范文本，并由解释主体完成法律问题的续造任务。“确定性一般来说是一个幻觉，而心灵的恬静并非人之天命。在逻辑形式背后，隐藏着一个判断，是有关于在彼此竞争的法律论证之间对其价值与意义的判断。”[1]尽管分析实证主义法学有过度怀疑法官解释的嫌疑，从而不利于法律语言含义的挖掘和发现，不过，其在法律文本解读上总体呈保守主义倾向，使刑法中的罪刑法定原则得以严格遵循，基于此，刑事立法的民主性与刑法规范的确定性得以维持。但是，后现代法学视野下的解构论让法律文本处于危险当中，理性主义与逻辑主义被抛弃，法律规范的确定性与稳定性都不再重要，通过不同语境赋予语言不同含义成为后现代法学的典型特征。福柯（Foucault）的《规训与惩罚》贴切地反映了后现代法学反科学主义和反理性主义的基本立场。他认为，现代权力与知识形成了一种知识—权力的共生关系，权力对知识产生的影响是具体的、细节的，权力虽然不能取代真理性来判断话语是否是知识，但权力因素渗透到了具体的知识生产过程中支持着知识的产生和传播。真理只不过是用来论证权力的正当性工具，并强化权力。[2]将福柯的思想推及至法律领域可知，法律文本内涵不再有相对稳定的区域与范围，会因为社会需要而改变文本内涵，会因为权力诉求而发生变化，至此，内含于法律文本的立法民主性不再存在，法律文本的确定性与稳定性不再凸显，规范内涵不再通过文本进行解读和判断，而是根据结果和需要予以决定。类推解释符合后现代语境下的法律解释理论，折射出的深层意图就是将立法民主驱逐出法律文本，令法律续造成为一种常态和现象。更为重要的是，公民行为预期是当代法治社会的应有之义，换言之，在法治社会模式下，不应允许不教而诛的社会现象存在。不幸的是，类推解释论恰恰有忽视公民行为预期之嫌，这并不符合法治社会应有的内在精神。

最后，实质解释助推了类推解释的司法实现。近年来，实质解释理论发展迅速且强劲，极大地推动了刑法解释理论的发生和发展，对司法行为定性与刑罚裁量起到了积极作用。同时，还需认识到实质解释带来的消极作用，其中，因实质解释论导致的类推解释现象尤其值得关注。根据实质解释论，

---

〔1〕 Oliver Wendell Holmes, “The Path of The Law”, *Harvard Law Review*, March 19, 1997.

〔2〕 Michel Foucault, *Truth and Power*, in Power/Knowledge, Pantheon, 1980, p. 110.

主要需从以下几个方面解释刑法规范：正义考量、价值判断、规范开放性、比较点选择，等等。比如，通过考察刑罚合理性达到解读犯罪构成之目的；通过考量社会正义，改变规范语言的外延，达到扩张规范文本的规制范围；通过改变规范与事实的比较点，达到改变对危害行为的法律定性；通过引入法外因素，将规范文本内涵更多置于开放的语境下考量，达到改变规范文义的目的。至此，处罚的合理性与必要性在规范诠释中起到重要作用，并在一定程度上左右着危害行为入罪与否。“解释的实质的容许范围，与实质的正当性（处罚的必要性）成正比，与法文通常语义的距离成反比。”〔1〕

分析刑法实质解释的理论路径可知，其不再局限于认识论范畴，而是来到了语言论范畴，符合语言哲学的理论脉络。质言之，将规范文义认识置于具体语境下进行判断，不是通过规范认识探寻文本内涵，而是通过现实需要赋予文本不同含义。纵然实质解释论者一再坚持其不支持类推解释，但遗憾的是，根据实质解释论的观点，不断出现将刑法规范外延之外的行为纳入刑法规范的规制范畴。“认真考证实质解释论者和形式解释论者的解释结论，我们又发现一个‘怪现象’：实际上很多有争议的案件，或者在具体的理论争议问题上，与实质解释论宣称的限制解释论完全相反，实质解释论者的结论并不是限制解释，相反形式解释论者的结论倒更像是限制解释。”〔2〕比如，将军警人员抢劫解释为冒充军警人员抢劫，将低价抛售他人股票的行为解释为破坏财物，将向被害人暴力取证的行为解释为暴力取证罪，将他人名贵小鸟放飞解释为破坏财物，等等。另外，在对虐待罪中“家庭成员”进行解释时，晚近以来实务界也明显采取实质导向的路径。在朱朝春虐待案中，被告人朱朝春与被害人在协议离婚后仍然共同生活，法院在判决中认定被告人与被害人为同一家庭成员，从而判决被告人朱朝春构成虐待罪。该案裁判理由认为，对于家庭成员的认定，不能仅限于具有婚姻法规定的基于婚姻和血亲基础形成的四类家庭关系的主体，对于具有同居、扶养、寄养等“类家庭”关系的主体，也应纳入家庭成员的范畴。〔3〕

---

〔1〕 李海东主编：《日本刑事法学者》（下），法律出版社、成文堂1999年版，第32页。

〔2〕 周详：《建立一座法律解释论的“通天塔”——对实质的刑法解释论的反思》，载陈兴良主编：《刑事法评论》（第26卷），北京大学出版社2010年版，第73~74页。

〔3〕 参见中华人民共和国最高人民法院刑事审判第一、二、三、四、五庭主办：《刑事审判参考》（总第98集），法律出版社2014年版，第125~130页。

从理论上看，张明楷教授也认为：虐待的对象可包括姻亲血亲人员之外的长期在一起共同生活的人，如保姆等主体。[1]虽然《刑法修正案（九）》扩大了虐待罪的范围，但并没有改变对家庭关系的看法，只是增加了对负有监护、看护职责的人虐待被监护、看护的犯罪主体。据此，是否构成“家庭成员”，取决于是否满足共同生活这一实质要件，而不取决于婚姻关系存在与否的形式要件。质言之，当司法主体通过改变比较点，并基于正义价值重新诠释虐待内涵时，这正符合实质解释论者的一贯作风。实质解释论者解读上述行为时，往往会指出，根据社会正义和规范目的，应将上述行为解读为刑法规制对象，但恰恰是社会正义与目的描述会成为类推解释适用的可能路径。刑法解释的实质化，使得目的解释成为刑法解释的“桂冠”，目的解释为类推解释开了一个口子，而类推解释又为目的解释提供了足以伸展的舞台，可以说目的解释与类推解释是相互成就的。[2]上述论者观点是对实质解释论的准确解读，并清晰指出从实质解释到类推解释的发展路径。

第三节　类推解释的法理分析

一、实质法治论

实质法治是与形式法治相对而言的。“形式法治只寻求形式合法性，以符合实在法为限；实质法治则追问实质合法性，追问法律背后的道义原则。”[3]从法律层面考察，法治表示对法律的确定性和稳定性的需求，以便人们得以相应地规划和组织他们的行为，但法治又强调需要法律保有某种灵活性并且能够让自身适应公共观念的变化。由此，一方面，作为法律面前人人平等的推论结果，法治宣称对法律适用一般性的要求；但另一方面，法治又小心翼翼地让平等原则不适用于那些可以或者应该作出合理区别的案件。然而对实

〔1〕 张明楷：《刑法学》（第4版），法律出版社2011年版，第818页。

〔2〕 杨绪峰：《反思与重塑：刑法上类推解释禁止之研究》，载《环球法律评论》2015年第3期，第29页。

〔3〕 高鸿钧：《现代西方法治的冲突和整合》，载高鸿钧主编：《清华法治论衡》（第1辑），清华大学出版社2000年版，第125页。

质正义的考量需通过法治渠道，而不是经由一个个实质个案达到目的。并且，实质因素考量需介于一定限度之内，不能因为关注实质正义而瓦解法治精神。实质正义诉求反映到刑法理论中，就是实质解释论的倡导，反映到司法实践中，就是为严格解释松绑。“实质的解释论认为，单纯强调罪刑法定主义的形式侧面是不充分的，对构成要件符合性进行形式判断是不够的，必须从实质上判断是否存在值得科处刑罚的违法性与有责性，或者说必须从处罚的合理性与必要性的观点来解释构成要件。”〔1〕但是，在是否需要刑罚及适用何种刑罚的判断上，往往夹杂非规范要素，比如，社会正义、形势判断及民意诉求等。质言之，从实质解释论看，它主张在形式正义之外还要关注实质正义。“解释者应当正视法律文本的开放性，懂得生活事实会不断地填充法律的含义，从而使法律具有生命力。”当然，从正义实现的终极目的看，实质解释论确实在弥补着形式解释论的不足，有利于法规解释体现个案正义。〔2〕但是，一定程度上，实质解释论终究是脱离规范意义的判断，不经意间就会触碰法治的底线。其实，分析实质解释论者具体阐释可知，在对具体个案模型的分析上，并不像其宣称的那样，实质解释具有限制犯罪处罚范围之功能，恰恰相反，往往是在经由实质解释后，刑法规范的涵摄范围在不知不觉之间做了扩张。“认真考证实质解释论者和形式解释论者的解释结论，我们又发现一个‘怪现象’：实际上很多有争议的案件，或者在具体理论争议问题上，与实质解释论宣称的限制解释论完全相反，实质解释论者的结论并不是限制解释。”〔3〕因此，在实质解释论者坚持从对刑法规范做开放性解释时，在合理性扩张刑法规范的同时，也会出现对刑法规范之意外解读，而这种意外解读常常与类推解释相伴而生。

二、司法能动主义

从司法能动主义在西方的发展历程看，该理念是对传统解释学的反思与发展。形式主义法学下的解释论坚信，法律规范包含解决问题的答案，司法

---

〔1〕 参见［日］前田雅英：《刑法の基础·总论》，有斐阁1993年版，第37页。

〔2〕 张明楷：《实质解释论的再提倡》，载《中国法学》2010年第4期。

〔3〕 参见周详：《建立一座法律解释论的“通天塔”——对实质的刑法解释论的反思》，载陈兴良：《刑事法评论》（第26卷），北京大学出版社2010年版，第73页。

主体应固守三段论。因此，根据法条教义学，司法主体只需依据现有规范对个案进行裁断即可，包括道德、风俗、民意、政策等要素都与司法主体的思维过程无关。形式主义法学奠基于分析实证主义，具体表现为概念法学、纯粹法学、分析法学、新分析法学等，坚持司法克制主义是其共同点。司法克制主义与资本主义社会初期相对稳定的社会形态有密切关系。随着资本主义社会向纵深发展，社会矛盾日渐突出，司法克制主义理念逐渐不能回应社会诉求，基于对司法克制理念的反思，司法能动主义因势而起，并在随后的社会发展中开始主导法学理论与司法理念。“在西方法学界由于受到了政治、经济急剧变化的影响，严格法制原则受到了冲击，他们急需用解释的方法松动法律规则的严格性。”〔1〕在西方，这个过程转变几乎用了一个世纪才逐渐完成，并发展出与司法能动主义相适应的司法环境、立法模式、司法素养、法律信仰等要素。与西方不同，我国并没有经历严格法制主义阶段，而是过早进入后现代社会。“受西方法学和传统文化思想的影响，我们的法学超越了严格法治阶段，径直进入了后现代，过早地看到了严格法治理论的弊端。”〔2〕于是，在整个社会层面对形式主义法学还未习惯的时候，在整个司法层面还未形成克制理念的时候，司法能动主义又开始进入民众的视野，并开始冲击传统的司法克制理念。尽管中西方在司法能动主义的理念上存在不同，但在实践上对司法主体的影响则非常类似，都主张从社会层面寻求规范的成长因子，并通过这种法律创制完成对司法个案的裁断。基于司法能动主义，司法解释权被松绑甚至被放大，越来越多的规范外因素进入规范内涵当中，并在悄无声息间完成法律内涵的转换。但是，司法适用的任务是对规范阐释而非规范创制，任何司法阶段的法律续造都是对立法权的蚕食。中西方毕竟社会背景存在显著不同，在司法能动主义要素上存在显著差距，尽管都是在用司法能动主义理念缓解规范与事实之间的紧张，但适用方式、适用结果及适用价值却存在不同。

基于此，随着社会转型的深入，在司法理念上进行适当调整不是问题，问题是不应该在司法理念上做跳跃式变革，换言之，当司法克制主义还没有

〔1〕 陈金钊：《法律解释学——权利（权力）的张扬与方法的制约》，中国人民大学出版社 2011 年版，第 5 页。

〔2〕 陈金钊：《法律解释学——权利（权力）的张扬与方法的制约》，中国人民大学出版社 2011 年版，第 5 页。

成为一种习惯时，不能用司法能动主义进行替代，以避免实践中对规范的过度解释与非法解释。由此，从司法理念发展看，借用柔性的司法克制主义或温和的司法能动主义等概念进行过渡也许更为合适。

三、规范灵活性

法律规范有稳定性与灵活性的诉求。稳定性是基于规范文本的严肃性、独立性及法治等层面的要求，符合社会主体的行为预期要求。在社会平稳时期，对刑法规范的稳定性期待较高，也符合社会各阶层的现实需要。但是，稳定性是规范滞后与僵化的原因，并导致规范不能适应社会变化，进而会在实质意义上忽略公民权利，尤其是在社会变革时代，这种缺陷会更为明显。基于此，作为稳定性的补充，刑法规范的灵活性逐渐获取重视。从法学史考察，规范稳定性与灵活性是不同时代的体现。

在 20 世纪 60 年代，法学家们普遍迷恋法律规范，甚至到了极致的程度。到 20 世纪 70 年代，法学们又开始关注法律原则。到 20 世纪 90 年代，法的价值、利益衡量、社会正义等要素开始进入规范法学家的视野。随着关注内容的转化，严格法治被逐渐弱化，规范灵活性与价值考量开始进入法律学人的理论阐释中："法的中心不在立法、法学或判决，而在社会本身。"〔1〕我国的法治建设时间较短，在还没有形成成熟的法治形态与法治观念的情况下，又在西方法社会学与现代法学的影响下过早进入后现代。于是，无论是理论界还是司法界，都开始从重视规范内涵到重视社会要素的转向，在这种境况下，实质正义、政策要素、政治诉求及道德需求都在通过各种通道进入规范文义中，并成为解释者借以缓解因规范稳定性而带来的法律不足问题的理由。由此带来的法律效应是，不断有法律人在阐释规范内涵时，有意无意地对规范文义做添加或减损，进而完成法律创制或法律续造。在我国社会转型的背景下、在社会管理创新的激励下，这种状况会持续加重。比如，刑法学者提出的实质解释论、实质推理、刑罚反制等各种理论，既是对转型社会与社会创新的回应，也在为类推解释的出现奠定基础。之所以做如此，正是因为上述理论主体在努力扩张规范文义的同时，并没有为如何防止文义因非规范要素滋扰被曲解，而设定任何防范机制与救济机制。

---

〔1〕 吕建高：《埃利希的法社会学思想》，载《当代法学》2002 年第 11 期。

总之，随着社会发展，刑法规范应体现灵活性的一面，以缓解因规范僵化带来的消极效应，但是，这种灵活性的追求是应该慎重的，是有限度的，是应该约束机制的，否则就会为类推解释的出现提供种种理由和契机。

第四节　类推解释的语言学基础

类推解释在刑法解释学中之所以挥之不去，并成为威胁刑法规范确定性的重要因素，除了理论上没有为界定刑法解释限度提供切实可行的标准，还与语言的开放性、诠释的本体性及认知的语言性具有密切关系。尤其是在后现代主义哲学的影响下，随着认识论向语言论转变，法律规范诠释日益聚焦规范外因素，致使越来越多的刑法解释呈现出扩张与越权的特性，具体可从以下三个维度展开。

一、语言的开放性

法律规范的载体是语言，语言是由词语构成，理解法律规范文义必须从语言解读做起。自然法学与新康德主义法学都主张，在规范解读上更多的是寻求文义背后的价值与精神，追求规范内在的正义与公正。于是，理性论与先验论成为规范诠释的理论范式。不过，将规范文义揭示寄希望于抽象的理性、正义、先验等内容，显然不符合科学主义与理性主义精神。

及至实证主义时代，逻辑论、科学性、数学论等成为理解和诠释客观事物的指导标准，基于此，法律规范诠释的实证性与分析性开始登上历史舞台。换言之，将规范研究目光从理性转向实证、从正义转向条文，是实证分析主义的重要表征。自由主义学派代表人物哈特对法律条文做过经典表述，以回应和批判形式主义和规则怀疑论两种极端倾向，认为应当在两者之间走一条中间道路，他的中间道路就是建立在“开放结构”理论基础之上。哈特指出，所有规范语言都具有开放性结构，具体可分为三个区域：即核心区域、中间区域与边缘区域。唯有在语言的核心区域，语言含义才是明确的，其承载的规范文义也是没有疑问的。来到中间区域，规范文义已经开始从明确性向模糊性转化，词语内涵不再如核心区域那么明确，在理解和解读上开始存在一定难度。当处于语言的边缘区域时，词语内涵基本处于模糊状态，规范内涵揭示基本属于疑难情形，也是越权解释滋生的高发区域。比如，在“禁止车辆进入公园”这一规则中，“车辆”的种类是一个开放结构，公共汽车、小汽车、摩托车是肯定不能进入公园的，因为其处于车辆的核心区域，这是确定的。但是，电动汽车玩具、婴儿车、滑轮车是否属于“车辆”，能否进入公园呢？这又是不确定的，因为上述词语类型处于概念的中间区域与边缘区域。实质上，语言的三个区域划分是对语言开放性的精确描述，在法律规范中，除了数字与特殊内涵的词语，其他词语基本都具有三个区域的特征。当词语的内涵来到中间区域，尤其是边缘区域时，已经渐次体现出规范文义向外部开放的属性。

德国学者黑克（Heck）则将不确定性法律概念区分为“概念核”和“概念晕”。〔1〕虽然在概念表述上有所区分，但哈特与黑克意欲表达的内容和精神基本是一致的，也即词语承载的概念都具有开放性特征。法学的观点通常被认为是缺点的日常用语的不确定性，包括它供未来发展研究时，因为结构粗糙造成所谓的多漏性，以及在概念领域中所谓的模糊性，恰恰能够用来担保一个体系所必要的开放性。〔2〕换言之，概念的开放性是法律规范得以成长的基础，也是其不断适应社会需要的前提。“借助法律概念的这种开放性和不确定性，既可以将法律适用于新的事实，又可以适用于新的社会与政治价值观。”〔3〕当然，我们需要保持清醒的是，概念自身的开放性特征在促进规范成长的同时，也在为规范解读超出文义边界提供着便利。

二、诠释的本体性

在欧陆人本主义语言哲学影响下，诠释学完成了从一般诠释学向哲学诠释学转变的过程。根据哲学诠释学，诠释学不再是获得文本的技艺，而成为本体论的语言表达，也即在哲学诠释学这里，解释主体获得了充分重视，理解成为此在的存在方式。根据哲学诠释学，作为此在的人处于历史当中，需要根据历史效果检验此在理解的准确性。“真正的历史对象根本就不是对象，

〔1〕［德］卡尔·恩吉施：《法律思维导论》，郑永流译，法律出版社2004年版，第133页。

〔2〕［德］许迺曼：《刑法体系思想导论》，许玉秀译，载许玉秀、陈志辉合编：《不移不惑献身法与正义——许迺曼教授刑事法论文选辑》，新学林出版股份有限公司2006年版，第256页。

〔3〕［德］魏德士：《法理学》，丁晓春、吴越译，法律出版社2005年版，第85页。

而是自己和他者的统一体，或一种关系，在这种关系中同时存在着历史的实在以及历史理解的实在。一种名副其实的诠释学必须在理解本身中显示历史的实在性。因此，我就把所需要的这样一种东西称之为‘效果历史’。理解按其本性乃是一种效果历史事件。”〔1〕

人的此在在理解世界的时候，总是带有前见、前有、前概念等去完成对世界的解读和认知。没有他们，就无法理解这个世界，用前概念的导向去理解世界，得出新的前界和前概念，反过来再用新的前界、前概念又去理解更新的这个世界——所以解释学是循环的。由此，从诠释学的角度来看，解释主体已经从分析实证主义下的留声机与自动售货机发生转变，不再仅仅是规范条文理解的参与者，而成为规范文义挖掘的决定者，诠释主体逐渐由被动的文义揭示转变为主动的法律续造。于是，在哲学诠释学这里，诠释主体的身份发生了变化，规范诠释被赋予了鲜明的本体性色彩，解读主体的能动性与创造性在这里被充分发挥，规范外因素沿着诠释主体的前见和前理解顺利进入规范解读程序，并顺理成章的改变着规范文义，为类推解释产生提供着理论支撑与技术支持。如果从诠释学角度来探究行为构成，行为构成作为要被理解的文本，其又是由语词所组成的语句，语词具有指示它物的性格，即具有意义也就是其被正确适用的情形的总和。考虑到此点，哈斯默尔于是将对语词和语句的理解作为起点，借此来思考如何对行为构成进行合理的诠释。“如果未能考虑各种具体情境，就无法完全理解它的内涵”。〔2〕

三、认知的语言性

语言的语义、语形和语用是语言学发展的三个阶段，就语义与语形而言，分别是从词语本身和语言逻辑角度进行词语文义探寻的，也即基本是从词语本身进行文义揭示的。到了语用学这里，语言学已经发生了根本性转变，也即语言涵义诠释不再立足于词语本身，而是将重点转移至语言的适用场景，即由语境决定语言的含义。至此，语言研究范式发生变化，并推动以语言为

---

〔1〕 洪汉鼎：《诠释学——它的历史和当代发展》，人民出版社2001年版，第238页。

〔2〕 W. Hassemer, *Tatbestand und Typus*, *Untersuchungen zur strafrechtlichen Hermeneutik* (Koln), 1967, S. 67.

载体的法律规范研究模式的转变，体现为语义揭示从规范本身来到日常生活。维特根斯坦（Wittgenstein）认为，语句或命题的意义不在于它是表现事实的逻辑图画，而在于语言在日常生活中的“用途”（Gebrauch）、“使用”（Verwendung）、“应用”（Anwendung），换言之，维特根斯坦认为语词与词语的意义就是它在被表达的具体情况（场合）下的“用途”，一个语句的意义与它所应用的具体境况是紧密相关的。语句的用途也就是它本身在被使用的境况中所充当的角色。〔1〕

认知语言学不是一种单一的语言理论，而是代表一种研究范式，是多种认知语言理论的统称，其特点是把人们的日常经验看成是语言使用的基础，着重阐释语言和一般认知能力之间密不可分的联系。与形式语言学不同，认知语言学强调人的认知能力，以体验哲学为其理论背景，特点是把人们的日常经验看成是语言使用的基础，着重阐释语言和一般认知能力之间密不可分的联系。认知语言学的问世，一方面批判了结构主义和转换生成主义学派所恪守的客观主义哲学立场，大力倡导从人本角度分析语言，重铸语言学理论；另一方面又批判了人本因素的激进人本观以及宣告人已死亡的过激言论，提出了语言研究的新原则：现实—认知—语言，认为语言是人们对现实互动体验和认知加工的结果，充分体现了后现代哲学中的体验人本观。〔2〕根据认知语言学，语义不仅仅是客观的真值条件，而且是主观和客观的结合，研究语义总要涉及人的主观看法或心理因素。认知语言学还认为，语言中的各种单位范畴和人所建立的大多数范畴一样，都是非离散性的，边界是不明确的。根据语用学，其特征表现为语境、言语行为理论及合作原则等几个方面，换言之，语用学侧重于在具体场景中认识语言内涵，并将语用理论视为一种交际理论，这些都与认知理论具有一致性。源于认知语言学色彩，在语言学完成从形式到认知的转变后，词语自身的意义在社会主体的理解和认识中的价值已经降低，词语会因为语境与言语使用者不同而改变其自身含义，基于此，语言载体的词语已经没有确定的内涵与稳定的意义，任何语言都是在使用中发生变化，根据具体使用者要求被赋予不同含义。“它表明，语言的形式主要

---

〔1〕 万俊人：《现代西方伦理学史》（上卷），北京大学出版社1990年版，第378页。

〔2〕 王寅：《语言哲学研究：21世纪中国后语言哲学沉思录》（上），北京大学出版社2014年版，第75页。

是取决于人对它的使用，也就是说，取决于人们在社会交往中的用词与特定活动以及对活动的预期相联系并予以促进的方式。”[1]于是，当将法律规范置于认知语言学理论之下进行考察时，不难理解，规范文本的含义已经开始被语境、言语行为理论及合作原则裹挟而改变其本质内涵，并随着社会发展而呈现流动性与演变性的特征，当然，当这种流动与演变超出规范文义边界时，距离类推解释也就很近了。

---

〔1〕［德］汉斯-格奥尔格·加达默尔：《哲学解释学》，夏镇平、宋建平译，上海译文出版社2016年版，第27页。

CHAPTER6 第六章

刑法类推解释辨析

近年来，不断有学者发文公开支持类推解释在刑事司法中的作用，并断言类推解释禁止不可行，因此，应承认类推解释在理论上与实践中的地位。受该解释理论的影响，在实践当中，不断有个案借助类推解释通道突破罪刑法定原则，以达到扩张犯罪范围之目的。虽然相继有学者从法治精神的进路出发，对类推解释进行批判，但从论证角度与获致结论的合理性来看，还存在不足，因此，这些声音并不足以形成对类推解释的有力回应。沿着这个思路，本书试图在刑法类推解释的判断方法上做些努力，借以评析理论上的争议，并弥补实践上的不足。类推解释之所以在理论与实践上被支持，具有相应的理论基础与社会背景，质言之，类推解释与一些刑法理论有或多或少的联系，所以要真正认清刑法类推解释，就必须对这些法学理论予以分析和梳理。目前来看，需从实质法治论、司法能动主义及刑法规范灵活性等几个维度展开。

第一节 刑法类推解释实证例举

鉴于刑法类推解释与扩大解释界限之区分困难，且理论界多有学者从不同层面支持类推解释，结果是在司法解释与个案解释上不断出现类推解释情形，却由于类推解释与扩大解释界分标准的模糊，而得不到足够的重视。在这部分内容当中，将尽力展示 1997 年《刑法》颁布以来出现在司法领域各种类推解释现象。

首先，刑法规范解释上的类推解释。司法解释是规范条文的细化，是为了便于刑法条文具有操作性和实用性，因此，有权机关从实际需要出发对规范性条文做具体阐释。在阐释刑法规范的过程中，出于政策、伦理、民意、政治等需要，会出现突破规范内涵而作类推解释的情形。

2000 年 11 月 15 日，最高人民法院通过了《关于对变造、倒卖变造邮票行为如何适用法律问题的解释》：为了正确适用刑法，现对审理变造、倒卖变造邮票案件如何适用法律问题解释如下：对变造或者倒卖变造的邮票数额较大的，应当依照《刑法》第 227 条第 1 款规定定罪处罚。有学者如此评价该司法解释：在这里，“变造”是否可以理解为“伪造”，成为问题。如从用语可能具有的含义的角度来讲，伪造和变造的含义是不相同的。从我国刑法的数个条款均将“伪造”与“变造”分别开来加以使用的角度看，“伪造”显然是不能包括“变造”在内的。但是，变造以及倒卖数额较大的邮票的行为，和伪造或者倒卖伪造邮票的行为一样，都是严重扰乱国家对有价票证的管理制度的行为。[1]论者在论证上述司法解释合法性时，不是从伪造与变造的外延关系上界定，而是基于两者都是严重扰乱国家对有价票证的管理制度的行为。但是，这种从社会危害性角度判断犯罪构成符合性的做法正是类推解释的源头。正如有的学者所言：“社会危害性并不具有基本的规范质量和规范性……如果要处罚一个行为，它就可以在任何时候为此提供超越法律规范的根据，因为它是犯罪的本质，在需要情况下是可以决定规范形式的。”[2]因此，论者所言不但不能成为支撑该司法解释合法性的理由，反而成为该司法解释为类推解释的最好佐证。

2000 年 11 月 10 日，最高人民法院通过的《关于审理交通肇事刑事案件具体应用法律若干问题的解释》第 5 条规定：交通肇事后，单位主管人员、机动车辆所有人、承包人或者乘车人指使肇事人逃逸，致使被害人因得不到救助而死亡的，以交通肇事罪的共犯论处。其实，交通肇事罪原本就是过失犯罪，从刑法理论上看，过失犯罪没有共同犯罪。因为我国传统刑法理论认为，共同犯罪的主观方面只能是故意而非过失，所以在我国传统刑法理论上并不承认过失共同犯罪。我国《刑法》第 25 条也明确规定：共同犯罪是指二人以上共同故意犯罪。我国刑法总则也规定，共同犯罪的主观方面是需要由共同故意构成。但是，为了处罚这些在实践中具有危害性的行为，司法解释

〔1〕 黎宏：《“禁止类推解释”之质疑》，载《法学评论》2008 年第 5 期。

〔2〕 李海东：《刑法原理入门：犯罪论基础》，法律出版社 1998 年版，第 7 页。

却突破传统理论与刑法文本，私自扩大交通肇事罪的规制范畴，使交通肇事罪可以构成共同犯罪。2001 年 4 月 10 日起施行的最高人民法院、最高人民检察院《关于办理生产、销售伪劣商品刑事案件具体应用法律若干问题的解释》第 6 条第 4 款规定："医疗机构或者个人，知道或者应当知道是不符合保障人体健康的国家标准、行业标准的医疗器械、医用卫生材料而购买、使用，对人体健康造成严重危害的，以销售不符合标准的医用器材罪定罪处罚。"其实，销售医用器材与购买、使用医用器材在性质上根本不能等同，即使把购买后的使用医用器材行为理解为经营行为，经营当中包含销售的内容，这种销售是有偿提供服务，它也不能与销售医用器材等同。上述司法解释完全超出了刑法的规范文义，属于典型的类推解释。

其次，刑法个案解释中的类推解释。刑法规范适用过程中，司法主体会基于社会形势、政策需要等要素而曲解规范内涵，从而不当扩大刑法规范的内涵而导致类推解释。从近年来的司法实践看，这种个案判决并不鲜见。被告人肖永灵为了发泄不满，将一包白色粉末状物品邮寄给上海市人民政府某领导和上海东方电视台新闻中心陈某。后经公安机关侦查，该不明白色粉状物为无毒的食品干燥剂。后来，法院对肖永灵做出有罪判决，认定其行为触犯了刑法规定，构成以危险方法危害公共安全罪，判处有期徒刑。〔1〕从判决结果看，法院是按照危险犯对行为人做出的判决。既然对该种行为人以危险犯论处，那么，行为人的行为应该是可能造成危害公共安全结果的发生，并且这种可能性是切实存在的。但是，从该案被告人实施的行为来着，由于白色粉末状物质是干燥剂而非炭疽杆菌，不可能导致危害公共安全结果的发生。可见，法院将肖永灵投寄虚假炭疽杆菌的行为认定为以危险方法危害公共安全罪，具有明显的类推适用的性质。〔2〕也许是立法者认识到该危害行为的性质与以危险方法危害公共安全罪存在区别，且有对之处以刑事责任的必要，于是在 2006 年《刑法修正案（三）》第 8 条规定了投放虚假危险物质罪，作为刑法第 291 条之一，该立法规定正表明上述个案解释的错误，是违背罪刑法定原则的类推解释。

---

〔1〕 游伟、谢锡美：《"罪刑法定"原则如何坚守——全国首列投寄虚假炭疽恐吓邮件案定性研究》，载游伟主编：《华东刑事司法评论》（第 3 卷），法律出版社 2003 年版，第 6 页。

〔2〕 周少华：《罪刑法定在刑事司法中的命运——由一则案例引出的法律思考》，载《法学研究》2003 年第 2 期。

2002年4月29日至5月10日期间，被告人朱建勇利用事先查获的被害人陆正辉、赵佩花夫妇的资金账号和股票交易账户密码，非法侵入股票委托交易账户并篡改了股票交易账户密码，然后将陆、赵的股票、基金全部抛出，买进其他股票，并多次进行买进卖出的股票交易，后被抓获。法院对本案进行审理后认为，被告人为泄私愤而非法侵入并修改他人股票交易账户，然后采用高进低出恶意买卖的手法使他人资金受到损失，数额巨大，其行为已构成故意毁坏财物罪。[1]在高买低卖股票使他人财产受到损失的情况下，能否认定为构成故意毁坏财物罪，对此，问题不在于股票能否成为故意毁坏财物罪的对象，而在于如何对高买低卖的行为进行定性。有观点认为，只要能使财物的价值或者使用价值得以降低或丧失，都可以视为毁坏行为，这也是本案判决中司法主体的基本思路。但是，如果按照前述认定逻辑，毁坏行为的含义将不是由行为本身来决定，而是根据结果决定了。显然，故意毁坏财物罪实行行为的定型功能在这种司法逻辑下就消失殆尽了。正如有的学者在分析本案定性之后指出的：虽然我国在1997年修订后的《刑法》中明确规定了罪刑法定原则，彻底废除了类推制度，法官再也不能使用类推的方法定罪了，但是类推定罪思维模式的消极影响仍然存在。突出的表现就是司法机关和法官常常对我国刑法中具有高度模糊性和概括性的弹性条款，进行类推解释或者不合理的扩张解释，从而为所谓具有严重社会危害性的行为找到“相当”的罪名条款。这种貌似依法定罪处刑的司法，为实质上的类推定罪披上了形式上合法的外衣。[2]

第二节　刑法类推解释发生路径

在解释刑法文本时，解释主体应遵循刑法基本原则，根据刑法规范目的阐释规范文义。在这个过程中，由于解释主体的价值理念不同，会导致解释结果的差异，有的解释结果甚至偏离规范文义，进入类推解释范畴。通过分析类推解释的实际案例可知，其形成往往是客观要素解读超出文义所致；具

---

〔1〕 陈兴良：《故意毁坏财物行为之定性研究——以朱建勇案和孙静案为线索的分析》，载《国家检察官学院学报》2009年第1期。

〔2〕 尚爱国：《擅自买卖他人股票造成损失的行为如何定性——朱健勇故意毁坏财物案研究》，载《华东刑事司法评论》2003年第3期。

体包括行为主体、行为方式和行为对象三个方面。

首先，从行为主体产生的类推解释。不管是司法解释还是论理解释，都存在因行为主体解读不同而导致的类推解释。《刑法》第 263 条抢劫罪的加重条款规定：冒充军警人员抢劫的，处 10 年以上有期徒刑、无期徒刑或者死刑，并处罚金或者没收财产。根据该条款，行为人如果冒充军警人员抢劫，适用抢劫罪的加重条款进行处罚。理论上一般认为，冒充军警人员抢劫是指假冒现役军人、武装警察、公安机关和国家安全机关的警察、司法警察等身份，即无上述身份，例如无业人员冒充人民警察，或者是有此种军警人员身份冒充另一种军警人员的身份——士兵冒充警察；冒充与自己职业相同的高级职务人员——士兵冒充军官，不应适用上述规定。〔1〕对此，张明楷教授持不同意见：如果将这里的“冒充”解释为包括“假冒”与“充当”，其实质是使被害者得知行为人为军警人员，则可以将军警人员的抢劫认定为“冒充军警人员抢劫”，从而适用加重法定刑以消除前述的罪刑不均衡现象。〔2〕有学者对上述观点持不同意见：“将真正军警人员解释为‘冒充军警人员抢劫’超出了可能文义的可能范围，有损公民的预测可能性；这种解释虽然实现了刑法的实质正义，却违反了罪刑法定原则，因而是一项类推解释而不是刑法所允许的扩大解释。”〔3〕遗憾的是，学者在理论分析与观点批驳上的针对性不强，说服力不够充足。

从规范语词的文义看，军警人员与非军警人员属于类义词关系，两者属于并列而非逻辑包含关系，将前者解释到后者的内涵当中实属不当，将军警人员抢劫纳入非军警人员抢劫的观点是类推解释的发生路径，即从行为主体的层面进行类推解释，导致刑法规制主体范围的扩大。由此，从词语逻辑上看，冒充军警人员与军警人员不存在逻辑包含关系，不能进入《刑法》第 263 条抢劫罪加重处罚条款的规制范围。从刑法体系上看，刑法条文中使用“冒充”一词的也不限于冒充军警人员抢劫一处，在《刑法》第 279 条招摇撞骗罪中，也采用了“冒充”一词。招摇撞骗罪是指，冒充国家机关工作人员进行招摇撞骗的行为。但不论理论上还是实践上，均没有将此处的“冒充”

---

〔1〕　王作富主编：《刑法分则实务研究》（第 3 版），中国方正出版社 2007 年版，第 1083 页。

〔2〕　张明楷：《刑法分则的解释原理》，中国人民大学出版社 2004 年版，第 239 页。

〔3〕　参见陈兴良、周光权：《刑法学的现代展开》，中国人民大学出版社 2006 年版，第 603 页。

解释为假冒和充当的先例。论者将军警人员抢劫视为冒充军警人员抢劫是基于实质解释立场，是从处罚必要性出发选择犯罪构成的结果，这个过程遵循的是从结论到规范的倒三段论司法逻辑。这种情况在司法实践上并不罕见。“当事实和法律因素不确定时，法官就常常会从他直觉地认为公平的解决方案出发，只是到了司法决定的形式起草阶段才使用三段论推理。我们可以称之为倒置的三段论，‘上升式的’或‘逆退式的’三段论。”〔1〕质言之，根据论者的解释立场，其不是根据犯罪构成分析危害行为是否构成犯罪或者应如何处罚，而是从处罚必要性出发考虑是否需要对行为人予以刑事处罚，并基于此对犯罪构成进行诠释和选择。在这个过程中，往往是社会危害性而非犯罪构成决定着行为的法律属性及责任程度，不过，该过程在将政策要素融入规范文义的同时，也是从合法解释进入类推解释的路径，如果适用不当，就会导致刑法类推解释的产生，上述学者关于“冒充”的论断正是对该解释逻辑的切实反映。

其次，从行为方式产生的类推解释。考察类推解释的发生过程，从行为方式产生类推解释现象比较常见。《刑法》第206条伪造、出售伪造的增值税专用发票罪是指，行为人伪造有价证券非法获利的行为，或者造成重大损失的行为。该条款中伪造的内涵是，行为人为了获取非法利益，通过制造虚假的增值税专用发票罪以达非法获利的目的。也即，伪造的本质是行为人制造出虚假的东西，通过以假乱真获得非法利益。对此，1996年最高人民法院印发《关于适用〈全国人民代表大会常务委员会关于惩治虚开、伪造和非法出售增值税专用发票犯罪的决定〉的若干问题的解释》第2条第6款规定，变造增值税专业发票的，按照伪造增值税专用发票行为处理。不过，最高人民法院的司法解释未能谨遵规范精神，将变造增值税专用发票的行为解释为伪造专用发票的行为，以达到惩治变造增值税专用发票的目的。其实，变造是指通过涂改、挖补、拼接等手段来改变相关文件、物品的真实内容，歪曲事实真相，冒充原本原件的行为。据此，变造的本质是对客观存在的物品进行修改的行为，通过以小变大获取非法利益。所以伪造与变造在概念所指上完全不同，上述司法解释突破了伪造的含义，构成类推解释。

---

〔1〕［法］雅克·盖斯旦、吉勒·古博：《法国民法总论》，陈鹏等译，法律出版社2004年版，第40~41页。

1979 年《刑法》中的破坏军婚罪规定，明知是现役军人的配偶而与之同居或者结婚的，处 3 年以下有期徒刑。根据该规定，行为人与军人配偶同居是破坏军婚罪的客观要件。但在实践上，往往将与军人配偶长期通奸的行为也归入同居的范畴，并以破坏军婚罪论处。显然，同居与通奸不同，前者是指行为人与军人配偶以夫妻名义进行生活，后者是指行为人与军人配偶自愿发生性关系的行为，通奸往往是避人耳目且偷偷发生的。长期通奸并不属于刑法中所规定的同居，故与现役军人配偶长期通奸的行为不构成破坏军婚罪。〔1〕不过，为了最大程度保障军人的婚姻权益，实践上将与军人配偶长期通奸的行为解释为同居，并以破坏军婚罪论处，这也是我国 1997 年《刑法》出台之前适用比较多的类推解释。对此，最高人民法院也曾指出，对长期与现役军人配偶通奸而给军人婚姻造成严重破坏后果的行为，直接以破坏军婚罪论处有类推解释之嫌。〔2〕于是，1997 年《刑法》出台后，随着罪刑法定原则在刑法总则中的厘定，实践上对与军人配偶长期通奸行为不再视为同居，对行为人不再以破坏军婚罪定罪量刑。

最后，从行为对象产生的类推解释。在犯罪构成要素中，行为对象往往表现为犯罪行为针对的个人、财物或者秩序等。随着社会的发展，行为对象附着的词语内涵也在延伸，规范解读也应随着词语变化而变化，但这种变化是有限度的，需局限于规范的词语文义。从实践上看，解释主体往往能注意到规范词语内涵的变化。比如，《刑法》第 385 条受贿罪规定，国家工作人员利用职务上的便利，索取他人财物的，或者非法收受他人财物，为他人谋取利益的，是受贿罪。根据该条规定，受贿罪的行为对象是财物，包括财产与物品。对于财产性利益是否属于受贿罪的对象，2003 年最高人民法院《全国法院审理经济犯罪案件工作座谈会纪要》与 2007 年最高人民法院、最高人民检察院《关于办理受贿刑事案件适用法律若干问题的意见》作了明确规定：包括非法收受股票、证券、期货，收受干股，收受为办理产权登记的房屋、汽车根据民法规定等，都归入受贿罪的犯罪对象。根据民法规定，财产是指拥有的金钱、物资、房屋、土地等物质财富。国家财产、私人财产，具有金钱价值、并受到法律保护的权利的总称。属于财产权利的财产性利益，比如

〔1〕周振想、李汝川主编：《刑法各论》，当代世界出版社 2000 年版，第 211 页。

〔2〕张明楷：《刑法学》（第 4 版），法律出版社 2011 年版，第 832 页。

股票、债券、使用权及居住权等属于财产的范畴，也属于财物的范围。据此，上述司法解释的精神与民法规定相呼应，都将财产性利益纳入财务的范畴。我国《刑法》第92条也明确规定，公民私人所有的财产包括依法归个人所有的股份、股票、债券和其他财产。因此，代表无形财产权的股票作为故意毁坏财物罪中的“财物”认定于法有据。据此，关于将财产性利益涵盖到财物范畴的受贿罪的司法解释，是在词语逻辑内涵之内的发展，不违背罪刑法定原则。不过，对于非财产性利益，比如性贿赂、人事任免奖惩、升学就业、资格资质评定等过程中获得的名誉与资格等不具有直接经济性价值的利益，其不属于财物的逻辑内涵，不应将其归入受贿罪的行为对象，否则，就构成类推解释。

第三节　刑法类推解释结论评析

理论上对有些解释结论或裁判结论分歧较大，有的学者称之为类推解释，有的学者称之为扩大解释，之所以产生分歧，是由于学者之间不同的解释立场或解释理念所致，对此，需对不同观点进行评析，以判断哪些解释结论符合刑法规范的目的和精神，且符合规范的文义范畴。

第一，解释结论构成类推解释。《刑法》第329条规定：抢夺、窃取国家所有的档案的，处5年以下有期徒刑或拘役。实践上，如果行为人抢劫国有档案的应如何处理？对此，学界有种观点很突出，主张对类似行为按照抢夺国有档案罪处理。该观点认为，二者虽不同，但抢劫与抢夺相比，行为构成要素更多，也即，抢劫行为中包含了抢夺的内容。既然如此，就可以舍弃掉抢劫比抢夺中过剩的元素，只取二者重合的行为内容，这样就可以把抢劫国有档案的行为，评价为抢夺国有档案罪。[1]论者认为，既然对国有档案实施的行为性质较轻的抢夺、窃取都成立犯罪，对国有档案实施的行为性质更为严重的抢劫反而无罪，这似乎不合理，也违反了“举轻以明重”的基本原理。因为“对于入罪，如果刑法没有明文规定的，‘举轻以明重’符合刑法的整体

〔1〕张明楷：《刑法学》（第4版），法律出版社2011年版，第832页。

法秩序和正义的要求。”[1]还有学者从当然解释的角度出发，认为从规范意义上说，抢劫行为已经在符合抢夺要求的前提下超出了抢夺的要求，既然如此，当然可以将抢劫国有档案的行为认定为抢夺国有档案罪。[2]不过，即使根据当然解释，解释结论也必须能为刑法用语所包含。分析抢劫与抢夺两个行为可知，前者是指使用暴力、胁迫或其他方式劫取财物，后者是指趁人不备夺取财物，两者在行为方式上存在显著不同，也即两者具有不同的内涵和外延，属于类义词关系。[3]因此，在规范解释中将二者等同，否则，就会构成刑法上的类推解释。再则，上述论者根据“举轻以明重”的传统法理对抢劫国有档案行为纳入抢夺国有档案罪处理，从而解决了因立法不足而导致的司法困难问题。但毋庸置疑，论者的结论值得被怀疑，因为“举轻以明重”很容易导致类比定罪，如果在没有法条明确规定的情况下，仅根据类比就得出解释结论无疑是违背罪刑法定原则的。

第二，解释结论构成扩大解释。《刑法》第252条侵犯通信自由罪规定，隐匿、毁弃或者非法开拆他人信件，侵犯公民通信自由权利，情节严重的，处一年以下有期徒刑或者拘役。传统意义上，该条中的信件是指通信者之间互相写的书面的相互交流情感与思想的工具，也即信件一般表现为书面的信件，也称为书信。侵犯通信自由罪条文中的行为方式，如毁弃与开拆也正是针对书信的特定厘定出来的，显得非常形象和生动。不过，随着社会的发展，尤其是电子通信方式的出现，人们之间交流思想、传递情感的渠道随之增多，诸如手机短信、电子邮件、QQ、微信等，这些交流工具也构成日常生活中通信自由的主要方式。由此，如果行为人对被害人的手机短信、电子邮件、QQ、微信等进行删除、修改等行为，则会发生侵犯他人通信自由的危害后果。对此，从理论上看，应将危害他人手机短信、电子邮件、QQ、微信等通信自由且危害严重的行为归入侵犯通信自由罪，易言之，应对侵犯通信自由罪做扩大解释，将新出现的危害通信自由的方式纳入该罪的行为对象之中，显然这是对规范文义的扩大解释，符合刑法规范的目的和精神。实践上，对类似的侵害公民通信自由的行为，司法主体也做了扩大解释。比如，2007年

---

〔1〕 吴学斌：《刑法适用方法的基本准则——构成要件符合性判断研究》，中国人民公安大学出版社2008年版，第206页。

〔2〕 张明楷：《刑法分则的解释原理》，中国人民大学出版社2004年版，第239页。

〔3〕 陈兴良：《规范刑法学》（第2版·上册），中国人民大学出版社2008年版，第500页。

4月至12月期间，俞磊通过ADSL拨号上网的方式通过网络破解了杨文君的电子邮箱密码，然后使用自己电脑上安装的电子邮件收发软件，将该软件设置成连接杨文君电子邮箱的功能，被告人俞磊通过该种方式多次登陆杨文君的邮箱并浏览、下载邮箱内的邮件，致使部分被下载的邮件杨文君无法收到。最终法院认为，行为人侵犯公民通信自由和通信秘密的行为构成侵害通信自由罪。[1]

第三，解释结论属于不当解释。解释结论出现不当是指，对刑法规范做出的解释结论既不是扩大解释，也不是类推解释，而是解释过程中发生偏差，致使解释结果发生失当的情形。

被告人朱建勇为泄私愤，侵入他人的股票委托交易账户并篡改密码，在他人账户内高价买进股票然后低价卖出，造成他人账户内资金损失19万余元。上海市静安区人民法院认为，行为人侵犯公民私人财产所有权，扰乱社会经济秩序，社会危害性明显，依照《刑法》第275条规定，构成故意毁坏财物罪。对该判决结果，理论界的分歧明显。主张效用侵害说的张明楷教授基于实质解释立场，支持该判决结果，认为法院判决符合刑法目的，没有超出规范的语义范围，属于扩大解释。刘明祥教授主张本来的效用侵害说，认为虽然没有对财物本身造成破坏，但却使之永久地脱离他人的占有，或者尽管所有者仍占有该物，但已不可能发挥其原有效用的，也可以构成故意毁坏财物罪。[2]根据该观点，法院的判决结果在合法性上没问题，不构成类推解释。陈兴良教授则指出，只要能使财物的价值或者使用价值得以降低或丧失，都可以视为毁坏行为。按照这句话的逻辑，毁坏行为的含义不是由行为方式本身决定的，而是由结果决定的。这样，就使故意毁坏财物罪演变成为故意使他人财产受损失，其实行行为的定型性就会荡然无存。[3]我们认为，学者对案子定性问题的争议无疑是具有启发性的，也是具有教义性的。不过，就该案而言，问题的关键不在“毁坏”的认定而在于“财物”的界定，也即学者争论的焦点发生了偏移，导致在解释结论上产生分歧。易言之，理论上不

---

〔1〕 参见殷东伟：《非法截获删除他人电子邮件行为的定性——俞磊侵犯通信自由案》，载《法制资讯》2009年Z1期。

〔2〕 参见刘明祥：《财产罪比较研究》，中国政法大学出版社2001年版，第418~420页。

〔3〕 陈兴良：《故意毁坏财物行为之定性研究——以朱建勇案和孙静案为线索的分析》，载《国家检察官学院学报》2009年第1期。

应该将争论聚焦于“毁坏”的概念，而应该回到“财物”的内涵上。根据法律规定，财物不但包括有形物，也包括无形物，还包括附着于各种票据、证券、票证上的权利凭证。其实就本案而言，行为人擅自侵入他人账户，并将被害人股票进行交易的行为可以分为两个环节，即控制财物与处分财物。那么，当行为人通过破译密码进入别人股票账户并控制别人股票的行为时，就已经完成了他人财物的转移占有，符合了盗窃罪的犯罪构成，正如窃贼进入别人房间已经将首饰装进口袋的行为，所以行为人应该构成盗窃罪而不是毁坏财物罪。至于后来的以低价售出的行为，则是盗窃罪的罪后行为，只影响量刑不影响定罪。

第四节　刑法类推解释判断体系

从词语的逻辑关系看，词语文义也是规范解释的边界，规范文义说应该是类推解释的判断标准，其他观点则是判断解释结论是否超出规范文义的辅助性标准。换言之，直接决定规范解读结果是否超出规范文义的标准是规范文义说，其他观点则是判断规范文义是否被突破的间接工具。由此，在类推解释判断的各标准之间有清晰的关系，即直接的标准与间接的标准。如果通过文义本身可以判断是否构成类推解释，就不需要其他标准介入，唯有在文义标准不能获知答案时，才需要间接标准的介入。

第一，类推解释判断的直接标准。文义是解释的开始，也是解释的结束，所以刑法规范文义是类推解释判断的直接标准，也是决定性标准。“任何解释，不管其出于体系上的考虑或者刑事政策上的目的考虑，都不能超过刑法用语的可能文义范围。”〔1〕不过，文义本身是一个弹性的概念，没有具体的界限，因此，如何界定规范文义的范围一直是解释学上的难题。哈特教授曾指出，法律规则作为一种语言化的概念表达，存在一种意义上的核心区域和边缘区域，即法律规则存在一种开放结构，我把它称为“规则语言的模糊性”，“描述规则的普通语言只能以权威性范例同样的不确定方式指引行为”，“边界上的不确定性是使用一般分类词语都必须付出的代价。”〔2〕还有学者认为，词

〔1〕 苏彩霞：《刑法解释方法的位阶与运用》，载《中国法学》2008 年第 5 期。

〔2〕 H. L. A. Hart, *The Concept of Law*, second edition, Oxford University Press, 1997, p. 124.

语的文义分为清晰的文义与模糊的文义两部分。至此，可以发现，规范文义的核心层面与清晰的部分容易解读，在边缘文义层面与模糊的部分则存在解读困难的问题。另外，随着社会发展，词语文义也呈流动性、开放性及动态性的特点，致使词语文义会在不同层面上进行转化和流动，导致规范文义随着社会发展而改变，这也会对判断文义解读是否为类推造成不便。

不过，文义射程说并不能为刑法解释提供切实有效地标准。由此，立足于文义射程不能为司法主体提供切实可行的参照，需将目光转向语义分析领域。语义分析是通过分析语言的结构而澄清语义混乱、求得真知的一种实证研究方法。一定意义上，法律语言的意义在于分析其语法结构，从逻辑学的角度考察，语义关系主要有上下义词、总分义词与类义词三种形态。词语之间如果是上下义词或总分义词的关系，则可认定词语之间的外延应该是逻辑包含关系；词语之间如果是类义词关系，则可认定词语之间的外延应该是并列关系。由此，司法主体在解读刑法文本时，通过考察词语之间的关系可作出具体判断，以防止做出类推解释。

第二，类推解释的间接判断标准。在实践上，仅靠对词语文义的把握尚不能完成对类推解释的判断。毕竟在规范文义解读中，政治判断、社会政策、公序良俗及社会民意等要素也在发生作用，会在一定程度上影响文义的界定，因此，在判断文义解读是否超出文义射程时，需结合其他间接的判断标准进行权衡，才能得出科学合理的结论。在间接判断标准中，需结合每种标准对解释结论做综合性判断，以界定其是否构成类推解释。首先，法律精神说认为，应该从刑法规范体现的精神或者法益建构规范的文义，其实这种精神或法益就是规范目的。在解释方法的体系中，决定规范解释结论的方法有文义解释与目的解释，文义解释是从规范词语本身进行的解读，目的解释则是从规范法益角度进行的诠释，文义解释是规范解释的优先选择，目的解释则是规范解释的最终准则。正如罗克辛教授所言："正确的解释，必须永远同时符合法律的文言与法律的目的，仅仅满足其中一个标准是不够的。"〔1〕由此，法律精神是在文义解释不能确定规范内涵时最终手段。其次，犯罪定型说认为，对规范文义的解读应立足于犯罪构成要件，尽管在规范适用中需要考虑政策要素、社会诉求等法外要素，但都不能因此而脱离规范文义进行规范诠释。

〔1〕 Claus Roxin, *Strafrecht Allgemeiner Teil*, Band I, 4. Aufl., C. H. Beck, 2006, S. 151.

根据犯罪定型说，规范文义探寻需在罪刑法定原则的框架下进行，不管是从词语自身或者是从法外因素探寻文义，都不能突破刑法规范的限度。由此，犯罪定型说为规范文义解读设定了法律边界。再次，国民预测可能性说。该说主张，刑法解释限度应局限于有关行为处罚的一般国民的预测可能性范围之内。也即，为了回应罪刑法定主义要求，应从日常用语的意义上，以法律条文内容的严格解释为宗旨。刑法规范是为了适用于实践，不仅仅是与刑事个案进行对接，规范解读与判决结果还需符合社会公众的认可。不论是刑事立法还是刑事司法，都体现了浓郁的民主色彩，贯彻了社会民众的法律认识，唯此，才可以真正形成民众对法律规范与刑事法治的认可。所以，在规范解读中，公众认同一直是比较重要的考量要素，即国民预测可能性为规范解读提供民意标准。最后，社会事实符合说是指，在刑法规范与个案事实对接过程中，要求规范解读与社会事实客观一致，不能有偏离或出入。刑法规范只有与个案事实相结合时才能发挥其规范与裁判效应，但是，如何将规范实施与刑法规范进行合法对接，显然是规范适用主体需慎重考量的问题，在这个过程中，毋庸置疑，刑法规范承担的叙事功能应该是客观、合理的。也即，社会事实符合说为规范解读提供了事实界限。

考察上述各间接判断标准可知，其与直接判断标准规范文义共同构成规范词语解读的体系，其中，规范文义是决定性标准，其他则是辅助性标准，在辅助性标准中，法律精神说是最后手段、犯罪定型说是法律边界、国民预测可能性说是民意标准、社会事实符合说是事实界限，这些标准共同为规范文义的发现、选择及确定起着提示性、参考性的作用和影响。刑法解释是理论上和实践上的热点问题，类推解释则是刑法解释理论上的重点问题，探讨文义解释的边界一直是学界持续不断的动力和方向。当然，规范文义的流动性使然，在规范文义的界定上没有一成不变的标准，所以至今也没有出现哪种学术观点可以真正解决类推解释与扩大解释的界限问题。不过，各种观点可以从不同维度为判断文义解释合法性提供借鉴，并相互构成类推解释防治的方法体系，共同承担起防止类推解释发生的重任。

第五节 刑法类推解释辨析机制

文本文义的发现过程往往和规范目的联系在一起，除了简单的法律规范、数字规定或者专有名词之外，刑法条文中还有规范描述和空白罪状，对类似刑法文义解释时，如果脱离规范目的则往往不能获致恰当内涵。但是，根据客观目的揭示规范文义时，还需要对文义进行分析，以判断规范诠释是否超出文义界限。

从上文分析可知，为了避免类推解释的出现，辨析或诠释规范内涵不应立足于道德、目的及价值等要素，因为非规范因素使规范词语阐释具有了多元性特征，进而导致在理解上产生混乱。由此，将目光转向语义分析角度成为合理选择。语义分析是通过分析语言的要素、结构、语境，而澄清语义混乱，求得真知的一种实证研究方法。这种方法来源于语义分析哲学。很多时候，规范解读上的混乱、争论及错误都产生于语言的含糊不清或者对语言的误用、滥用，因而，需要对规范语言进行语义分析，揭示语义的确切内涵和意义，指明语言的正确用法和规则，以消除解释上的混乱。[1]因此，一定意义上，法律语言的意义就在于分析其语法结构。从逻辑学的角度考察，语义关系主要有上下义词、总分义词与类义词三种形态。

一、语言学分析

（一）上下义词关系

具有属种关系的一组词是上下义词，其中表示属概念的词是上义词，表示种概念的词是下义词。如："枪-手枪""卖-零售""蓝-天蓝"等。其中"枪"是"手枪"的上义词，"手枪"是"枪"的下义词。其余依此类推。具有上下义词的词语之间具有以下几个特性：①上下义词都有属种关系，没有属种关系的词不是上下义词。②上下义词具有蕴涵性，上下义词之间有蕴涵关系，可以进入"乙是甲"的格式，但不能反过来说"甲是乙"。比如，可以说"手枪是枪"，但不能说"枪是手枪"。③上下义词还具有传递性，若甲词是乙词的上义词，乙词是丙词的上义词，那么甲词也是丙词的上义词。反之亦然。

由于词语之间的这种上下义词之间的关系，可以作为判断规范解释结果是否超出规范内涵的标准。换言之，司法主体可以基于该词语关系对刑法规

[1] 参见张文显：《二十世纪西方法哲学思潮研究》，法律出版社2006年版，第79页。

范做出正确解读。根据上下义词的内涵，上义词与下义词之间需有种属关系，在词语之间还具有蕴含性与传递性。正是基于词语之间的上述关系特性，可以为解释主体提供一个切实可行的阐释规范通道。下面从正反两个层面试举例说明。

2003 年的南京组织同性卖淫案判决之后曾在学界引起一定争议，有的学者曾论证该判决结果是类推的翻版。对组织男青年向同性卖淫的行为“比照组织卖淫罪定罪量刑”是一种类推定罪，法院的判决在司法中再次开启了类推定罪的先例，是有悖于罪刑法定原则的。〔1〕那么，我们就从词语逻辑关系的角度进行分析，看其是否构成类推解释。在立法上组织卖淫罪并没有规定卖淫主体的性别，也没有对相对方的性别做明文规定。只是基于习惯性思维，部分社会主体认为组织卖淫罪中卖淫主体应该是女性，相对方是男性。其实，在组织卖淫罪的罪状中，只是明确明示是组织他人卖淫，对条文中的“他人”并没有予以细化。其实，这里的他人既包括男人，也包括女人。卖淫的对象也没有明确规定，既包括向同性卖淫，也包括向异性卖淫。因此，卖淫的方式具体包括以下四种：女向男卖淫，女向女卖淫，男向女卖淫，男向男卖淫。所以，不管是哪种方式都符合卖淫的内涵，也即从词语的逻辑关系看，上述四种卖淫方式都是属于卖淫的下义词，相互之间具有属种关系。由此，认定行为人构成组织卖淫罪没有违反罪刑法定原则。

丢失枪支不报罪，是指依法配备公务用枪的人员违反枪支管理规定，丢失枪支不及时报告造成严重后果的行为。这里的丢失是指，因合法持有枪支的人疏忽大意而将枪支遗失的行为。立法主体在此强调的是，犯罪主体不小心而丧失枪支的支配权。但是，有的学者将行为人枪支被抢不及时报告，而造成严重后果的行为也纳入该罪的规制范畴。“就本罪的不法类型而言，枪支失去控制的原因不是构成要件要素，对于构成要件符合性的判断没有影响，因此，无论何种枪支失控的原因，都可与一般意义上的‘遗失’等值判断为《刑法》第 129 条所规定的‘丢失’。”〔2〕从论者的论述看，在就丢失概念的解读上是立足于价值判断。质言之，论者是从社会危害性的角度阐释丢失的

〔1〕 王北京：《“类推定罪”借同性卖淫案“复活”》，载《南方周末》2004 年 2 月 26 日，第 6 版。

〔2〕 黄继坤：《刑法类推解释如何得以进行——刑法演绎推理中的类推解释》，载《现代法学》2011 年第 5 期。

内涵范畴。“本罪的实行行为是不及时报告枪支失去控制的事实，‘造成严重后果’是提高违法性程度、限制处罚范围的构成要件要素。”〔1〕如前所述，社会危害性是一个非规范性要素，如果从社会危害性的角度判断概念的内涵指向，就会轻易突破罪刑法定而作法外解释。从词语的内涵看，“抢劫”是指，行为人对公私财物的所有人、保管人、看护人或者持有人当场使用暴力、胁迫或者其他方法，迫使其立即交出财物或者立即将财物抢走的行为。“丢失”则是指，行为人因不小心而将财物遗失的行为。从上下义词之间的逻辑关系判断，“被抢”与“丢失”之间没有任何种属关系，也不具有蕴含性与传递性的特征。也就是说，从逻辑学角度考察，将“被抢”与“丢失”等同没有道理。因此，将枪支被抢没有及时报告，而造成严重后果的行为不能纳入丢失枪支不报罪的规制范畴。

（二）总分义词关系

具有整体部分关系的一组词是总分义词，其中表示整体的词是总义词，表示部分的词是分义词。如“中国-武汉”“工厂-车间”“车队-车”等。总分义词与上下义词有类似之处，都可进入“甲包括乙”的格式。但上下义词之间是属种关系，可以进入“乙是甲”的格式，总分词之间是整体与部分的关系，不能进入“乙是甲”的格式。如不能说“武汉是中国”。总分词也有传递性。总分义词关系也是概念外延关系的一种典型表征，通过判断两个概念之间是否具有总分关系，进而可做出两个概念是否具有逻辑包含的特征。不过，上下义词与总分词存在不同，前者之间具有属种关系而后者不具有。不管因属种关系而产生的蕴含性特征是否存在，都不妨碍对两个词语之间是否具有逻辑关系的判断。换言之，就总分词而言，总义词与分义词之间也具有逻辑上的包含意蕴，也正是这种关系为我们厘清概念间的外延，判断刑事规范的对象范围提供了较为明确的标准。

关于伤害母体内胎儿行为定性问题，在国外刑法理论上呈现不同观点，主要包括有罪说与无罪说两种。有罪说包括两种观点：第一种观点认为，应将上述行为认定为对出生后的“人”的伤害。因为“胎儿何时成为人”属行为对象的时期问题，而对其生命、身体的“侵害行为何时可能成立杀人罪、

---

〔1〕 黄继坤：《刑法类推解释如何得以进行——刑法演绎推理中的类推解释》，载《现代法学》2011 年第 5 期。

伤害罪”乃行为的时期问题。第二种观点认为，上述行为属于对母体的伤害。无罪说认为，故意伤害罪的对象是“人”，将伤害胎儿的行为认定为伤害他人，属于不利于行为人的类推解释，有违反罪刑法定原则之嫌。我国学者张明楷教授也持同样的观点，认为胎儿伤害导致的是出生后的“人”的伤害，严重侵犯了出生后的“人”的法益，具有处罚的必要性。但是，只有论证了“着手伤害时存在人”，才不致违反罪刑法定原则。〔1〕那么，伤害胎儿的行为到底应如何定性？从逻辑学的词义关系看，母体和婴儿属于总分词义关系，也即，母体是总义词，婴儿是分义词，可以进入“甲包括乙”的格式，所以婴儿应属于母体的组成部分，母体包含婴儿。既然如此，采取对婴儿伤害的行为为何不是对母体的伤害呢？也许有人认为，对婴儿的伤害并没有对母体造成任何显性的危害后果，所以不应该认定为对母体的伤害。其实，婴儿在母体内时，他还属于母体的组成部分，其与其他器官和肢体具有同样的地位，因此，伤害婴儿就是对母体的伤害。“孕妇与胎儿是一个整体。药物不可能直接伤害到胎儿，它必须通过母体才可能对胎儿进行损害，不能忽视胎儿对母体的依赖性。”〔2〕虽然这种伤害不如其他伤害那么明显，但同样也会对母体在生理上和精神上造成很大的伤害，不过是这种伤害至今未引起我们的关注而已。因此，对伤害母体内婴儿的行为，从逻辑学词义关系的角度考察，就是对母体的伤害，在一定情况下可以构成故意伤害罪，这并不违背罪刑法定原则，完全符合刑法规范用语的可能文义与合理射程。相反，那种所谓的有关对婴儿伤害的观点，则显得不切实际，且在实践上不具有可操作性。并且，将伤害胎儿的行为视为对母体的伤害也能找到理论支持：“一种很有影响的观点（包括日本最高裁判所的判例）认为，胎儿应作为母体的一部分来看待，使胎儿发生病变，不外乎是使作为母体一部分的人发生病变，因此，伤害胎儿可以解释为是对人的伤害。”〔3〕

刑法分则当中，有相当多的刑法个罪条文里面都牵涉到总分词义的关系，这种词义关系为我们判断刑法规范的规制范围提供了相对明确的标准。比如，破坏交通工具罪，《刑法》第116条破坏交通工具罪，是指故意破坏火车、汽

〔1〕 参见张明楷：《故意伤害罪探疑》，载《中国法学》2001年第3期。

〔2〕 王雨田：《刑法解释论上对伤害“胎儿”行为的探讨》，载《华中科技大学学报（社会科学版）》2004年第3期。

〔3〕 刘明祥：《伤害胎儿行为之定性探究》，载《法商研究》2006年第5期。

车、电车、船只、航空器，足以使火车、汽车、电车、船只、航空器发生倾覆、毁坏危险，危害公共安全的行为。这是以交通工具作为特定破坏对象的危害公共安全的犯罪。在该罪名当中，交通工具是犯罪对象，但从司法实践看，犯罪主体破坏的往往并不是整个交通工具，通常是交通工具上的关键部件，比如，交通工具上的刹车、油门、发动机等部位。对这些零部件的破坏极易诱发交通工具的倾覆或损毁，所以实践上对上述破坏行为都会以破坏交通工具罪论处。其实，从逻辑关系上判断，也可得出同样答案。交通工具与关键部件之间的关系属于总分关系，换言之，交通工具是总义词，零部件是分义词，因此，在词义的逻辑内涵上后者为前者涵盖。鉴于此，行为人对零部件的破坏就是对交通工具的破坏，如果这种破坏的危害性达到一定程度，就会上升为刑法的规制范畴。在刑法规范当中，类似的情形很多，比如，破坏交通设施罪、破坏电力设备罪、破坏易燃易爆设备罪、破坏广播电视设施罪、故意损毁文物罪、破坏计算机信息系统罪，等等。

（三）类义词关系

在意义或逻辑上属于同一种类的词。类义词有广义和狭义之分。广义的类义词是属于同一语义场的词，包括同义词、反义词和狭义类义词。狭义类义词是所指对象属于同一大类的不同小类。这里只谈狭义类义词。多元义场中的同级词语都是狭义类义词，如“陆军、海军、空军”“红、黄、蓝”“耳朵、眼睛、鼻子、嘴”。根据类义词内涵可知，类义词之间是横向的联系，而非纵向的属种关系，因此，类义词之间互不隶属。不过，类义词虽然互不隶属，但在逻辑上又属于同一种类，换句话说，类义词在逻辑上可以归到一个概念之中，比如，陆军、海军、空军都属于军种，红、黄、蓝都属于颜色，耳朵、眼睛、鼻子、嘴都属于五官。基于类义词的这种属性，可对相关的词语之间进行分析，以判断其是否属于刑法规范词语的涵盖范畴。

比如，通过计算机技术窃取他人密码，非法开拆、删除他人电子邮件，是否构成侵犯通信自由罪？在这里，“电子邮件”是否属于《刑法》第252条当中所说的“信件”成为问题。我国现行《刑法》第252条所规定的侵犯通信自由罪，该罪的客观要件是“隐匿、毁弃或者非法开拆他人信件”。这里的“信件”，在传统含义上无疑是指“书信和递送的文件、印刷品”，其除了属于“传递信息的载体”之外，还具有“纸质”和“有形”的特征。但在电子信息化时代，用户之间通过电子邮箱发出或者收到的信息已经成为非常寻常的事情，这种通过互联网传递的电子邮件虽然不具有纸质和有形的特征，但同样具备传统信件所说的“传递信息载体”的特征。那么，电子邮件是否属于《刑法》第252条当中的信件呢？现代汉语词典显示，信件是指书信和递送的文件、印刷品。电子邮件指用电子手段传送信件、单据、资料等信息的通信方法。“分析信件与电子邮件的内涵可知，两者都是传递信息的载体，不过是载体的具体表现方式不同而已。因此，撇开‘信件’的传统意义，从‘传递信息载体’这个角度来说，电子邮件和传统的书信之间应当说具有类似性。”〔1〕所以说书信与电子邮件是不同时代的产物，但两者都是信件的种概念，换言之，是信件在不同时代体现出的不同表现形式。因此，不管是书信还是电子邮件都是信件，通过计算机技术窃取他人密码，非法开拆、删除他人电子邮件与非法开拆他人书信一样，若具备相关要件则构成侵犯通信自由罪。目前，人们已习惯于用手机短信交流，手机短信也承载了一定的信息传递功能，所以手机短信也应属于信件，如果行为人破坏、非法获取他人手机短信的行为，情节严重的，必要时也可以依照侵犯通信自由罪处理。

再如，《刑法》第275条故意毁坏财物罪。从传统的司法实践与刑法理论看，在损坏的认定上一直坚持对财物物理、有形的损害，使得财物的支配主体不能再继续使用财物。“毁坏的后果不在于使他人丧失对财物的占有，更为重要的是使财物丧失价值。”〔2〕但是，近年来，不断有学者在重新界定损坏的内涵。比如，有学者认为，毁坏不限于从物理上变更或者消灭财物的形体，而是包括丧失或者减少财物的效用的一切行为。不仅包括因为物理上、客观上的损害而导致财物的效用丧失或者减少（使他人鱼池的鱼游失、将他人的戒指扔入海中），而且包括因为心理上、感情上的缘故而导致财物的效用丧失或者减少（如将粪便投入他人餐具，使他人不再使用餐具）；不仅包括财物本身的丧失，而且包括被害人对财物占有的丧失（如将他人财物隐藏）等情况。〔3〕该学说也被称为效用侵害说。其实，在效用侵害说里面，放走小鸟、放走鱼儿、隐藏财物等是致使权利主体丧失对财物的占有，而非对财物自身的损害，

〔1〕黎宏：《“禁止类推解释”之质疑》，载《法学评论》2008年第5期。

〔2〕陈兴良：《故意毁坏财物行为之定性研究——以朱建勇案和孙静案为线索的分析》，载《国家检察官学院学报》2009年第1期。

〔3〕参见张明楷：《刑法学》（第3版），法律出版社2007年版，第750页。

因此，表现出来的形态是财物本身是完整的，而由于脱离权利人控制所以不能使用该财物。而在损坏财物罪里面，财物自身遭到部分或全部损害，致使权利人不能使用该财物。由此来看，这些行为和损坏方式存在类似，都可归之于侵犯财产权的范畴，但在概念上却存在细微差别。正如有的学者指出的：三种行为（三种行为分别指：砸坏价值一万元的电视机、放走价值一万元的小鸟、将价值一万元的戒指丢入大海——笔者注）的具体表现显然极不相同，之所以能够都涵摄于一罪之下，是因为三种行为的本质相同：故意破坏他人对自己财物的所有权。[1]论者将三种行为涵摄于一罪的原因归结为一点，即都侵犯了财物的所有权。表面上看，论者是为效用侵害说寻找根据，实质上则是从侧面说明三种行为之间没有属种关系，而是共同涵盖于一共同概念之下，由此，论者所举行为与破损行为之间是类义词关系，若将两者等同则会掉入类推解释的陷阱。

就司法主体而言，在对刑法规范进行阐释的过程中，其并不是一个绝对价值中立的主体，包括个人的法律素养、司法前见、政治信仰、政策因素、民众意愿等因素都会通过各种途径进入法官的视野，因此，司法裁量是充满各种利益衡量与妥协的过程，单纯的法条主义论调在司法实践中不会出现，只是理论上的假设与愿景而已。由此，文中通过挖掘词语间逻辑关系以判断类推解释构成与否，这看起来似乎偏离了法社会属性的精神，也与司法实践的真实流程存在差距。实质上，文中提供的界分类推解释的逻辑方法只是提供一种思考进路与研究范式，并尝试通过词语结构分析为类推解释的判断寻求出路。所以，文章对词语分析法的引入并不是主张法条主义，只是在努力阐释一种能辨析类推解释的方法而已。

二、客观目的探寻

从实证主义出现以来，探讨规范目的就被认为是极其危险的事情，其坚持法条自身是完美的，法官只需依照规范进行裁决，不需要解释法条内涵。当然，实证主义的缺陷也是显而易见的，当其完成时代赋予的历史使命后就逐渐退出历史舞台。随之，利益法学、目的法学、社会学法学、比较法学等法学理论开始主导法律解释进程，揭示规范文义成为规范解释的归宿，客观目的则是达到终点的途径。对于法律目的的界定，理论上有不同观点，分别

---

〔1〕 杨艳霞、廖斌：《刑法类推解释方法之分析》，载《人民司法》2005年第5期。

为立法目的、法官目的及客观目的等。立法目的与法官目的已经被理论界归之为少数理论，客观目的则成为主流理论观点。就客观目的而言，主要是指规范本身蕴含的立法精神或法律宗旨，实质解释论者称之为规范保护法益，易言之，法律规范保护的利益。法律客观目的之探索其实就是发现社会新规则的过程，在法无明文规定时或者法律适用的法律效果和社会效果不协调时便会发生，这一法律发现过程可以有效考虑当时的社会条件，作出对案件最恰当的解释，从而使案件得到最符合社会正义的处理。[1]

从法律规范的内涵看，其语言载体的含义会发生流变，但立法主体赋予规范的法益内容则基本稳定，由此，不论经历的年限长短，都可以通过规范法益解读规范文义，以达到扩张或限缩规范内涵文义之目的。也即，通过规范目的可以为文义揭示提供价值指引和范畴厘定。如考夫曼教授所言："禁止类推适用绝不应是受束缚于文字的字义而造成以辞害意，反而使作奸犯科者轻易逍遥法外；这样不但没有更实现公平正义，反而是戕害了公平正义。"[2]从司法实践看，在组织卖淫罪的司法适用中，卖淫对象从异性到同性的转变表明，规范目的对规范文本内涵解读起着指引作用；从司法解释看，受贿罪的对象从财物扩展至财产性利益，也是根据规范目的做出的解读。但是，有个现象值得关注，当我们通过规范客观目的去揭示规范文义时，不得不面对规范解读超出规范文义范畴的窘境，对此，如果不能妥当处理，则很有可能导致刑法类推解释出现，当然，这并不符合立法主体的立法初衷和目的。易言之，当我们试图通过规范目的揭示规范文义时，不得不面临类推解释的风险，对此，尚没有切实可行的办法进行规避与限制。理论界借助的规范性法益概念并没有让这个问题得以顺利解决，反而由于法益自身的明确性、抽象性等特征导致问题更加明显。

三、语言习惯判断

解读法律规范、探寻规范文义只是规范解读的一个方面，除了积极揭示规范文义之外，还需要判断揭示的文义是否处于可能文义范畴之内，据此判断是

---

〔1〕 郑文革：《法律的客观目的解释》，载陈金钊主编：《法律方法》（第 2 卷），山东人民出版社 2015 年版，第 95 页。

〔2〕 Vgl. Kaufmann, *Rechtsphilosophieim Wandel* (wie Anm. 4), S. 313.

否背离了罪刑法定原则。判断类推解释构成的标准除文义之外，还需要从语言习惯的维度进行考量，也即，解读出的规范文义是否符合社会主体的语言习惯。

语言习惯是指，社会主体在日常生活中的语言使用习惯和语言的惯常用法。一般情况下，刑法规范的解读结果与社会主体的规范认知、行为期待可能是保持一致的，这样的解读结果也易于获得民众认可，因为其与社会主体的语言习惯具有相似性或趋同性。“公众在听——这一交流活动是指向一般公众的，因为法律的目标是控制公共行为、服务公共利益。因此法律通常是立法者与公民之间的公共交流。”〔1〕正是这一特征使一般社会民众所共享的语言习惯称为一种具有规范重要性、从而在法律适用中必须予以考虑的因素。相反，如果规范解读结果总是背离语言习惯，总是会超出社会主体的行为可能预期，这样的解读结果很难获得公民认同。比如，在司法解释上，将变造有价票证解释为伪造有价票证〔2〕，将购买不符合国家标准医疗器械并使用的行为解释为生产、销售不符合国家标准的医用器材罪〔3〕，将非财产性利益解释为财物〔4〕，等等。鉴于法律规范代表的是社会主体的利益，因此，规范解读结果也应该为社会主体认可，如果解读结果总是与社会主体认知不符，一般就很难认定其代表的是社会主体的利益。这在司法解释、法官解释及理论解释当中应是一种习惯和常态，即无论是哪种解释都不能置语言习惯而不顾，否则，就很难获得社会主体的相信和认可。易言之，“如果在某个语言共同体中，人们对于某一对象能否被相关规则的词项所涵摄具有一致的看法，那么这一看法应得到法律解释者的尊重。”〔5〕不过，在司法实践中，规范解读结果

---

〔1〕 Walter Sinnott-Armtrong, “Word Meaning in Legal Interpretation”, 42 *San Diego L. Rev.* 488 (2005).

〔2〕 2000 年 11 月 15 日最高人民法院通过的《关于对变造、倒卖变造邮票行为如何适用法律问题的解释》规定：对变造或者倒卖变造的邮票数额较大的，应当依照《刑法》第 227 条第 1 款的规定定罪处罚。即对变造或者倒卖变造的邮票的行为以“伪造、倒卖伪造的有价票证罪”定罪处罚。

〔3〕 2001 年 4 月 10 实施的最高人民法院、最高人民检察院《关于办理生产、销售伪劣商品刑事案件具体应用法律若干问题的解释》第 6 条第 4 款规定：医疗机构或者个人，知道或者应当知道是不符合保障人体健康的国家标准、行业标准的医疗器械、医用卫生材料而购买、使用，对人体健康造成严重危害的，以销售不符合标准的医用器材罪定罪处罚。

〔4〕 2016 年 4 月 18 日起施行的最高人民法院、最高人民检察院《关于办理贪污贿赂刑事案件适用法律若干问题的解释》第 12 条规定：贿赂犯罪中的“财物”，包括货币、物品和财产性利益。财产性利益包括可以折算为货币的物质利益如房屋装修、债务免除等，以及需要支付货币的其他利益如会员服务、旅游等。后者的犯罪数额，以实际支付或者应当支付的数额计算。

〔5〕 陈坤：《所指确定与法律解释——一种适用于一般法律词项的指称理论》，载《法学研究》2016 年第 5 期。

不符合语言习惯的情形时有发生，对此，应给予否定性评价，以确保规范解读结果的合法性与合理性。

四、合宪性分析

合宪性分析是一项重要的法律解释伦理规则，是法律解释的一项基本要求。现代宪政国家法秩序的统一与安定不能离开法律的合宪性解释。具有独立解释方法性能的合宪性解释本质上是作为一项法律解释要求而存在的。尤其就部门法而言，解读规范条文时需认真考量是否符合宪法规范的精神。作为一种法律解释方法或解释标准，法院在解释法律时，应当"始终优先选用最能符合宪法原则的解释方案。"〔1〕

刑法规范往往涉及公民的人身权、健康权、财产权和生命权，如果内涵解读有误、不足或溢出，公民基本权利就会有被侵害的可能，最终会背离现代法治精神。由此，在解读刑法规范时，除了对规范文义与规范目的认真考量之外，对规范解读结果是否符合宪法精神也需慎重对待。作为刑法的制定者与执行者，国家不能以刑法的名义滥用公权，否则不仅超越了自身的宪法权限，而且也违背了刑法本身的基本宗旨。在这个意义上，刑法与宪法是并行不悖的：刑法通过国家保护每个人不受他人的私人暴力侵犯，宪法则保护每个人不受国家的公权暴力侵犯。〔2〕但从实践上看，不管是司法解释抑或是法官解释，都存在解读结果背离宪法精神的情形；从理论上看，与宪法精神背离的情形也不鲜见。比如，将行为人投放虚假危险物质行为定性为以危险方法危害公共安全罪〔3〕，将网络空间拟制为公共场所的司法解释〔4〕。就前者而言，投放虚假危险物质不是危险方法，不能危害公共安全，对其处以行

〔1〕 冯健鹏：《我国司法判决中的宪法援引及其功能——基于已公开判决文书的实证研究》，载《法学研究》2017年第3期。

〔2〕 张千帆：《刑法适用应遵循宪法的基本精神——以"寻衅滋事"的司法解释为例》，载《法学》2015年第4期。

〔3〕 2001年10月18日，肖永灵将两个装有虚假炭疽杆菌的邮件，分别投寄到上海市有关部门及新闻单位，上海市第二中级人民法院据此判定被告人有罪，罪名是以危险方法危害公共安全罪，法律依据是《刑法》第114条。

〔4〕 2013年9月6日最高人民法院与最高人民检察院发布《关于办理利用信息网络实施诽谤等刑事案件适用法律若干问题的解释》，该解释将刑法适用扩大到"利用信息网络实施诽谤、寻衅滋事、敲诈勒索、非法经营"等罪名。

政处罚即可，以危险方法危害公共安全罪定性有违宪法精神之嫌疑；就后者而言，将网络空间拟制为公共场所，背离传统法律规范对公共场所概念界定，也损害了公民在网络上的言论自由权利，与宪法规定精神不相符合。也即，在一般情况下，刑法只能被适用于现实世界中发生的实际暴力，而不是网络世界中的虚拟暴力，除非网络言论确实会引发现实中的公共场所秩序严重混乱。由此，在实践上，需对解释结果进行合宪性评析，即应依托宪法精神判断解释结果的合法性。总之，字义是法律解释的开始与基础，对于字义明显与宪法规范意旨相冲突、相违背的法律规范，绝不应以合宪性解释方法对其作出所谓的“合宪”解释。无论是在法律漏洞填补方面，还是规范目的的限缩或扩张方面，合宪性解释在其中可能扮演的角色与可能发挥的功能都是非常有限的，在这方面滥用法律的合宪性解释方法其实是一种无视合宪性解释限制的行为，它本质上是对合宪性解释方法的背叛。

刑法解释边界是理论界的难点问题与热点问题，鉴于意义流动性、语言开放性及规范空白性，期望通过画出类推解释边界不是明智的做法。质言之，类推解释与扩大解释之间并没有清晰可辨的界限，不能为司法主体提供切实可用的标准。但是，这并不是说在刑法解释边界上不能有所作为，相反，通过引入语言习惯与合宪性分析，可以对规范解读是否超出文义边界提供相对明确的判断标准，如果使用得当，对类推解释的抑制会有积极意义和显著效果。

近年来，随着刑法教义学日益得到重视和发展，刑法解释学逐渐成为理论关注的重点，不过，总体来看，国内外刑法学界在研究类推解释时，往往习惯于从宏观层面进行探讨，主要集中于类推解释的概念、类推解释的界限、类推解释的成因及类推解释防治机制等。类推解释的宏观研究对刑法规范适用具有积极的指导意义，然而刑法规范与个案事实对接是微观过程，宏观解释理论对该过程的指导意义有限，由此，探讨类推解释的发生路径和形成机理就显得更加重要。

REFERENCES

参考文献

一、著作类

1. ［英］安东尼·吉登斯、克里斯多弗·皮尔森：《现代性：吉登斯访谈录》，尹宏毅译，新华出版社 2001 年版。
2. 焦旭鹏：《风险刑法的基本立场》，法律出版社 2014 年版。
3. ［德］乌尔里希·贝克、约翰内斯·威尔姆斯：《自由与资本主义——与著名社会学家乌尔里希·贝克对话》，路国林译，浙江人民出版社 2001 年版。
4. ［德］哈贝马斯：《在事实与规范之间——关于法律和民主法治国的商谈理论》，童世骏译，生活·读书·新知三联书店 2003 年版。
5. 高铭暄、马克昌主编：《刑法学》（第 5 版），北京大学出版社、高等教育出版社 2011 年版。
6. ［美］塞缪尔·亨廷顿：《变革社会中的政治秩序》，李盛平等译，华夏出版社 1988 年版。
7. ［美］哈罗德·J. 伯尔曼：《法律与革命：西方法律传统的形成》，贺卫方等译，法律出版社 2008 年版。
8. ［美］西里尔·E. 布莱克编：《比较现代化》，杨豫、陈祖洲译，上海译文出版社 1996 年版。
9. 杨贵言：《当代东亚问题研究简论》，人民出版社 2004 年版。
10. 任一雄：《东亚模式中的威权政治——泰国个案研究》，北京大学出版社 2002 年版。
11. ［美］理查德·A. 波斯纳：《法律、实用主义与民主》，凌斌、李国庆译，中国政法大学出版社 2005 年版。
12. 马聪：《霍姆斯现实主义法学思想研究》，人民出版社 2009 年版。
13. ［德］哈贝马斯：《在事实与规范之间——关于法律和民主法治国的商谈理论》，童世骏译，生活·读书·新知三联书店 2011 年版。

14. 季卫东:《法治构图》,法律出版社 2012 年版。
15. [美] 布莱恩·莱特编:《法律和道德领域的客观性》,高中等译,中国政法大学出版社 2007 年版。
16. [美] 斯蒂文·J. 伯顿主编:《法律的道路及其影响——小奥利弗·温德尔·霍姆斯的遗产》,张芝梅、陈绪刚译,北京大学出版社 2005 年版。
17. 何卫平:《解释学之维——问题与研究》,人民出版社 2009 年版。
18. [美] 理查德·A. 波斯纳:《法理学问题》,苏力译,中国政法大学出版社 2002 年版。
19. [德] 乌尔里希·贝克:《风险社会》,何博闻译,译林出版社 2004 年版。
20. [德] 埃里克·希尔根多夫:《德国刑法学:从传统到现代》,江溯、黄笑岩等译,北京大学出版社 2015 年版。
21. [美] 罗伯特·K. 默顿:《社会理论和社会结构》,唐少杰、齐心等译,译林出版社 2008 年版。
22. [美] 乔纳森·H. 特纳:《社会学理论的结构》(上册),邱泽奇等译,华夏出版社 2001 年版。
23. [日] 川岛武宜:《现代化与法》,申政武等译,中国政法大学出版社 1994 年版。
24. 张明楷:《刑法学》(第 3 版),法律出版社 2007 年版。
25. 李希慧:《刑法解释论》,中国人民公安大学出版社 1995 年版。
26. 洪汉鼎:《诠释学——它的历史和当代发展》,人民出版社 2001 年版。
27. 林山田:《刑法通论》,台湾兴来印刷有限公司 1986 年版。
28. 陈朴生、洪福增:《刑法总则》,五南图书出版公司 1982 年版。
29. [法] 保罗·利科尔:《解释学与人文科学》,陶远华等译,河北人民出版社 1987 年版。
30. 何卫平:《通向解释学辩证法之途——伽达默尔哲学思想研究》,上海三联书店 2001 年版。
31. [美] 罗纳德·德沃金:《认真对待权利》,信春鹰、吴玉章译,中国大百科全书出版社 1998 年版。
32. 高仰止:《刑法总则之理论与实用》,五南图书出版公司 1986 年版。
33. 杨仁寿:《法学方法论》,中国政法大学出版社 1999 年版。
34. [美] E. 博登海默:《法理学:法律哲学与法律方法》,邓正来译,中国政法大学出版社 1999 年版。
35. [美] 刘易斯·A. 科瑟:《社会学思想名家——历史背景和社会背景下的思想》,石人译,中国社会科学出版社 1990 年版。
36. 黄茂荣:《法学方法与现代民法》(第 5 版),法律出版社 2007 年版。
37. [法] 亨利·莱维·布律尔:《法律社会学》,许钧译,郑永慧校,上海人民出版社

1987 年版。
38. 黄茂荣:《法学方法与现代民法》，中国政法大学出版社 2001 年版。
39. 吴庚:《政法理论与法学方法》，中国人民大学出版社 2007 年版。
40. 蔡墩铭:《刑法概要》，三民书局 1990 年版。
41. 张明楷:《刑法分则的解释原理》，中国人民大学出版社 2004 年版。
42. 吕世伦主编:《现代西方法学流派》，中国大百科全书出版社 1999 年版。
43. ［日］大谷实:《刑法讲义总论》，成文堂 2007 年版。
44. 邓子滨:《中国实质刑法观批判》，法律出版社 2009 年版。
45. ［挪威］斯坦因・U. 拉尔森主编:《社会科学理论与方法》，任晓等译，上海人民出版社 2002 年版。
46. ［德］阿图尔・考夫曼:《法律哲学》（第 2 版），刘幸义等译，法律出版社 2011 年版。
47. 林维:《刑法解释的权力分析》，中国人民公安大学出版社 2006 年版。
48. ［美］昂格尔:《现代社会中的法律》，吴玉章、周汉华译，中国政法大学出版社 1994 年版。
49. 林立:《法学方法论与德沃金》，中国政法大学出版社 2002 年版。
50. 吴学斌:《刑法适用方法的基本准则——构成要件符合性判断研究》，中国人民公安大学出版社 2008 年版。
51. ［德］卡尔・恩吉施:《法律思维导论》，郑永流译，法律出版社 2004 年版。
52. 陈金钊等:《法律解释学》，中国政法大学出版社 2006 年版。
53. ［英］哈特:《法律的概念》，张文显等译，中国大百科全书出版社 1996 年版。
54. 张志铭:《法律解释操作分析》，中国政法大学出版社 1999 年版。
55. 张明楷:《刑法格言的展开》，法律出版社 1999 年版。
56. ［德］汉斯-格奥尔格・加达默尔:《真理与方法——哲学诠释学的基本特征》，洪汉鼎译，上海译文出版社 1999 年版。
57. 陈兴良、周光权:《刑法学的现代展开》，中国人民大学出版社 2006 年版。

二、论文类

1. 劳东燕:《风险社会与变动中的刑法理论》，载《中外法学》2014 年第 1 期。
2. 胡彦涛:《风险刑法的理论错位》，载《环球法律评论》2016 年第 5 期。
3. 殷杰、郭贵春:《论哈贝马斯“语用学转向”的实质》，载《自然辩证法研究》2002 年第 3 期。
4. 劳东燕:《能动司法与功能主义的刑法解释论》，载《法学家》2016 年第 6 期。
5. 马姝:《论功能主义思想之于西方法社会学发展的影响》，载《北方法学》2008 年第

2 期。
6. 陈金钊：《法治时代的法律位置——认真看待法律逻辑与正义修辞》，载《法学》2011 年第 2 期。
7. 孙笑侠、胡瓷红：《法治发展的差异与中国式进路》，载《浙江社会科学》2003 年第 4 期。
8. 顾培东：《能动司法若干问题研究》，载《中国法学》2010 年第 4 期。
9. 蔡桂生：《构成要件论：罪刑法定与机能权衡》，载《中外法学》2013 年第 1 期。
10. 周光权：《积极刑法立法观在中国的确立》，载《法学研究》2016 年第 4 期。
11. 梁根林：《传统犯罪网络化：归责障碍、刑法应对与教义限缩》，载《法学》2017 年第 2 期。
12. 范进学：《“法治反对解释”吗？——与陈金钊教授商榷》，载《法制与社会发展》2008 年第 1 期。
13. 陈兴良：《故意毁坏财物行为之定性研究——以朱建勇案和孙静案为线索的分析》，载《国家检察官学院学报》2009 年第 1 期。
14. 潘德荣：《诠释学：从主客体间性到主体间性》，载《安徽师范大学学报（人文社会科学版）》2002 年第 3 期。
15. 潘德荣：《认知与诠释》，载《中国社会科学》2005 年第 4 期。
16. 王军明、夏威：《刑法解释立场论》，载《当代法学》2011 年第 1 期。
17. 潘德荣：《理解方法论视野中的读者与文本——加达默尔与方法论诠释学》，载《中国社会科学》2008 年第 2 期。
18. 刘星：《怎样看待中国法学“法条主义”》，载《现代法学》2007 年第 2 期。
19. 蒋惠岭：《目的解释法的理论及适用（上）》，载《法律适用》2002 年第 5 期。
20. 张明楷：《刑法目的论纲》，载《环球法律评论》2008 年第 1 期。
21. 苏力：《解释的难题：对几种法律文本解释方法的追问》，载《中国社会科学》1997 年第 4 期。
22. 陈金钊：《法律解释的艺术——一种微观的法治实现方法》，载《法商研究》2009 年第 5 期。
23. 陈金钊：《目的解释方法及其意义》，载《法律科学》2004 年第 5 期。
24. 苏彩霞：《刑法解释方法的位阶与运用》，载《中国法学》2008 年第 5 期。
25. 刘宪权：《论罪刑法定原则的内容及其基本精神》，载《法学》2006 年第 12 期。
26. 齐文远、苏彩霞：《刑法中的类型思维之提倡》，载《法律科学》2010 年第 1 期。
27. 陈兴良：《形式解释论的再宣示》，载《中国法学》2010 年第 4 期。
28. 苏彩霞：《实质的刑法解释论之确立与展开》，载《法学研究》2007 年第 2 期。
29. 陈兴良：《走向学派之争的刑法学》，载《法学研究》2010 年第 1 期。

30. 高仕银:《形式与实质：刑法解释论的进路考察及选择》，载《当代法学》2011 年第 6 期。
31. 张明楷:《刑法学研究中的十关系论》，载《政法论坛》2006 年第 2 期。
32. 童德华:《从刑法解释到刑法论证》，载《暨南学报（哲学社会科学版）》2012 年第 1 期。
33. 陈金钊:《把法律作为修辞——讲法说理的意义及其艺术》，载《扬州大学学报（人文社会科学版）》2012 年第 2 期。
34. 周光权:《论刑法的公众认同》，载《中国法学》2003 年第 1 期。
35. 周少华:《罪刑法定在刑事司法中的命运——由一则案例引出的法律思考》，载《法学研究》2003 年第 2 期。
36. 陈兴良:《口袋罪的法教义学分析：以以危险方法危害公共安全罪为例》，载《政治与法律》2013 年第 3 期。
37. 周光权:《刑法解释方法位阶性的质疑》，载《法学研究》2014 年第 5 期。
38. 王航赞、郭贵春:《当代语义学研究的几个相关性问题》，载《哲学动态》2010 年第 1 期。
39. 张斌峰、陈绍松:《法学方法论研究的语用学转向（下）——法学方法论研究的语用模式及其新开展》，载《政法论丛》2014 年第 2 期。
40. 郭贵春:《语义学研究的方法论意义》，载《中国社会科学》2007 年第 3 期。
41. 杨红梅:《从关联理论析话语误解》，载《甘肃联合大学学报（社会科学版）》2013 年第 1 期。
42. 杜宇:《刑事政策与刑法的目的论解释》，载《法学论坛》2013 年第 6 期。
43. 李力、韩德明:《解释论、语用学和法律事实的合理性标准》，载《法学研究》2002 年第 5 期。
44. 郭贵春:《语境论的魅力及其历史意义》，载《科学技术哲学研究》2011 年第 1 期。
45. 殷杰、郭贵春:《从语义学到语用学的转变——论后分析哲学视野中的“语用学转向》，载《哲学研究》2002 年第 7 期。
46. 吴丙新:《扩张解释与类推解释之界分——近代法治的一个美丽谎言》，载《当代法学》2008 年第 6 期。
47. 张明楷:《实质解释论的再提倡》，载《中国法学》2010 年第 4 期。
48. 何荣功:《论刑法扩张解释的根据、类型及适用》，载《中国刑事法杂志》2004 年第 4 期。
49. 梁根林:《罪刑法定视域中的刑法适用解释》，载《中国法学》2004 年第 4 期。
50. 周折:《刑事政策视野中的刑法目的解释》，载《中外法学》2007 年第 4 期。
51. 万毅、林喜芬:《从“无理”的判决到判决书“说理”——判决书说理制度的正当性分析》，载《法学论坛》2004 年第 5 期。
52. 杨绪峰：《反思与重塑：刑法上类推解释禁止之研究》，载《环球法律评论》2015 年第 3 期。
53. 刘志刚：《论行政法视野中的类推制度》，载《现代法学》2008 年第 6 期。
54. 刘明祥：《论刑法学中的类推解释》，载《法学家》2008 年第 2 期。
55. 黎宏：《“禁止类推解释”之质疑》，载《法学评论》2008 年第 5 期。
56. 吕建高：《埃利希的法社会学思想》，载《当代法学》2002 年第 1 期。

图书在版编目（CIP）数据

刑法解释边界研究/赵运锋著.—北京：中国政法大学出版社，2019.10
ISBN 978-7-5620-9236-0

Ⅰ.①刑…　Ⅱ.①赵…　Ⅲ.①刑法—法律解释—研究—中国　Ⅳ.①D924.05

中国版本图书馆CIP数据核字(2019)第230510号

出版者　中国政法大学出版社
地　址　北京市海淀区西土城路25号
邮寄地址　北京100088信箱8034分箱　邮编100088
网　址　http://www.cuplpress.com (网络实名：中国政法大学出版社)
电　话　010-58908289(编辑部) 58908334(邮购部)
承　印　保定市中画美凯印刷有限公司
开　本　720mm×960mm　1/16
印　张　14.75
字　数　245千字
版　次　2019年10月第1版
印　次　2019年10月第1次印刷
定　价　56.00元